W0054312

Pamela Druckerman

Fremdgehen

Die Regeln des Seitensprungs
in aller Welt

Aus dem Englischen
von Christine Bendner

Herbig

Für Simon, für alles
Und für Esther und Al

Besuchen Sie uns im Internet unter:
www.herbig-verlag.de

© Pamela Druckerman, 2007
Die Originalausgabe erschien unter dem Titel
»Lust in Translation. The Rules of Infidelity from Tokyo to Tennessee«
bei The Penguin Press, a member of Penguin Group (USA) Inc.

© 2008 für die deutschsprachige Ausgabe
by F. A. Herbig
Verlagsbuchhandlung GmbH, München
Alle Rechte vorbehalten
Umschlaggestaltung: Wolfgang Heinzel
Umschlagfoto: Jupiterimages
Lektorat: Gabriele Berding
Herstellung und Satz: VerlagsService Dr. Helmut Neuberger
& Karl Schaumann GmbH, Heimstetten
Gesetzt aus der 11,25/14,15 Punkt Minion
Druck und Binden: GGP Media GmbH, Pößneck
Printed in Germany
ISBN 978-3-7766-2583-7

Inhalt

Manchmal ist es schwer, eine Frau zu sein,
Und deine ganze Liebe nur einem Mann zu schenken,
Dir wird es schlecht gehen,
Und ihm wird es gut gehen,
während du Dinge tust, die du nicht verstehst.

Tammy Wynette – *Stand by Your Man*

Einleitung

Dieses Buch handelt von Ehebruch. Falls Sie AmerikanerIn sind und nicht weiterlesen, weiß ich, warum. In Amerika löst das Thema Ehebruch heftigere Reaktionen aus als in fast allen anderen Ländern (abgesehen von Irland und den Philippinen). Wenn ich bei einer Unterhaltung mit einem Amerikaner das Wort »Seitensprung« fallen lasse, starrt er mich gewöhnlich ein paar Sekunden an, während er fieberhaft überlegt, ob er sich etwas hat zuschulden kommen lassen oder ob ich ihm gerade ein eindeutiges Angebot gemacht habe. Einige halten dann eine flammende Rede über die Bedeutung der Monogamie. Und manche legen bei der bloßen Erwähnung von Untreue eine spontane Beichte ab.

Über das Thema »Affären« machte ich mir zum ersten Mal ernsthaft Gedanken, als ich für das Wall Street Journal nach Lateinamerika versetzt wurde. Es war das erste Mal in meinem Leben, dass verheiratete Männer routinemäßig versuchten, mich ins Bett zu kriegen. Das war aber leider nicht darauf zurückzuführen, dass ich plötzlich unwiderstehlich geworden war, denn viele meiner Freundinnen erzählten mir von ähnlichen »Fortschritten«. Selbst wenn diese Verehrer ansonsten recht attraktiv waren, fand ich ihre Angebote widerwärtig. Was war mit ihrer Verpflichtung gegenüber ihren Frauen? Außerdem empfand ich derartige Aufforderungen als persönliche Beleidigung. Machte ich einen derart verzweifelten Eindruck, dass man annehmen konnte, ich würde mich damit zufriedengeben, die sprichwörtliche »andere« Frau zu sein? Ich war damals alleinstehend, gerade 30 geworden und hielt nach einem eigenen Ehemann Ausschau.

Als mir während einer dieser Begegnungen solche moralischen Überlegungen durch den Kopf gingen, beschloss ich, den »Verführer« diesmal nicht abzukanzeln, sondern die Sache mit ihm zu diskutieren. Dieser Mann – der Direktor einer argentinischen Rindfleischfabrik – hatte mich gerade zu einem Abendessen eingeladen, das offensichtlich als »romantisches Dinner zu zweit« geplant war. Als ich ihm erklärte, weshalb ich mich von seinem Vorschlag, so ganz nebenbei Ehebruch zu begehen, beleidigt fühlte, war er verblüfft. Er wüsste nicht, was seine Frau damit zu tun hätte, meinte er, denn das sei doch eine Sache zwischen uns beiden. Und weit davon entfernt, mich beleidigen zu wollen, verspreche er mir »höchste Freuden«, erklärte er.

Obwohl ich seine Einladung ausschlug, dachte ich viel über unsere Unterhaltung nach. Ich hatte mich bis dahin als kultivierte, weltläufige Frau gesehen, aber diese Männer hatten eine moralisierende Seite in mir zum Vorschein gebracht, von deren Existenz ich bis dahin gar nichts gewusst hatte. Woher kam das?

Schleppte ich vielleicht schon allein aufgrund der Tatsache, dass ich in Amerika aufgewachsen war, eine Art puritanischen Rucksack mit mir herum, der mich daran hinderte, »höchste Freuden« zu erleben?

Damals wusste ich nicht viel über Affären, aber mir wurde plötzlich klar, dass es sehr viel über die Menschen unterschiedlicher Kulturkreise aussagt, ob und wie sie einander betrügen – oder eben nicht. Jedenfalls schien es definitiv etwas über mich auszusagen. Die allgegenwärtige Korruption in Argentinien war ein offenes Geheimnis, und jene Mitglieder der Elite des Landes, die sich daran beteiligten, waren absolut schamlos. Politiker mit bescheidenen Gehältern wohnten in luxuriösen Villen in bester City-Lage. Hochglanzmagazine zeigten die Tochter eines früheren Präsidenten beim Einkaufsbummel in Miami. Die Korruption trug während meines Aufenthaltes erheblich zum Verfall der Landeswährung bei, aber obwohl die Argentinier darüber schimpften, schienen sie es auch irgendwie zu verstehen und sogar der Meinung zu sein, dass sie es genauso machen würden, wenn sie nur Gelegenheit dazu hätten. Seine Frau zu betrügen schien derselben Grundhaltung zu entspringen: Treue ist zwar eine nette Vorstellung, aber nur ein Trottel nimmt nicht alles mit, was sich ihm bietet.

Ich war neugierig geworden und wollte mehr über die Spielregeln der Untreue in aller Welt erfahren. Aber als ich dann anfing, genauer nachzuforschen, stellte ich fest, dass das gar nicht so einfach war – weder in Amerika noch irgendwo sonst. Abgesehen von einigen Klischees wie »Franzosen gehen locker mit Untreue um« (tun sie nicht) oder den Berichten einiger Anthropologen, die das Sexualverhalten von Eingeborenenstämmen in abgelegenen Gebieten untersucht hatten (diese Lendenschurze! Wer würde da nicht fremdgehen?), fand ich sehr wenig Forschungsmaterial zu diesem Thema. Über Ehebruch innerhalb der Mittelschicht verschiedener Länder war sogar noch weniger geschrieben worden. Und es war noch nicht einmal klar, ob die extreme Verurteilung des Ehebruchs in Amerika dazu führte, dass sich Ehepartner dort weniger betrogen als in Ländern, die nachsichtiger mit diesem Thema umgingen.

Es gab also nur eine Möglichkeit herauszufinden, wie es Menschen in aller Welt mit der Untreue halten: Ich musste sie selbst fragen! Also tat ich es. Ich besuchte zwei Dutzend Städte in zehn verschiedenen Ländern. Gleichzeitig las ich entsprechende Ratgeberkolumnen, einschlägige private Kleinanzeigen sowie Berichte über Affären in vielen Sprachen und interviewte führende Historiker, Psychologen und Sexualforscher. Außerdem durchforstete ich alle wissenschaftlichen Forschungsberichte über sexuelle Untreue, die ich entdecken konnte. Und ich befragte natürlich Scharen von EhebrecherInnen und deren EhepartnerInnen. Um meine Erhebungen für amerikanische Leser nachvollziehbarer zu machen, sprach ich hauptsächlich mit Angehörigen der urbanen Mittelschicht.

Obwohl ich ihnen fremd war und mit einem Kassettenrecorder und dem Versprechen auftauchte, ihre Namen zu ändern (was ich, einschließlich einiger verräterischer Details, auch tat), waren Menschen überall auf der Welt zu meiner Überraschung bereit, mir ihre sexuellen Geheimnisse anzuvertrauen. Wenn ich dann der jeweiligen Stadt den Rücken kehrte, ließ ich stets einige enttäuschte Leute zurück, denn die meisten Befragten hatten sich irgendeine Belohnung von ihrer Mithilfe versprochen. Die Briten – an den harten Konkurrenzkampf ihrer Boulevard-Blätter gewöhnt – verlangten normalerweise Geld. (Ich lehnte ab). Ein Psychologe in Moskau dehnte unser Mittagessen auf fast drei Stunden aus, damit er sich, lange nachdem ihm nichts mehr zum Thema einfiel, immer wieder seinen Teller am usbekischen »All-You-Can-Eat-Büffet« füllen konnte. Beim Verlassen des Restaurants nestelte er zwei Plastiktüten aus seiner Tasche und stopfte sie mit Keksen voll.

Viele Leute sprachen mit mir, um irgendjemandem einen Gefallen zu tun. Einige Frauen waren auf der Suche nach einer Freundin, der sie sich anvertrauen konnten, und ein Chinese betrachtete das Interview offenkundig als Rendezvous. Ein verheirateter Bankangestellter in London, der Frauen über das Internet kennenlernte, wollte vor irgendjemandem mit seinen Eroberungen prahlen, befürchtete aber, dass selbst seine engsten Freunde kein Verständnis dafür aufbringen würden. Einige Franzosen, die noch nie mit einem Menschen über ihre Affären gesprochen hatten, behaupteten, sie wollten nur ihr Englisch »aufpolieren«.

In Amerika war es anders. Nahezu alle Menschen, die ich befragte, drückten ihre Hoffnung aus, durch das Erzählen ihrer Geschichte anderen Menschen helfen zu können. AmerikanerInnen aller Gesellschaftsschichten und politischen Überzeugungen gaben das als Grund an – vom Fernsehproduzenten in New Jersey bis hin zum Computerverkäufer in Plano, Texas. Eine Hausfrau in Atlanta konnte nicht verstehen, dass dieses Buch weder ein Ratgeber noch ein Roman werden sollte. Sie war nicht sicher, welche anderen Bücher es überhaupt noch geben könnte und fragte, ob ich denn für alle Fälle eine Liste mit nützlichen Telefonnummern und Websites ins Buch aufnehmen würde. Außerhalb von Amerika kam wirklich niemand auf solche Ideen. Es kam den Leuten einfach nicht in den Sinn, dass sie »dem Gemeinwohl dienten«, indem sie von ihren Affären erzählten.

Natürlich wurden auch mir häufig Fragen gestellt. Besonders oft wurde ich gefragt: »In welchem Land wird am meisten betrogen?« und: »Warum haben Sie sich dieses Thema ausgesucht?« Die Antwort auf die erste Frage finden Sie in Kapitel 2 und die Antwort auf die zweite – nun, es ist einfach persönliches Interesse. Ich war neugierig auf die Spielregeln der Untreue geworden, die ich bei meinen längeren Auslandsaufenthalten vage wahrgenommen hatte, und ich wollte versuchen, die komplizierten und oft widersprüchlichen Vorstellungen über sexuelle Untreue zu verstehen, die in meinem eigenen Land herrschen. Außerdem wollte ich nach sechs Jahren beim Journal einmal über ein Thema schreiben, das nichts mit Geld zu tun hatte (es zeigte sich jedoch, dass Ehebruch unter diesem Gesichtspunkt nicht die richtige Wahl war.)

Kaum hatte ich meine Aufmerksamkeit auf sexuelle Untreue gerichtet, schien sie plötzlich das Hauptthema jedes Films und jedes Romans zu sein. Verblüfft stellte ich fest, dass von der westlichen Literatur nicht viel übrig bliebe, würde man das Thema »außerehelicher Sex« ausklammern. Untreue lastet nicht nur auf dem amerikanischen Gemüt. Bei allen Gesprächspartnern löste das Thema unabhängig von ihrer Nationalität starke Emotionen aus. Überall zogen mich Menschen in eine stille Ecke, um mir von ihren fremdgehenden Chefs, Freunden und Eltern zu berichten. (Einige dieser Berichte fanden Eingang in dieses Buch). Ich hatte plötzlich das Gefühl, dass unter der friedlichen, monogamen Oberfläche des Alltags noch eine andere Welt existiert, in der eine Menge Betrug im Gange ist. Der einzige Mensch, der sich bei diesem Thema nicht aufregte, war meine 90-jährige Großmutter, die im vornehmen South Carolina aufgewachsen war. Als sie von ihren Freundinnen gefragt wurde, worüber ich denn schriebe, antwortete sie lapidar: »Es ist ein Buch über die Liebe.«

Unterschiede zwischen den einzelnen Ländern zeigten sich auch darin, wie die Menschen Affären beschreiben. Wie im amerikanischen Slang, wo wir jemanden »nebenbei« haben, sind auch in anderen Ländern Umschreibungen mit »Richtungsangaben« recht häufig. Sowohl Schweden als auch Russen »stehlen sich nach links davon«, Israelis »essen nebenher« (man sagte mir, das sei eine besonders ungezogene Ausdrucksweise) und Japaner »kommen vom Weg ab«. Die Iren »spielen im Abseits« (ein Begriff aus dem Sport), während die Engländer »auswärts spielen«. Für die Holländer ist Untreue eine Reise, bei der der Missetäter »fremdgeht« oder, eher kurios, »die Katze im Dunkeln zwickt«. Für die Franzosen ist die Richtung noch unbestimmter, denn sie bevorzugen den Ausdruck »*aller voir ailleurs*« – was wörtlich übersetzt »woanders schauen gehen« bedeutet.

Manche Ausdrücke spielen die Bedeutung einer Affäre herunter. Man wird sich kaum allzu sehr über eine »wunderbare Pause« aufregen, die indonesische Umschreibung für eine Affäre, die die Ehen beider Parteien nicht gefährdet. Die japanischen »Sex-Freunde« klingen irgendwie nach singenden Comic-Figuren. Nicht alle Euphemismen über Untreue sind so gutartig. Während der brutalen Kulturrevolution in China in den 1970er-Jahren konnte jemand, der »Probleme mit seinem Lebensstil« hatte, damit rechnen, seine Arbeitsstelle zu verlieren und öffentlich gedemütigt zu werden. Andere Ausdrücke sind bildhafter. In Südafrika ist ein Ehebrecher ein »rennender Mann«, was darauf hinweist, dass er eine gewisse sportliche Kondition benötigt, um alle seine Verabredungen einzuhalten und andererseits der verfolgenden Ehefrau zu entkommen. (Erwischt sie ihn, redet er sich vielleicht damit heraus, dass die andere Frau nur »hier vorbeikam«.) Ein Chinese, der sowohl seine Ehefrau als auch seine Geliebte bei Laune halten will, versucht »gleichzeitig in zwei Booten zu stehen.« Stammt er allerdings aus Taiwan, wird er vielleicht als »große, weiße Rübe mit einem farbigen Kern« bezeichnet. Betrügt eine Frau in Tel Aviv ihren Mann, zucken die Nachbarn vielleicht nur die Achseln und sagen: »Auch eine angebundene Stute frisst.«
Die anschaulichsten Begriffe sind allerdings für den unglücklichen Ehepartner der untreuen Person reserviert. Polen »machen einen Ballon« aus ihrem Partner und ein chinesischer Ehemann »trägt einen grünen Hut.« In England und einigen anderen Ländern ist der betrogene Ehemann ein *cuckold* – abgeleitet vom englischen Wort *cuckoo* (der Kuckuck, der seine Eier in fremde Nester legt). In mindestens acht Sprachen, einschließlich romanischen und arabischen, trägt der betrogene Ehemann »Hörner«. (In Frankreich demonstriert man das, indem man mit den zu beiden Seiten des Kopfes in die

Höhe gereckten Zeigefingern wackelt.) Auch in Amerika kennt man die Redewendung mit den »Hörnern«, aber heutzutage zieht man es vor, vom »betrogenen Ehepartner« zu sprechen, um keinen Zweifel darüber aufkommen zu lassen, dass es hier ein Verbrechen und ein Opfer gibt.

Die Welt ist groß. Ich besuchte Länder, in denen ich Freunde habe, mich auf meine Sprachkenntnisse verlassen konnte oder gute Geschichten zu finden hoffte. Einige wichtige Länder habe ich ausgelassen und entschuldige mich hiermit bei den Indern und den Brasilianern. Als Nächstes werde ich Ihnen einen Besuch abstatten. Obwohl ich mit Experten gesprochen und meine Beobachtungen mit Statistiken verglichen habe, würde ich meinen Querschnitt von Ehebrechern nicht als wissenschaftlich relevant bezeichnen. Die Auswahl ist kurios, persönlich und manchmal spielte auch der Zufall eine Rolle. Nachdem in Hongkong mehrere Interviews ins Wasser gefallen waren, war ich so verzweifelt, dass ich einen Mann ansprach, der mit einer attraktiven, wesentlich jüngeren Frau bei *Starbucks* saß. Sie hatten zwar keine Affäre, fanden mein Projekt aber so interessant, dass sie mich ihren Freunden und Bekannten vorstellten, deren Geschichten Sie zum Teil in Kapitel 10 finden.

Ob wir eine genetische Veranlagung zur Untreue haben oder ob diese einen evolutionären Vorteil mit sich bringt, ist nicht Gegenstand dieses Buches. Ich gehe davon aus, dass alle Menschen in etwa mit denselben biologischen Trieben ausgestattet sind, und mich hat vor allem interessiert, wie die Menschen verschiedener Kulturkreise diese Triebe kanalisieren.

In meinem Kontext ist ein Betrüger oder eine Betrügerin jemand, der oder die eigentlich in einer monogamen Beziehung lebt und heimlich Sex mit jemand anderem hat. »Blasen« zählt auch! Eigentlich alles, wovon ihr Partner nichts wissen soll – von der bloßen »Knutscherei« bis hin zum

»vollen Programm«. BetrügerInnen müssen nicht unbedingt verheiratet sein. Das gilt besonders für Europa, wo die Ehe zunehmend außer Mode kommt, die Menschen aber dennoch Paare bilden, Kinder bekommen und vorhaben, treu zu sein. In Amerika, wo unverheiratete Partner häufiger untreu sind und einen niedrigeren sozialen Status haben, wählte ich allerdings Paare aus, die tatsächlich das Band der Ehe geknüpft hatten. Sollten Sie gehofft haben, dies sei ein Buch über Partnertausch, brauchen Sie nicht weiterzulesen. »Swinger« haben zwar außerehelichen Sex – aber eben nicht heimlich.

Ich stoße mich nicht an Wörtern wie »Betrug« oder »Untreue«. Tun Sie es bitte auch nicht. Wenn man ein Buch über Ehebruch schreibt, hat man eben nur eine begrenzte Anzahl von Begriffen zur Verfügung. Nach einigen Kapiteln sind Sie bestimmt froh, dass ich nicht von »extradyadischer Interaktion« gesprochen oder den züchtigen finnischen Ausdruck »Parallelbeziehungen« verwendet habe.

Es gibt eine Form der Hypochondrie, die als »Medizinstudentenkrankheit« bezeichnet wird und sich darin äußert, dass Medizinstudenten sich einbilden, an den Krankheiten zu leiden, die sie im Rahmen ihres Studiums gerade durchgenommen haben. »Das bloße Wissen um den Sitz des Blinddarmes lässt die harmlosesten Empfindungen in diesem Körperbereich zu ernsten, bedrohlichen Krankheitssymptomen mutieren«, erklärt ein Wissenschaftler.

Die Erforschung des Phänomens »Ehebruch« ähnelt dem ein wenig. Lesen Sie einmal den ganzen Tag von Seitensprüngen und außerehelichen Beziehungen, und ihr Gehirn beginnt plötzlich fieberhaft zu arbeiten, wenn ihr Ehemann eine Stunde später vom »Fußballtraining« nach Hause kommt oder auf einer Geschäftsreise nicht ans Handy geht. Armer Kerl. Versuchen Sie einmal zu beweisen, dass Sie keine Affäre haben. Da

ist es wesentlich einfacher, eine Blinddarmentzündung aus-
zuschließen.

Mein Mann machte sich auch meinetwegen Sorgen – vielleicht mit gutem Grund. Wenn man sich mit Ehebrechern
»herumtreibt«, geht es einem ähnlich wie in der Gesellschaft
von Rauchern: Bald bekommt man selbst Lust auf eine Zigarette. Ich bekam auch tatsächlich einige Angebote. Aber diese
verdammten amerikanischen Schuldgefühle, von denen Sie
noch eine Menge hören werden, kamen mir immer wieder in
die Quere.

Willkommen in Amerika!

Es gibt ein paar Dinge, die man über Aprils Affäre wissen muss. Sie ging vor etwa zwei Jahren zu Ende. April war in den 20 Jahren ihrer Ehe nur dieses eine Mal untreu gewesen. Sie hat sich in eine andere Abteilung versetzen lassen und ist nun nicht mehr die Vorgesetzte ihres Ex-Liebhabers. Sie beteuert, dass es keine Liebesbeziehung war. Es war ein anderthalb Jahre dauerndes Verhältnis mit schlüpfrigen E-Mails (wie »Ich kann kaum erwarten, zu sehen, was du unter deinem Rock hast«) und heimlichen Treffen auf Parkplätzen und in Hotelzimmern. Und es geschah, als ihre Ehe an einem Tiefpunkt angelangt war, kurz nachdem April und ihr Mann den größten Teil ihrer Ersparnisse an der Börse und mit einem gescheiterten Geschäftsvorhaben verloren hatten. Als Kevin von der Affäre erfuhr, war sie bereits vorbei. Aber noch heute, zwei Jahre später, ist Aprils Untreue das Hauptthema ihrer Ehe. Der 62-jährige Kevin kommt einfach nicht darüber hinweg. Er glaubt, dass es noch andere Affären gab und vermutet, dass April ihn auch weiterhin betrügt. Man kann sich allerdings kaum vorstellen, wann sie dazu Gelegenheit haben sollte, denn Kevin hat April zur Strafe in eine Art vorstädtische Purdah verbannt. Sie verlässt das Haus nur, um zur Arbeit oder gemeinsam mit ihm irgendwohin zu gehen. Sie trifft sich nicht mehr mit Freundinnen und lädt die Kinder ihrer Schwester nicht mehr zum Übernachten ein. Wenn sie sich auf dem Heimweg von der Arbeit ein paar

Minuten verspätet, schickt Kevin zunehmend feindselige Nachrichten auf ihr Handy. Und selbst wenn sie pünktlich ist, muss sie ihm die Namen aller Personen nennen, mit denen sie an diesem Tag gesprochen hat. Er durchsucht ihre Handtasche, überprüft ihre Handyrechnungen und drückt willkürlich die Wiederholtaste des Festnetztelefons, um herauszufinden, mit wem sie telefoniert hat. Mehrmals entdeckte sie einen aufnahmebereiten Kassettenrekorder in ihrem Auto, mithilfe dessen Kevin sie überführen wollte, falls sie auf dem Weg zur Arbeit oder auf der Heimfahrt mit irgendjemandem telefonierte.

»Ich bin ein völlig anderer Mensch geworden. Ich habe Angst, überhaupt mit jemandem zu sprechen. Denn Kevin wird sagen, dass ich ›in der Gegend herumschlafe‹«, erzählt April. Seit Kevin von ihrer Affäre erfuhr, hat sie 60 Pfund zugenommen und ihr Cholesterinwert liegt bei 277, also im Hochrisikobereich für eine Herzerkrankung. Aber wenn sie die Trainingsgeräte im Hobbyraum ihres Hauses benutzen will, wird Kevin misstrauisch und sagt:»Du weißt doch, als du das letzte Mal abgenommen hast …«. Also liegt sie meistens auf der Wohnzimmercouch.

Wenn sie zusammen sind, was meistens der Fall ist, führen Kevin und April quälende»Heul-Gespräche« über die Affäre. Kevin hat alle Einzelheiten über Aprils Verabredungen mit ihrem Liebhaber herausgefunden. Um mehr Informationen über Affären zu bekommen, liest er entsprechende Ratgeber und besucht einmal pro Woche eine Selbsthilfegruppe.»In einer Beziehung sollte absolute Ehrlichkeit herrschen, es sollte überhaupt keine Geheimnisse geben«, sagt er. Kürzlich fuhr er nach Nashville zu einem Wochenendseminar über Affären und kehrte von dort mit der festen Überzeugung zurück, dass sich sexuelle Untreue in bestimmten Familien wiederholt und dass sich auch Aprils Eltern – entgegen ihrer Beteuerungen –

betrogen haben müssen. Die Tatsache, dass Aprils Liebhaber ein Farbiger war (Kevin und April sind Weiße), machte die Sache noch viel schlimmer für ihn.

Ich treffe mich mit Kevin und April zum Mittagessen in einem Grill-Restaurant in der Nähe ihres Hauses in einem kleinen Vorort von Memphis. Obwohl die Hälfte der Einwohner in den umliegenden Gemeinden Schwarze sind, leben in ihrem Vorort fast nur Weiße. Auf den dreispurigen Straßen fahren Autos mit Aufklebern wie »Sammelalbenbesitzer an Bord« oder »Es gibt Wunder«. Laut Statistik verdienen die Bewohner hier doppelt so viel wie der Durchschnittsbürger Tennessees. April hat ein weiches Gesicht voller Sommersprossen und langes, aschblondes Haar. Kevins Gesicht ist rund und seine Stimme erinnert an einen Radiosprecher. Ein paar Minuten nachdem wir Platz genommen haben, starrt April auf ihren Grillteller und fängt an zu weinen, während Kevin die übliche Liste ihrer Verfehlungen herunterleiert.

Ich habe sie offensichtlich während einer guten Phase erwischt. »Wir weinen beide nicht mehr so viel wie früher – wegen der Antidepressiva«, sagt Kevin. Sie denken noch immer an Scheidung. Aber ich gewinne den Eindruck, dass die Affäre ihrer Ehe, die schon vorher in der Krise steckte, eine Art Existenzberechtigung gibt. Wenn sie sich über bestimmte Episoden unterhalten, klingt es, als würden sie in Erinnerungen schwelgen.

»Erinnerst du dich noch an den Tag, als ich dein Bild kurz und klein schlug?«, fragt Kevin. »Ich ging nach oben, setzte mich mitten im Zimmer auf den Boden, nahm ein Bild von ihr und fing an, wie wild darauf einzuschlagen.« April ist durcheinander. Spricht Kevin von dem Tag, als er ihre Hochzeitsfotos zerstörte? Sie sind alle weg, außer dem einem, das zufällig noch im Haus von Kevins Vater war.

Nein, Kevin meint den Tag, an dem er eines ihrer gerahmten Fotos mit einem Kassettenrekorder traktierte, der zufällig in

Reichweite stand. »Ich saß da oben und schrie mir die Lunge aus dem Hals – Sätze wie ›Ich hasse dich, du elende Schlampe, du verdammte‹. Ich schrie und tobte und schlug auf das Bild ein.«

Es war genau an derselben Stelle in jenem Zimmer im zweiten Stock, in dem Kevin seine Modellflugzeuge aufbewahrt, wo er einmal stundenlang mit seiner Pistole an der Schläfe dasaß, während April ihn anflehte, die Waffe herunterzunehmen. April und Kevin wirken vielleicht ein bisschen extrem, aber ihre Erfahrung ist in vieler Hinsicht typisch amerikanisch. Es ist nichts Besonderes, dass sich das Trauma nach einem Seitensprung über zwei Jahre hinzieht. Und wie viele andere Amerikanerinnen hat April ein Problem damit, sich selbst als »Ehebrecherin« zu sehen. Sie wuchs in einer Kirchengemeinde auf und betrachtet sich als einfache, ehrliche Frau. »Ich glaube, das war gar nicht ich. Es war fast so, als hätte es jemand anders getan«, sagt sie. »Ich habe mich nie als einen Menschen betrachtet, der eine Affäre haben könnte.«

Seit den 1970er-Jahren ist die amerikanische Gesellschaft in fast allen Bereichen, die mit Sexualität zu tun haben, toleranter geworden. Wir sind eher bereit, Homosexuelle, unverheiratete Paare, Scheidungen und uneheliche Kinder zu akzeptieren. Die meisten AmerikanerInnen haben heute mit 17 Jahren zum ersten Mal Sex, heiraten aber erst mit ca. 26 Jahren. Dazwischen liegen also etwa neun Jahre, in denen sie als Unverheiratete sexuell aktiv sind.

Seltsamerweise sind sie aber in Bezug auf das Thema »außerehelicher Sex« strenger geworden. Im Jahre 1973 sagten 70 Prozent der AmerikanerInnen, Affären seien »immer ein Fehler«. Im Jahre 2004 waren ungefähr 82 Prozent dieser Ansicht und die meisten anderen sagten, Affären seien »fast immer ein Fehler«. Eine im Jahre 2006 durchgeführte Meinungsumfrage ergab, dass Ehebruch für die AmerikanerInnen in moralischer Hinsicht noch verwerflicher ist als Polygamie und das Klonen von Menschen.

Amerikaner sind bei vielen Themen unterschiedlicher Meinung, aber in Bezug auf Ehebruch herrscht eine erstaunliche Einmütigkeit. Kevin und April sind Republikaner und leben im sogenannten »Bible Belt« (zu deutsch »Bibelgürtel«: eine Gegend in den USA – vor allem die Südstaaten –, wo evangelikaler Protestantismus integraler Bestandteil der Kultur ist, A. d. Übers.). Aber wenn sie über Affären sprechen, hören sie sich genauso an wie fortschrittliche New Yorker – vielleicht plus der Pistole. Geht es um Untreue, ereifern sich sogar Amerikaner, die keine praktizierenden Christen sind.

»Ich glaube nicht, dass man das ohne Schuldgefühle tun kann. Man verletzt alle, einschließlich sich selbst«, sagt eine typische 32-jährige Liberale, die in New York für einen Modedesigner arbeitet, in einem Loft in der City wohnt und sich mit ähnlich denkenden Freundinnen umgibt. »Man ist unehrlich, und wenn man unehrlich ist, zieht das [immer mehr] Unehrlichkeit nach sich. Wie schlau man es vermeintlich auch anstellt, es zerfrisst einen.«

Wie April erzählen mir amerikanische EhebrecherInnen regelmäßig, dass sie nicht zu der Sorte von Menschen gehören, die ihren Partner betrügen. Man kann ihnen diesen kleinen logischen Aussetzer kaum übel nehmen. Angesichts der in Amerika verbreiteten heftigen Ablehnung von außerehelichem Sex sind »Fremdgeher« nicht einfach ganz normale Leute, die einen Fehler gemacht haben, sondern Sünder, mit denen wir »anderen« nichts zu tun haben. Es ist eine Sache, sich in einen Kollegen zu verlieben, aber eine ganz andere, als EhebrecherIn bezeichnet zu werden.

Es gibt spezifische Umfelder – beispielsweise Sportmannschaften oder Rechtsanwaltskanzleien – in denen Untreue toleriert oder sogar begünstigt wird. Liberale scheinen eher in der Lage zu sein, Affären mit Humor zu betrachten und sich zu fragen, ob Monogamie überhaupt funktionieren kann. Aber das Stigma der Untreue ist so mächtig, dass man kaum für längere Zeit über der Sache stehen kann, ganz besonders, wenn uns der Betrüger nahesteht.

In einem Bistro in Manhattans Upper West Side, ganz in der Nähe seiner Wohnung, vertraut mir ein Geschäftsmann an, dass er seiner Frau in über 20 Jahren Ehe stets treu gewesen ist. Mit jemand anderem Sex zu haben klingt zwar verlockend, aber der Gedanke daran lässt ihn sichtlich nervös werden. Im Kreis seiner erfolgreichen Freunde ist Untreue so selten, dass sie,»wenn es tatsächlich passiert, eine Ausnahmeerscheinung [ist], eine Anomalie, fast eine Katastrophe.« Er könnte ja seine Doppelverdiener-Ehe riskieren und außerdem ist da noch die ebenso beunruhigende Frage:»Was würden meine Kinder von mir denken?«

Die wenigen Menschen, von denen er weiß, dass sie Affären haben, haben allerdings viele Affären. Sie prahlen mit ihrem übermäßigen sexuellen Appetit, der seiner Ansicht nach mit einer eklatanten Persönlichkeitsstörung einhergeht.»Sie müssen nach solchen Leuten suchen. Leuten, die irgendwie außerhalb der normalen Ordnung leben. Es hat nichts mit Sex zu tun, sondern mit Exzentrizität oder Komödie«, sagt er. Zudem scheint Ehebruch auch auf eine ungehörige Verbindung zu Amerikas Unterschichten hinzuweisen, denen es an den Ressourcen oder der Disziplin mangelt, ein geordnetes Leben zu führen. Die Gesellschaft der einen oder der anderen zu suchen, würde das eigene Ansehen beschädigen.»Ich glaube nicht, dass ich gerne als Person gesehen würde, die Affären hat. Es ist nicht gut für den eigenen Status«, sagt er.

Amerikaner gewinnen an Status, wenn sie von einer Aura der Monogamie umgeben sind. Es signalisiert, dass sie gute El-

tern, ehrliche Angestellte oder vertrauenswürdige Geschäftsleute sind und dass sie die Werte anderer ehrbarer Bürger teilen. Die Ehefrau eines Arztes aus Miami erzählte mir, es würde ihr eigentlich gar nichts ausmachen, wenn ihr Mann Sex
mit anderen Frauen hätte. Sie wäre sogar dankbar, wenn sie
dadurch ihre wöchentlichen ehelichen Pflichten umgehen
könnte. Das einzig Verheerende daran wäre, was die Untreue
über ihren Mann *aussagen* würde. Sie und alle ihre Freunde
kennen ihn als zuverlässigen, glücklich monogam lebenden
Mann. Wäre er untreu, würde es so aussehen, als hätte er alle
zum Narren gehalten und als hätten sie ihn nicht wirklich
gekannt.

Amerikanische Geschichten über Ehebruch haben üblicherweise einen moralisierenden Unterton und enden – nach
einer kurzen Versuchung – wieder in der monogamen Sicherheitszone. Eine Frau namens Betsy, die für *More*, eine Zeitschrift für Frauen über 40 schreibt, stellt fest, dass sie in ihren
Osteopathen verknallt ist, und bekommt sofort Schuldgefühle, weil sie sich vorgestellt hat, wie ein anderer als ihr eigener
Mann wohl nackt aussehen würde. Dann entdeckt sie, dass
ihre Freundinnen ebenfalls in andere Männer verknallt sind.
Eine von ihnen, eine Fotografin, hatte sogar einmal Sex mit
ihrem Pool-Boy. Aber die Freundin»bereute es. Aus einer
entzückenden kleinen Fantasie war eine Sache geworden, bei
der man zu weit gegangen war. Man hat die Kontrolle verloren. Nicht, dass irgendjemand etwas herausgefunden hätte,
aber ich war wirklich sehr, sehr schockiert über mich selbst«,
sagt die Freundin.

Ehebruch ist für Betsy einfach zu unmoralisch, um solche
Fantasien überhaupt zuzulassen. Wenn sie sich vorstellte, mit
dem Osteopathen durchzubrennen,»setzte ich manchmal
die Kinder – seine und meine – ins Auto, um sicherzustellen,
dass nichts passieren konnte.« Bei ihrem nächsten Termin ge-

stehen sie einander, dass sie sich süß finden, aber sie kommen schnell überein,»dass das Ganze absolut keine gute Idee wäre«. Ihre Schuldgefühle über die unausgelebte Episode beschwichtigt sie, indem sie sich sagt, dass die Sache ihre Stimmung hob und ihr über ein berufliches Tief hinweghalf.»Du kehrst unbefleckt in dein sicheres Leben zurück, vielleicht mit ein paar Schuldgefühlen, aber dennoch als guter Mensch.« Ratgeberkolumnen und Online-Foren, in denen Menschen Gleichgesinnte um Rat fragen, funktionieren nach dem selben Drehbuch. In einem dieser Foren schreibt eine geschiedene Frau, dass sie mit einem wunderbaren Mann »geht«, sich aber eines Abends, als sie mit Freundinnen ausging, von einem anderen Mann einen Drink spendieren ließ.»Zum Schluss, als ich sehr betrunken war, habe ich ihn, glaube ich, geküsst. Ich glaube, es war ein flüchtiger Kuss. Ich bin mir noch nicht einmal sicher. Eigentlich kann ich mich kaum daran erinnern. Und jetzt ekle ich mich vor mir selbst und bin am Boden zerstört über das, was ich getan habe. Das bin ich einfach nicht, und ich weiß, dass ich so etwas nie, nie wieder tun werde! Soll ich es meinem Freund sagen? Und wie soll ich nur darüber hinwegkommen? Jetzt habe ich das Gefühl, ihn gar nicht zu verdienen. Ich bin für jeden Rat dankbar.«

Vielleicht wäre mir diese Betrachtungsweise der Untreue ganz normal vorgekommen, hätte ich nicht gewusst, dass die Angehörigen der Mittelschicht in anderen Ländern ganz anders mit Affären umgehen. Viele betrachten unsere diesbezüglichen Verhaltensweisen als bizarr. Sie sind verblüfft über unsere panischen Aussprachen, unsere reflexartigen Scheidungsandrohungen, unseren Glauben an die erlösende Kraft der Eheberatung und sogar über unsere Vorstellung, Ehrlichkeit sei der höchste Wert in einer Paarbeziehung. Ganz besonders amüsant finden sie unsere perfektionierte Jekyll-

und-Hyde-Vorstellung, bei der ein Ehebrecher zum Ehebruch-Guru mutiert, der seine Memoiren veröffentlicht und
anderen zeigt, wie man eine Affäre »überlebt«. Die Unterschiede beschränken sich aber nicht nur auf die Folgen einer
Affäre. Außerhalb von Amerika haben die Menschen ihre
eigenen Vorstellungen davon, mit wem man eine Affäre
beginnt, welche Verpflichtungen man dem anderen gegenüber eingeht, und sogar darüber, wie man die Sache beenden
sollte.

Untreue erscheint uns vielleicht als ein verborgener, rechts-
freier Raum, wo die Menschen selbst entscheiden, was sie tun
und lassen wollen. Doch in Wirklichkeit herrschen sogar in
außerehelichen Beziehungen gewisse Regeln und Gesetze. Wir
erfahren von diesen Regeln unter anderem aus Erzählungen
und Tratsch über Affären unserer Mitmenschen. Diese Berichte definieren, was in einem bestimmten Umfeld »normal«
ist und prägen unsere Erwartungen bezüglich der Frage, was
mit einem Ehepaar im Laufe einer langen Ehe geschieht.
Natürlich hält sich das Leben nie exakt an diese Regeln. Und
manche Menschen weichen bewusst davon ab. Das Wesentliche ist einfach, dass jedes Mitglied einer Gesellschaft diese
Regeln kennt und sein eigenes Verhalten in Bezug auf diese
Regeln bewertet.

»Wenn mir die Leute den Anfang ihrer Geschichte erzählen,
brauche ich mir den Rest gar nicht mehr anzuhören«, sagt
Peggy Vaughan aus Kalifornien, Leiterin einer telefonischen
Beratungsstelle für Menschen, die entdeckt haben, dass ihr
Partner sie betrügt. »Ich will gar nicht die ganzen Einzelheiten
wissen, denn die emotionale Erfahrung ist, ganz unabhängig
von den Details, so vorhersagbar. Ich könnte den Leuten jedes
Mal erzählen, was sie als Nächstes sagen werden.«
Zum amerikanischen Drehbuch gehört, dass ein untreuer
Ehemann seiner Geliebten sagt, er sei unglücklich mit seiner

Frau. Denn so ist er kein mieser Betrüger, sondern eine emp-
findsame Seele, die verständlicherweise auf der Suche nach
der Liebe und Zuneigung ist, die sie verdient hat. In China
fand ich jedoch heraus, dass verheiratete Männer ihre Ehefrauen bei ihren Geliebten routinemäßig loben, um damit zu
zeigen, dass sie Frauen respektieren und der Affäre gleichzeitig
gewisse Grenzen zu setzen.

Vielleicht verfügen die Menschen überall auf der Welt über
dasselbe emotionale Repertoire, aber die kulturellen »Dreh-
bücher« sagen uns, was wir in bestimmten Situationen zu fühlen haben. Eine verheiratete Japanerin reagierte mit Unver-
ständnis, als ich sie fragte, ob sie wegen ihres Liebhabers
Schuldgefühle habe. Sich schuldig zu fühlen war ihr gar nicht
in den Sinn gekommen, denn sie kam ja ihren familiären Verpflichtungen nach. Ein Franzose war völlig perplex, als ich ihn
fragte, ob er denn einen Therapeuten aufgesucht habe, um
sich Klarheit über sein Doppelleben zu verschaffen. Nein, im
Gegenteil, er habe seine Therapie kurz nach der ersten Begegnung mit der Frau, die seine Geliebte wurde, abgebrochen,
denn nun sei er ja endlich glücklich.

Es gibt natürlich auch einige universelle Phänomene. Sogar in
Ländern, in denen Untreue anscheinend toleriert wird, bricht
die Entdeckung der Untreue des Partners fast jedem das Herz.
Aber bei anderen Aspekten gibt es beträchtliche Unterschiede. Außerhalb von Amerika stieß ich fast immer auf Unver-
ständnis, wenn ich den Leuten von »der Aussprache« erzählte, einer »Beziehungs-Regel« im urbanen Amerika, der zufolge eine Beziehung so lange nicht monogam ist, bis beide
Partner das ausdrücklich bestätigen. Ausländer sind erstaunt,
wenn sie hören, dass AmerikanerInnen ihre Bekanntschafts-
anzeigen auch dann noch im Internet stehen lassen, wenn sie
sich schon regelmäßig mit einem Partner treffen. Und zwar so
lange, bis beide Partner sich entschließen, den Sprung in die

Monogamie zu wagen.»Geh nicht davon aus, dass du der (die) Einzige bist«, warnt ein Kolumnist auf der Website der Partnerbörse match.com. Wenn du das Thema zur Sprache bringst,»solltest du deinen Wunsch auf liebenswürdige Weise vorbringen, um zu zeigen, dass du offen für ein Gespräch darüber bist.«

Tatsächlich ist die amerikanische Form des *Dating*, jene Phase, während der es in Ordnung ist, mit mehreren beginnenden Beziehungen zu jonglieren und sich mit unterschiedlichen »Kandidaten« zu verabreden, um ihre Vorzüge zu vergleichen, in den meisten anderen Kulturen unbekannt. In Amerika scheint die Zeitspanne der polyamourösen Werbung länger zu dauern als anderswo. Und obwohl die Menschen auch in anderen Ländern wissen, dass es in der Entwicklung einer Paarbeziehung bestimmte»Meilensteine« gibt, werden diese nicht ausdrücklich besprochen. Der französische Philosoph Bernard-Henri Lévi beschreibt, wie er einmal in einer Warteschlange am Flughafen von Washington, D.C. zufällig das Gespräch eines jungen Paares mithörte. Die beiden diskutierten darüber, ob sie noch in der»Dating-Phase« waren oder ob sich ihre Beziehung ab jetzt anders definierte. Ihm fällt die ganz und gar»unfranzösische« Art auf, eine Verabredung, oder später die Beziehung als solche, zu einer separaten »Sache« zu machen, die neben den Liebenden ein Eigenleben führt.

Selbst nach»der Aussprache« kommt Untreue bei amerikanischen Paaren noch recht häufig vor (viel häufiger als in der Ehe). Jeder Partner»testet« im Laufe von zehn und manchmal sogar 20 Jahren eine Menge Kandidaten. Entscheiden sich ein Mann und eine Frau schließlich füreinander und beschließen zu heiraten, ist es, als hätten sie die Ziellinie überquert. Auf der anderen Seite herrschen in Bezug auf Treue andere Gesetze. Obwohl wir während der rücksichtslosen Zeit des Werbens ein gewisses Maß an Untreue akzeptieren, erwarten wir von unserem frisch angetrauten Partner eine Art »Übermonogamie«. Frauen denken: ›Wenn er mich wirklich liebte, könnte er beim Anblick eines anderen Körpers oder Busens noch nicht einmal eine Erektion bekommen.‹ »Wenn ein Mann in einem Restaurant eine andere Frau auch nur bemerkt, dreht seine Frau komplett durch«, sagt Diane Sollee, die Leiterin einer Pro-Ehe-Organisation in Washington, D.C. »Wir sind so romantisch geworden in Amerika. Für uns ist jede Übertretung der romantischen Regeln ein Scheidungsgrund.«

Wie schaffen es AmerikanerInnen bei so viel Vorsicht und Schuldgefühlen überhaupt, ihren Partner zu betrügen? Nun, es gibt eben mehr als ein Reglement. Gemäß der offiziellen Version ist Untreue absolut verwerflich. Das ist die Antwort, die man bei Meinungsumfragen bekommt. Aber wenn Menschen untreu sind, folgt ihr Verhalten normalerweise anderen Gesetzen: den inoffiziellen. Tatsächlich gibt es, wie der Soziologe James Farrer betont, in jeder Kultur einen allgemeinen Konsens darüber, wann es in Ordnung ist, untreu zu sein.

In Amerika ist eine erfüllende Ehe kein bloßes Ideal – man betrachtet sie als eine Art Geburtsrecht. Ein Hedge-Fond-Manager in New Jersey, der vorhatte, seine süße, aber langweilige zweite Ehefrau zu verlassen, um mit seiner Freundin zusammenzuleben, erklärte mir mit treuherzigem Dackelblick: »Ich muss doch glücklich sein.« Das Streben nach Glück oder wahrer Liebe wird von AmerikanerInnen mit am häufigsten als Grund angeführt, wenn es darum geht, Affären zu rechtfertigen und moralische Bedenken zu beschwichtigen.

Damit Untreue Realität werden kann, braucht es allerdings mehr als die richtigen »Storys«. Es muss auch Gelegenheiten geben, diese Geschichten zu leben. Ist es Männern und Frauen erlaubt, befreundet und miteinander allein zu sein?

Wird von Ehemännern und -frauen erwartet, dass sie ihre Freizeit gemeinsam verbringen? Ist es einfach, einen Babysitter zu finden? Wie groß sind die Wohnungen? In Moskau erzählte mir ein Familientherapeut, dass viele Russen in Zweizimmerwohnungen leben: Eltern und Kinder teilen sich ein Zimmer und im anderen leben Oma und Opa. »Sie können sich vorstellen, wie es unter diesen Umständen um die Sexualität der Eltern bestellt ist. Für eine solche Familie ist eine Affäre vielleicht die bessere Lösung, um ständige Auseinandersetzungen mit den Großeltern zu vermeiden«, sagte er.

In Amerika beschreiben die Therapeuten ein anderes Problem, nämlich dass die Entdeckung einer Affäre für Jahre zum Hauptthema einer Beziehung wird. Sie stellen fest, dass diese lang anhaltende, zwanghafte Beschäftigung mit dem Ehebruch – die alles andere in den Hintergrund drängt – dort eine typische Phase ist.

Für manche Menschen endet diese Phase nie. Vor 25 Jahren erhielt Neil einen Anruf, bei dem ihm mitgeteilt wurde, dass seine Frau ins Krankenhaus eingeliefert worden sei. Ihr Chef hatte sie – anscheinend im Verlauf eines Beziehungskonflikts – verprügelt. Neil, damals Ende 30 und Vizepräsident einer gemeinnützigen Organisation in Baltimore, hatte bereits vermutet, dass zwischen den beiden »etwas lief«. Aber als er dann Gewissheit hatte, geriet er zunehmend in einen Zustand, den er als »Erstarrung« beschreibt und aus dem er, wie er sagt, bis heute nicht wirklich herausgekommen ist.

Ich treffe mich mit Neil, der inzwischen 64 Jahre alt ist, in der Eingangshalle einer Kirche in einem Vorort von Memphis. Er ist ein großer, stattlicher Mann mit einem energischen Kinn. Er mag Basketball und spielt gerne mit seinen Enkelkindern. Aber als er anfängt, mir von den Einzelheiten der Affäre zu berichten, scheint seine vornehme Erscheinung in sich zusammenzufallen.

»Es vergeht kein Tag – hören Sie –, kein einziger Tag, an dem ich nicht mehrmals an diese Sache denke. Und damit meine ich nicht, dass sie mir nur flüchtig in den Sinn kommt, bevor ich mich wieder anderen Dingen zuwende. Nein. Es ist wie dieser latente Schmerz im Kreuz, der einen irgendwann zu quälen beginnt und nie wieder weggeht.«

Neil kann selbst kaum glauben, dass ihn der Schmerz über die Affäre seiner Frau schon so lange quält. Er ist ein intelligenter Mann, der in seinem Leben schon viele andere Verletzungen und Kränkungen überwunden hat. Ich finde es ebenfalls seltsam. Die Untreue des Partners wühlt uns natürlich auf, sie kränkt und beunruhigt uns. Aber in Amerika traf ich bei meinen Interviews immer wieder auf Menschen, die mir, wie Neil, zu vermitteln versuchten, dass sie nicht nur traurig und verletzt waren. Ihr gesamtes Weltbild war zusammengebrochen. »Es beraubt dich deiner Vergangenheit«, erklärt eine »betrogene Gattin«. »Was ist echt? Was unecht?«

Die Amerikanische Gesellschaft für Ehe- und Familientherapie warnt: »Die Reaktionen des betrogenen Ehepartners ähneln den posttraumatischen Stresssymptomen von Katastrophenopfern.« Bei ihrem Versuch, diesen emotionalen Absturz zu beschreiben, bedienen sich viele Menschen der extremsten Bilder. Eine Frau in den Vierzigern, die in der Nähe von Seattle lebt, sagte: »Der 11. September erinnert mich immer daran, wie es sich anfühlte – ein Stockwerk kracht ins nächste.« Auf einer Website für betrogene Ehepartner vergleicht eine andere die Entdeckung der Affäre ihres Ehemannes mit dem Tsunami von 2004, bei dem 250 000 Menschen umkamen.

»Viele Frauen sind ihren Gefühlen so hilflos ausgeliefert, dass sie meinen, verrückt zu werden.« Jo Ann Ledermann, eine Paartherapeutin aus Miami, schreibt in ihrer Ratgeberkolumne: »Sie müssen mit Auswirkungen auf Ihr Nervensystem und Ihre kognitiven Fähigkeiten rechnen.« Eine ihrer Klientinnen

berichtete:»Ich fühlte mich schrecklicher als beim Tod unseres Kindes. Damals wusste ich, dass die Ärzte getan hatten, was in ihrer Macht stand. Aber ich hätte nicht im Traum daran gedacht, dass mein Mann, mein bester Freund zur Quelle meines Schmerzes und meiner Trauer werden würde.«
Monogamie ist in der amerikanischen DNA verankert. Die Puritaner, die im 17. Jahrhundert die amerikanischen Kolonien gründeten, bestraften EhebrecherInnen bekanntermaßen zuweilen mit öffentlichen Auspeitschungen und manchmal mit dem Tode. In manchen Fällen zwangen sie überführte Ehebrecherinnen tatsächlich, den Buchstaben A, manchmal auch AD, für *adulterer* (Ehebrecher)»äußerlich sichtbar an der Kleidung« zu befestigen, obwohl sie normalerweise, anders als Hester Prynnes Richter in Nathaniel Hawthornes Roman»Der scharlachrote Buchstabe«, nicht vorschrieben, von welcher Farbe er zu sein hatte. Die Puritaner hielten sich an die biblische Definition des Ehebruchs, die nur auf eine verheiratete oder verlobte Frau und ihren Liebhaber zutrifft. Fremdgehende Ehemänner wurden des geringeren Vergehens der»Unzucht« (Sex zwischen Unverheirateten) beschuldigt.
Als die Spannungen zwischen Großbritannien und den amerikanischen Siedlern im 18. Jahrhundert zunahmen, rechtfertigte England seine Vorherrschaft mit dem Argument, die beiden Völker seien wie Elternteil und Kind. Diese Analogie empfanden die Siedler als Fluch, denn sie wünschten sich eine freiwillige Beziehung zu England wie die zwischen einem Ehemann und einer Ehefrau.
Als Amerika unabhängig wurde, wählten seine politischen Führer wiederum die Ehe als Metapher für die angestrebte Regierungsform der jungen Republik. Die Harvard-Historikerin Nancy Cott beschreibt das brillant in ihrem Buch *Public Vows: A History of Marriage and the Nation*. Sie behauptet, die Ehe sei für die amerikanischen Gründerväter ein Symbol für

politische Freiheit gewesen. In beiden Fällen gehen die Partner freiwillig eine Verpflichtung gegenüber dem anderen ein und beide profitieren von der Verbindung. Die einzig richtige Ehe war für sie das christliche Modell mit einem Ehemann und einer Ehefrau.

Aber die Ehe war nicht nur eine Metapher, denn die Gründerväter waren auch überzeugt, dass verheiratete Menschen die besseren Bürger seien.

Während der Kolonialzeit hatte das Verhalten des Einzelnen keine so große Rolle gespielt, denn die britischen Monarchen taten ohnehin, was sie wollten. Doch die amerikanischen Bürger der neuen repräsentativen Demokratie hatten eine Wahl und somit Einfluss auf die Entwicklung des Staates. Die Stärke und vielleicht sogar das Überleben ihres Landes hingen von der moralischen Integrität ihrer Bürger ab. Wären die Bürger verdorben und korrupt, so die vorherrschende Meinung, würden sie ebensolche politischen Führer wählen.

Die Gründerväter befürworteten also die Ehe, weil sie hofften, auf diese Weise eine geordnete Gesellschaft zu schaffen, die die Amerikaner zu Wohlverhalten erziehen würde. Sie glaubten, Ehefrauen würden die ausschweifenden Triebe ihrer Männer im Zaum halten, während die Ehemänner mit ihrem überlegenen Urteilsvermögen ihren Frauen helfen würden, vernünftig zu handeln. Politische Philosophen jener Zeit schrieben, die Ehe würde die Menschen darin bestärken, sich selbstlos für das Gemeinwohl einzusetzen. Diese Vorstellung fand ihren Weg in die populären Zeitschriften, die ein Loblied auf liebevolle, treue Beziehungen sangen. Die Familie des Präsidenten wurde zum Archetypus des amerikanischen Haushalts.

Die frühen Gesetzgeber überließen nichts dem Zufall. Wenn AmerikanerInnen nicht heiraten wollten, mussten sie eben auf Sex verzichten. Die Regierungen der einzelnen amerikanischen Staaten, welche die Heiratsgesetze erließen, ächteten jede Form von außerehelichem Sex, von Unzucht über Sodomie bis zum Ehebruch. Gesetzesübertretungen wie »kriminelle Konversation« (Sex mit der Ehefrau eines anderen Mannes), »Verführung« (eine Frau dazu überreden, ihren Ehemann zu verlassen) und »das Stehlen von Zuneigung« (von ihrem rechtmäßigen Besitzer, dem Ehegatten) standen unter Strafe. Das waren Vergehen gegen den Ehemann, denn per Gesetz war der Körper einer Ehefrau Eigentum ihres Mannes. Für den Fall, dass außerehelicher Sex dennoch eine Versuchung darstellte, so Cott, verboten die meisten Staaten im 19. Jahrhundert den Schwangerschaftsabbruch, und die Bundesregierung erklärte den Versand »unmoralischer Schriften«, die vielleicht Informationen über Geburtenkontrolle enthalten könnten, für illegal.

Zu Beginn des 20. Jahrhunderts hatten viele AmerikanerInnen genug von der viktorianischen Prüderie. Methoden der Geburtenkontrolle waren in weiten Teilen des Landes allgemein zugänglich, in der gesamten westlichen Welt kämpften Frauen für das Wahlrecht und Freud postulierte, dass der Mensch von seinem Sexualtrieb gesteuert wird. Die Frauen – die man nicht länger für frigide hielt – begannen allmählich zu glauben, dass zum ehelichen Glück eine befriedigende Sexualität gehört.

Den Gerichten – den Hütern der nationalen Interessen – missfielen diese permissiven Einstellungen. In einigen Staaten wurde Ehebruch zu einer schweren Straftat erklärt, die mit einer Gefängnisstrafe nicht unter fünf Jahren geahndet wurde, und die Strafverfolgung aufgrund von Zivilklagen wurde verschärft. Aber sie konnten den gesellschaftlichen Trend nicht aufhalten. Im Jahre 1920 erhielten die Frauen das Wahlrecht und die meisten Gesetze, die Frauen zum Eigentum ihrer Ehemänner erklärten, wurden abgeschafft.

Im weiteren Verlauf des 20. Jahrhunderts lockerte die Regierung ihren festen Griff um das Privatleben der Amerikaner. 1960 genehmigte die Food and Drug Administration (amerikanische Behörde für Arznei- und Lebensmittelsicherheit) den Verkauf der »Pille« und 1973 hob der Oberste Gerichtshof der Vereinigten Staaten Landesgesetze gegen den Schwangerschaftsabbruch auf. Der wichtigste Entwicklungsschritt war aber wohl die Abschaffung der Schuldfrage bei Scheidungen, eine Regelung, die zwischen 1969 und der Mitte der 1980er-Jahre von allen amerikanischen Staaten in irgendeiner Form übernommen wurde. Das bedeutete, dass Frauen und Männer ihre Ehe einfach deshalb beenden konnten, weil sie darin nicht glücklich waren. Immer mehr Frauen verfügten über ein eigenes Einkommen und konnten ihre Männer wegen Kränkungen (beispielsweise Ehebruch) verlassen, die frühere Generationen vielleicht durchgehen ließen. Die Scheidungsrate stieg von 2,6 pro tausend Einwohner im Jahre 1967 auf 5,3 pro tausend im Jahre 1979 (seither ist sie wieder gesunken). Ob (und wann) ein Paar Kinder haben oder seine Ehe aufrechterhalten wollte, wurde zur Privatsache, denn der Staat hielt sich zunehmend aus solchen Entscheidungen heraus.

Als der Einzelne in Fragen der Fortpflanzung und Ehe mehr Entscheidungsgewalt erhielt, bekam auch der Ehebruch einen anderen symbolischen Stellenwert. Außerehelicher Sex bestimmte nun nicht länger das Schicksal der Nation, sondern wirkte sich lediglich auf die eigene Familie und das eigene Leben aus. Das führte aber nicht dazu, dass die Amerikaner nun gelassener auf Ehebruch reagierten. Im Gegenteil – sie wurden strenger und betrachteten ihn weiterhin als »Einstiegsvergehen«, das alle möglichen anderen Katastrophen nach sich ziehen konnte. Diese würden aber gemäß der neuen Sichtweise nicht das Staatswesen ruinieren, sondern nur die

Familie des Ehebrechers und sein Privatleben. Ehebruch wurde letztendlich »privatisiert«. Die Ehebruchgesetze waren aus den Gesetzbüchern der meisten Staaten verschwunden und bei den verbliebenen handelte es sich vorwiegend um kulturelle Relikte.

Die Vorstellung, dass ein Seitensprung stets eine Rutschbahn ins persönliche Chaos ist, wurde zum Standardthema der Hollywoodfilme. Wenn die Hauptfigur eines Dramas Ehebruch begeht, kann man normalerweise davon ausgehen, dass irgendjemand sterben muss (nicht unbedingt der Ehebrecher) – als göttliche Strafe und als Beweis, dass Untreue immer ins Verderben führt. Ein Beispiel ist der im Jahre 2002 gedrehte Film *Unfaithful* (Untreu), die Neuverfilmung eines französischen Dramas, in welchem eine Vororthausfrau eine leidenschaftliche Affäre mit einem Mann beginnt, dem sie zufällig auf der Straße begegnet (da sie die Heldin ist, hatte sie natürlich nicht vor, ihren Mann zu betrügen). In einer Szene, die für die amerikanischen Zuschauer hinzugefügt wurde, loben die Freundinnen der Frau die offensichtlichen Vorzüge des attraktiven Franzosen an der Bar, ohne zu wissen, dass die Heldin mit ihm ins Bett geht. Eine der Freundinnen sagt, sie läge »binnen Sekunden auf dem Rücken«, sollte der Mann Interesse an ihr zeigen. Mit ihm zu schlafen würde sie sich als persönliches Vergnügen gönnen, wie beispielsweise die Teilnahme an einem Töpferkurs.

Die andere Freundin weist allerdings warnend darauf hin, dass Affären nie so unkompliziert sind. »Nein. So würde es anfangen, aber dann würde irgendetwas passieren. Irgendjemand findet etwas heraus oder einer von beiden verliebt sich und dann endet das Ganze in einer Katastrophe. Es endet immer in der Katastrophe.«

Bald darauf kommt der Ehemann der Heldin, bis dahin erfolgreicher Geschäftsmann und vorbildlicher Vater, hinter die

Sache und bringt den Franzosen um. Der Mann und die Frau versöhnen sich, aber es ist klar, dass sie von nun an in der ständigen Angst leben müssen, mit dem Mord in Verbindung gebracht zu werden. Vielleicht geben sie auch dem inneren Druck nach und erleichtern ihr Gewissen. In jedem Fall hat die Affäre ihr angenehmes, beschauliches Leben für immer zerstört.

Dieselbe Botschaft finde ich immer wieder in Internetforen. Wenn eine Frau schreibt, dass sie darüber nachdenkt, mit einem verheirateten Mann zu schlafen, dem sie sich bereits emotional verbunden fühlt, warnen Heerscharen von Ratgeberinnen – von denen einige selbst Affären hatten –, dass sie ihr Leben zerstört, wenn sie dem Verlangen nach diesem kurzlebigen Vergnügen nachgibt.

»Bist du wirklich bereit zu diesem Doppelleben, das dadurch notwendig wird? Hast du dir das wirklich gut überlegt? Versuche dir vorzustellen, wie dein Leben in ein, zwei, fünf oder zehn Jahren aussehen wird. Eine Affäre wird DEIN GESAMTES RESTLICHES Leben beeinflussen. Abgesehen von allen Rechtfertigungen musst du weiterhin mit dir selbst leben ... Eine solche Situation wünsche ich nicht einmal meinem ärgsten Feind.« Eine andere Frau schreibt:»Ich rate dir dringend, jeglichen Kontakt zu dieser Person sofort abzubrechen und dir, deiner Familie und allen Beteiligten Monate oder Jahre der Hölle auf Erden zu ersparen.«

Im Jahre 1998 inszenierte Amerika sein Ehebruch-Drehbuch im öffentlichsten Forum überhaupt: beim Amtsenthebungsverfahren des amerikanischen Präsidenten Bill Clinton. Clintons republikanische Gegner waren vorsichtig und klagten ihn nicht wegen seiner außerehelichen Eskapaden mit Monica Lewinsky an, der 22-jährigen Praktikantin im Weißen Haus. Sein eigentliches Verbrechen war in ihren Augen jene andere moralische Verfehlung, die in Amerika sehr eng mit außer-

ehelichem Sex verbunden ist: die Lüge. Um diesen Anklage-
punkt zu belegen, verfassten die Untersuchungsrichter den
445 Seiten starken »Starr-Report«, in dem zehn sexuelle Begegnungen zwischen Clinton und Lewinsky vom ersten Kennenlernen gegen Ende der ersten Amtsperiode im November
1995 bis hin zu ihren Treffen im »fensterlosen Flur beim
Arbeitszimmer« des Oval Office beschrieben wurden.
Figuren und Handlung des »Starr-Reports« sind direkt dem
typischen amerikanischen Ehebruch-Drehbuch entlehnt.
Lewinsky ist die Geliebte, die hofft, die Ehefrau zu verdrängen, und Clinton ist der Ehemann, der ihre Hoffnungen nährt,
um weiterhin in den Genuss der sexuellen Vergünstigungen
zu kommen. Im Starr-Report heißt es: »Präsident Clinton
vertraute Fräulein Lewinsky an, er sei nicht sicher, ob er
nach seinem Ausscheiden aus dem Präsidentenamt verheiratet bleiben würde. Er sagte sinngemäß: ›Wer weiß, was in
vier Jahren passiert, wenn ich nicht mehr im Weißen Haus
bin?‹«
Der Starr-Report breitet die altbekannten Klagen der Geliebten aus. Eine von Lewinskys Freundinnen sagte:»Hätte [Le-
winsky] mich belügen wollen, dann hätte sie zu mir gesagt:
›Oh, er ruft dauernd an. Er tut wunderbare Dinge. Er kann es
kaum erwarten, mich zu sehen.‹ ... [Sie] hätte die Geschichte
ausgeschmückt. Sie hätte nicht gesagt: ›Er hatte versprochen
mich anzurufen und ich wartete das ganze Wochenende zu
Hause. Ich unternahm überhaupt nichts und er rief nicht an.
Er rief zwei Wochen lang nicht an.‹«
Clintons Freund Vernon Jordan, ein Washingtoner Rechtsan-
walt, sagte aus, Clinton habe sich aufgrund von Lewinskys
Klagen, er würde sie nicht oft genug anrufen oder treffen, be-
müßigt gefühlt,»Fräulein Lewinsky daran zu erinnern, dass
der Präsident der ›Führer der freien Welt‹ ist und noch andere
Verpflichtungen hat.« Als Clintons Interesse an Lewinsky

nachließ, schlüpfte sie in eine andere vertraute Rolle: die der Geliebten, die mithilfe von versteckten Drohungen, die Affäre öffentlich zu machen, zumindest ein paar materielle Vergünstigungen herausschlagen will. In diesem Fall ging es um einen Job in New York.

Selbst Clintons Verteidiger aus dem demokratischen Lager waren vorsichtig mit moralischen Entlastungen. Senator Robert Byrd aus West Virginia, ein altgedienter Politiker der Demokraten, bezeichnete Clintons Verhalten als »Trauerspiel«. Einer von Clintons eigenen Anwälten sagte vor dem Untersuchungsausschuss, Clintons Affäre mit Lewinsky sei »moralisch verwerflich«. Die einzige krasse Abweichung vom Drehbuch, die die Amerikaner wirklich erschütterte, war die Tatsache, dass Clintons Ehefrau Hillary ihren Mann nicht verließ. Washingtons Ehe-Expertin Diane Sollee berichtet, sie habe während der Anhörungen Anrufe von Journalisten erhalten, die von ihr wissen wollten, wie die Ehe der Clintons diese Sache denn überhaupt überstehen könne.

Clintons republikanische Gegner hatten anscheinend noch nicht mitbekommen, dass Ehebruch inzwischen Privatangelegenheit ist. Sie drängten die Nation, seine Untreue auf die alte Art und Weise zu betrachten: als etwas, das die nationale Stabilität bedroht. Einige Kongressabgeordnete traten mit Briefen von Schulkindern vor die Fernsehkameras, denen es das »Herz gebrochen hat«, als sie erfuhren, dass der Präsident sie hintergangen hatte. »Wenn der Präsident das Treuebündnis bricht, das er mit dem amerikanischen Volk geschlossen hat, kann man ihm nicht mehr vertrauen. Und weil die politische Führung eine so wichtige Rolle für das Ansehen unseres Landes in der Welt spielt, kann man Amerika nicht mehr vertrauen«, sagte Henry Hyde, der republikanische Kongressabgeordnete aus Illinois, der den Ausschuss während des Amtsenthebungsverfahrens leitete.

Als es allerdings um seine eigene Lebensführung ging, fiel Hyde plötzlich ein, dass Untreue inzwischen Privatangelegenheit war. Nachdem Salon.com im Jahre 1998 aufgedeckt hatte, dass er in den späten 1960er-Jahren fünf Jahre lang mit einer jungen Mutter namens Cherie Snodgrass liiert gewesen war, gab Hyde – zur Zeit der Affäre verheiratet und Vater von vier Kindern – folgende Erklärung ab: »Die Verfehlungen meiner Jugendzeit sind lange verjährt. Es mag genügen, wenn ich sage, dass Cherie Snodgrass und ich vor sehr langer Zeit gute Freunde waren.« Hyde war 41, als die Affäre begann.

Die meisten Amerikaner hielten an der Vorstellung fest, dass Affären private Sünden sind. Unmittelbar nachdem das Repräsentantenhaus für das Amtsenthebungsverfahren gestimmt hatte, stiegen Clintons Umfragewerte um zehn Prozentpunkte auf 73 Prozent, laut CNN/Gallup der höchste Wert, den ein Präsident je erzielt hatte. Die republikanische Partei fiel gleichzeitig um zwölf Punkte auf 31 Prozent ab. Clinton nutzte dieses modernere Drehbuch geschickt als Anleitung zur (öffentlichen) Buße für die Sünde des außerehelichen Sex. Er hätte ebenso gut den Empfehlungen der Amerikanischen Gesellschaft für Ehe- und Familientherapie folgen können. Vielleicht tat er das ja sogar. In einem Artikel auf der Website der Gesellschaft heißt es: »Um das Vertrauen wiederherzustellen, muss derjenige, der die Affäre hatte, dem verletzten Partner ehrlich und wahrheitsgetreu über alle Einzelheiten Auskunft geben, die dieser erfahren möchte, beispielsweise über den Namen der an der Affäre beteiligten Person sowie Einzelheiten über heimliche Treffen und sexuelle Begegnungen.« Dann sollte der Ehebrecher »volle Verantwortung für die Affäre übernehmen und die Schuld nicht auf seinen Ehepartner, persönliche oder emotionale Probleme oder Arbeitsüberlastung schieben.«

Clinton hielt sich praktisch wortwörtlich an diese Vorgaben. Als Erstes hörte er auf zu leugnen und gab die Affäre zu. Dann, kurz vor der Veröffentlichung des Starr-Reports, machte er die Runde bei seinen Anhängern, um sich für sein Verhalten zu entschuldigen. »Ich kann niemandem außer mir selbst die Schuld für die Verletzungen geben, die ich anderen zugefügt habe«, sagte er in einer Rede in Orlando, Florida. Kurz nach seiner Beichte kamen die demokratischen Kongressabgeordneten mit Clinton zusammen – ein Treffen, bei dem es offensichtlich zu einer Katharsis kam. »Ich sah einen tief traurigen Menschen, der wütend auf sich selbst war und uns alle davon überzeugte, dass seine Reue, sein Schamgefühl und seine Wut auf sich selbst echt waren«, berichtete ein Abgeordneter hinterher den Reportern. »Ich sah bei ihm echten Schmerz über die Verletzungen, die er seiner Familie zugefügt hatte.« Ironischerweise trugen wahrscheinlich gerade die detaillierten Enthüllungen im Starr-Report dazu bei, dass die Amerikaner ihrem Präsidenten verzeihen konnten.

Es gibt keinen empirischen Nachweis dafür, dass Menschen, die sexuell treu sind, bessere Ärzte, Geschäftspartner, Bürger oder Präsidenten sind. Ebenso wenig ist erwiesen, dass Menschen, die außereheliche sexuelle Beziehungen haben, öfter Geld unterschlagen, häufiger Morde begehen, öfter lügen oder ganz allgemein korrupter sind als sexuell treue Menschen. Soweit ich weiß, hat noch niemand einen Zusammenhang zwischen dem Aktienkurs eines Unternehmens und dem Sexualverhalten seines Direktors entdecken können. Die Vorstellung, seinen Partner zu betrügen sei Teil einer Verbindung aus Charakterschwäche und Fehlverhalten mag zutreffend sein, aber sie wurde noch nie überprüft. Auf jeden schlechten Präsidenten, der eine Geliebte hatte, kommt ein guter, der ebenfalls eine hatte oder ein anderer schlechter, der keine hatte.

Aufgrund des hysterischen Umgangs der Amerikaner mit Ehebruch scheint das Leben durch einen Seitensprung tatsächlich aus den Fugen zu geraten. Ein paar Monate nach meinem ersten Treffen mit Kevin und April rufe ich an, um zu fragen, wie es ihnen geht. April ist zufällig allein zu Hause. Sie erzählt, dass die Situation ziemlich unerträglich geworden ist. Ihr Leben droht wirklich in jenem Chaos zu versinken, vor dem die Kinofilme immer warnen. Bei einer seiner üblichen Handtaschenkontrollen fiel Kevin der Ausdruck einer E-Mail von John, Aprils früherem Liebhaber, in die Hände. John schrieb, er habe zu Hause Probleme und fragte, ob er mit April darüber sprechen könnte. April behauptet, sie habe die E-Mail in ihrer Handtasche gelassen, weil sie der Meinung war, dass sie nichts zu verbergen habe.

Ich weiß nicht, ob das eine Fehleinschätzung oder eine gezielte Provokation war. Jedenfalls holte Kevin, nachdem er die E-Mail gelesen hatte, seine Pistole heraus und sagte, er würde nun zu John fahren. Es gab da auch einen rassistischen Aspekt. Beim Verlassen des Hauses packte er April so brutal am Arm, dass sie eine Quetschung davontrug. Als er bei der Garage angelangt war, rief April die Polizei. Die Beamten trafen kurz darauf ein und nahmen ihn fest, und Kevin verbrachte mehrere Stunden im Gefängnis.

April und Kevin haben inzwischen 1500 Dollar Anwaltsgebühren bezahlt und Kevins Anwalt hat nach E-Mails und anderen Beweisstücken gefragt, die Aprils Affäre belegen, um Kevins Prozess vorzubereiten, der sich wahrscheinlich über viele Monate hinziehen wird. Wenn Kevin zu Hause ist, sitzt er, so April, nur herum und sagt, er wüsste nicht, ob er jemals wieder glücklich sein könne. »In den vergangenen Wochen wurde mir allmählich klar, dass das nicht allein meine Schuld ist«, sagt sie.

April ist durch die Ereignisse und die Tatsache, dass die Affäre ihr Leben immer mehr ruiniert, so verstört, dass ihr etwas herausrutscht: Auch ihre Beziehung mit Kevin begann als Affäre. Beim Interview hatte Kevin mir erzählt, April und er hätten zusammen gearbeitet, seien aber erst nach der Scheidung von seiner zweiten Frau eine Beziehung eingegangen. Es scheint, dass Kevin in Bezug auf Sex ebenfalls lügt.

»Er versprach immer wieder, sich scheiden zu lassen«, sagt April. »Das ging ungefähr ... unsere Affäre dauerte etwa drei Jahre.« Eines Tages standen Kevins Frau und ihre Mutter vor Aprils Tür und beschimpften sie als »verdammte Ehemann-Diebin«. Laut April hat Kevin auch seine erste Frau betrogen. Der Hinweis, er habe doch dasselbe getan wie sie, änderte nichts an Kevins Besessenheit in Bezug auf ihre Affäre. »Er sagt, bei seiner Affäre mit mir sei das etwas anderes gewesen, denn er habe mich ja geliebt. Und dann antworte ich: ›Ja, aber wir haben uns nicht von Anfang an geliebt.‹« April sagt, dass Kevin behauptet, er hätte durch ihr Verhalten ihm gegenüber etwas gelernt und er bereue heute, was er seinen Ex-Frauen angetan hat.

Lügen, verdammte Lügen und Ehebruch

Zu Beginn meiner Recherchen zu diesem Buch hatte ich die Idee, eine Art Rangliste aufzunehmen, aus der hervorgehen würde, in welchen Ländern am häufigsten betrogen wird und wo Ehebruch am seltensten ist. Ich wusste nicht, ob es eine solche Liste bereits gab oder ob ich sie selbst würde erstellen müssen. Es war schwer vorstellbar, wie diese Statistik aussehen würde. Welchen Platz würde Amerika einnehmen? Welchem Land würde die zweifelhafte Ehre zuteil werden, Spitzenreiter zu sein? Würden sich überhaupt deutliche Unterschiede zeigen? Und wären diese dann vielleicht auf so kuriose Faktoren wie das Wetter zurückzuführen?

Dass die Welt ihre sexuellen Geheimnisse nicht so leicht preisgibt, dämmert mir zum ersten Mal, als ich in Moskau jenen Mann besuche, der als der Vater der russischen Sexualforschung gilt. Bei unserer persönlichen Begegnung wirkt Kon, 76, auf mich dann allerdings eher wie ihr Großvater oder ihr Maskottchen. Er ist knapp über 1,50 m groß, hat einen dichten weißen Haarschopf, ein warmherziges Lächeln und die liebenswerte Eigenschaft, seinen akademischen Jargon mit Wörtern wie »Masturbation« und »Erektion« zu garnieren. Er ist so produktiv, dass er selbst nicht mehr genau weiß, wie viele Bücher er geschrieben hat, aber er meint, es müssten wohl »um die 50« sein. Von seinen Kollegen von der »World Association of Sexual Health« bekam er kürzlich einen Preis für sein Lebenswerk verliehen.

In seinem Heimbüro ist jede verfügbare Fläche mit Büchern, Dokumenten und Zeitschriften in verschiedenen Sprachen bedeckt. Irgendwo unter diesen Stapeln vermute ich die Ergebnisse landesweiter sexualwissenschaftlicher Erhebungen mit Statistiken über die Häufigkeit sexueller Untreue in Russland und anderswo. Ich stelle mir vor, dass Kon, der mich ein bisschen an den Yoda aus »Starwars« erinnert, unter einem der Stapel die Liste hervorziehen wird, die mir die ganze Zeit vorschwebte, und mit seiner krächzenden Stimme zu mir sagt: »Zuerst gehen Sie nach Slowenien und dann nach Niger.« Vielleicht wird er mir noch erlauben, einen kurzen Blick auf die Liste zu werfen, bevor er sie wieder verschwinden lässt.

Doch als ich dann auf russische Sex-Statistiken zu sprechen komme, verdüstert sich seine bis dahin heitere Mine. »Es gab nie landesweite Erhebungen zu diesem Thema und es wird auch in absehbarer Zukunft keine geben«, sagt er. Kon erklärt mir, dass Regierungen die natürliche Geldquelle für teure landesweite Studien sind, welche in der Regel auch ein paar Fragen über außereheliche Sex beinhalten. Aber unter den Sowjetregierungen war eine öffentliche Diskussion über Sex kaum möglich, geschweige denn die Durchführung einer Meinungsumfrage, die den Staat in Verlegenheit hätte bringen können, wenn sich dabei gezeigt hätte, dass russische Bürger verbotenen Aktivitäten wie außerehelichem Sex nachgingen.

Obwohl das Sowjetregime im Jahre 1991 zusammenbrach, hat sich die Situation laut Kon kaum verändert, denn nun hält die russisch-orthodoxe Kirche die gegenwärtige Regierung davon ab, Mittel für Forschungsprojekte bereitzustellen, die auch nur im Entferntesten mit Sex zu tun haben. Eine landesweite Erhebung wäre eine Fundgrube für Kon und seine Kollegen, die stattdessen mit dem bescheidenen Datenmaterial arbeiten müssen, das sie selbst zusammengetragen haben. Das Beste

davon ist eine Umfrage, die 1996 in St. Petersburg durchgeführt wurde. Der Beruf des Sexualforschers ist in Russland
nicht gerade mit Vergünstigungen verbunden. Als Leiter der
Forschungsabteilung der Russischen Akademie der Wissen-
schaften verdient Kon umgerechnet etwa 123 Dollar im Monat. Das reicht in Moskau kaum für das Essen. Er und die
meisten seiner Kollegen haben mehrere Jobs, um über die
Runden zu kommen. Außerdem ist Sexualforschung in Russland nicht ungefährlich. Einmal beschmierten Vandalen die
Tür zu Kons Appartement. Er zeigte mir eine 74-seitige
Schmähschrift, in der er von einer Gruppe russischer Akademiker als »Gefahr für die russische Gesellschaft und den
Staat« diffamiert und beschuldigt wird, Pädophilie zu fördern
(was er eindeutig nicht tut). Während einer seiner Vorlesun-
gen an der Moskauer Universität im Jahre 2001 hielt eine
Gruppe von etwa 20 Leuten Schilder hoch, auf denen er der
Homosexualität »beschuldigt« wurde, und einer warf ihm
dann eine Torte ins Gesicht. Wenigstens muss er sich keine
Sorgen wegen der Leute machen, die bei ihm anriefen und
ihm mit einem Bombenanschlag drohten. Würden sie es ernst
meinen, hätten sie ohne Vorwarnung zugeschlagen. »Es ist
nicht besonders schwierig, in Moskau jemanden umzubringen. Hätten sie mich töten wollen, wäre das sehr einfach gewesen.«
Sexualforschung ist allerdings nirgendwo etwas für schwache
Nerven. Mein Interview mit Alain Giami, dem Leiter des französischen Nationalen Instituts für Gesundheit und medizinische Forschung, hatte kaum begonnen, als er mir mitten im
Satz das Wort abschnitt und sich derart aufregte, dass ich
fürchtete, er würde gleich über seinen Schreibtisch springen.
Mein Vergehen war die Verwendung des Wortes »Untreue«
gewesen. »Was bezeichnen Sie denn als ›Untreue‹?«, eiferte
er sich, »ich weiß nicht, was ›Untreue‹ ist. Ich teile diese Sicht-

weise nicht, also würde ich auch dieses Wort nicht verwenden. Es impliziert religiöse Werte. Indem Sie den Begriff ›Untreue‹ verwenden, geben Sie der Sache eine negative Färbung. Es bedeutet, dass man nicht zuverlässig ist, dass man ein Lügner ist.«

Schon befand ich mich mitten in der Schlacht der Worte über eine Sache, die Sozialwissenschaftler einfach als »Affären« bezeichnen sollten. Wenn sie in Fachzeitschriften über dieses Thema schreiben, versuchen sie, moralisch neutral zu klingen. Aber Giami akzeptiert nicht einmal eine Formulierung, die darauf hinweist, dass der Befragte verheiratet oder heterosexuell ist oder dass die Affäre weniger wichtig ist als die Hauptbeziehung. Er besteht auf einer Ausdrucksweise, die meiner Meinung nach eher in den Bereich Buchhaltung als zum Thema Sex passt. »Wir sprechen von ›simultanen Multipartnerschaften‹«, sagt er.

Akademikern scheint es Spaß zu machen, schicke neue Begriffe zu erfinden. Sollte ich jemals fremdgehen, werde ich meinem Mann sagen, dass ich mich nur »sexuell vernetzt« habe, ein Ausdruck, den Sexualforscher in Nigeria verwenden (Geliebte waren dort SFs – »ständige Freundinnen«). In den 1980er-Jahren versuchten amerikanische Wissenschaftler die Abkürzung EMC für »*extramarital coitus*« (außerehelicher Koitus) einzuführen. Das scheiterte möglicherweise daran, dass der Begriff eher nach einem medizinischen Eingriff klingt. Kein Sexualforscher spricht von »Ehebruch«, denn bei diesem Wort scheint sogleich eine imaginäre Stimme von oben zu mahnen: »Du sollst nicht …«.

Worauf sich all diese Ausdrücke beziehen, ist eine andere Frage. In manchen Umfragen wird nur nach »Sex« mit jemand anderem als dem Partner gefragt und der Befragte kann dann selbst entscheiden, was das für ihn bedeutet. Bei anderen versucht man die Frage positiv zu formulieren, wie beispielsweise: »Waren Sie im letzten Jahr monogam?« In manchen Fällen wünschte ich allerdings, die Fragen wären etwas weniger direkt. Ich werde heute noch rot, wenn ich an eine Telefonumfrage denke, die im Jahre 1990 nach dem Zufallsprinzip durchgeführt wurde. Dabei wollte der Anrufer beispielsweise wissen: »Mit wie vielen verschiedenen Personen hatten Sie in den vergangenen zwölf Monaten entweder vaginalen oder analen Verkehr?« Andere Fragen versuchen, eine gewisse Stimmung zu erzeugen. In einer im Jahre 1992 durchgeführten Umfrage wurde Sex als »beiderseits freiwillige Aktivität mit einer anderen Person« bezeichnet, »bei der es zu genitalem Kontakt und sexueller Erregung kommt, was bedeutet, dass beide wirklich ›heiß‹ sind, selbst wenn dies nicht zum Geschlechtsverkehr oder Orgasmus führt.« Allein beim Lesen solcher Sätze hat man ein bisschen das Gefühl, fremdzugehen.

Manche Befragungen dienen eindeutig der Unterhaltung und versuchen nicht einmal, dies zu verbergen. In einer südafrikanischen Zeitschrift gab es bei einer Meinungsumfrage separate Kategorien für Männer, die fremdgehen, und Männer, die »im betrunkenen Zustand« fremdgehen. Ein französisches Meinungsforschungsinstitut untersuchte die »Untreue von Frauen im Urlaub«. Die Befragten sollten unter drei Typen potenzieller Liebhaber ihren Favoriten auswählen (der absolute Spitzenreiter war ein »total witziger Mann, auch wenn er nicht gutaussehend oder intelligent ist«). Es wirkte fast so, als sei den Machern der Studie erst nachträglich eingefallen, noch ein viertes Kästchen für Frauen hinzuzufügen, die nicht fremdgehen.

In einer Studie über Gesundheit und Familienleben, die im Jahr 2000 in China durchgeführt wurde, lautete eine Frage: »In unserer heutigen Gesellschaft haben manche Menschen außer mit ihrem Partner noch Sex mit anderen Personen (außereheliche Affäre, dritte Partei). Sind Sie der Meinung, dass man jeden Fall individuell betrachten sollte oder dass diese Menschen ausnahmslos bestraft werden sollten?«

In einem Land wie China, wo es so etwas wie Sexualforschung überhaupt erst seit den 1980er-Jahren gibt, ist schon die Vorstellung, sich mit einem Fremden zusammenzusetzen und über Einzelheiten aus dem eigenen Sexualleben zu sprechen, eine Zumutung. Mitte der 1990er-Jahre kam ein chinesischer Wissenschaftler, der das Forschungsmaterial des vergangenen Jahrzehnts gesichtet hatte, zu dem Schluss, dass chinesische Studienteilnehmer normalerweise glauben, Interviewerinnen seien »schlechte Frauen«, und dass ein(e) InterviewerIn nach bestimmten Sexualpraktiken fragt, weil er oder sie selbst Gefallen daran findet. Er fand außerdem heraus, dass »die meisten Frauen das Gefühl haben, sich übergeben zu müssen«, wenn sie nach sexuellen Dingen gefragt werden. Das waren keine guten Aussichten für meine »Ehebruch-Hitliste«. Wie kann ich Erhebungen über Untreue miteinander vergleichen, wenn sie nicht dasselbe untersuchen? In manchen wird gefragt, ob eine Person während einer Ehe oder festen Partnerschaft überhaupt schon einmal fremdgegangen ist, während andere sich auf einen Zeitraum von zwölf Monaten vor der Umfrage beschränken, weil sie davon ausgehen, dass sich die Leute besser an Ereignisse erinnern können, die noch nicht so lange zurückliegen. Umfragen, in denen ausschließlich nach Geschlechtsverkehr gefragt wird, schließen möglicherweise Tausende von Menschen aus, die oralen Sex praktiziert oder leidenschaftliche Knutschereien auf Parkplätzen hatten. Zählen diese Leute etwa nicht?

Wissenschaftler setzen alles daran, ihre Probanden dazu zu bewegen, die Wahrheit zu sagen. Beim Interview stellen sie dieselbe Frage mehrmals auf unterschiedliche Weise und schauen dann, ob die Antworten übereinstimmen. Einige lassen die heikelsten Fragen an einem Laptop beantworten, damit die Umfrageteilnehmer nicht dem Interviewer »beichten« müssen. Bei einer Studie in den 1990er-Jahren baten die Meinungsforscher den Ehepartner oder die Ehepartnerin des Probanden, ihnen ein Glas Wasser zu holen, um schnell ein paar Fragen über Sex stellen zu können, während der Betroffene außer Hörweite war.

In der chinesischen Studie des Jahres 2000 wurden die Leute außer Haus befragt, aber das alternative Arrangement hörte sich kurioserweise wie eine Verführung an: »Wir luden grundsätzlich jeden Probanden in unser vorbereitetes Hotelzimmer ein, wo er unter vier Augen mit einem Interviewer desselben Geschlechts sprechen konnte, während der Fragende alles daran setzte, den Befragten dazu zu bringen, ehrliche Antworten zu geben.« Mitte der 1990er-Jahre führten Wissenschaftler der University of Chicago unter ihren Probanden ein vorbereitendes Screening durch und stellten fest, dass AmerikanerInnen aller Rassen und beider Geschlechter sich bei Gesprächen über Sex bei weißen Interviewerinnen mittleren Alters am wohlsten fühlen. Also stellten sie ein Heer von weißen Frauen dieser Altersklasse ein und trainierten sie, keine Miene zu verziehen, wenn die Befragten »sich bildhaft ausdrückten« oder Details aus ihrem Sexualleben beschrieben.

Natürlich ist selbst eine handwerklich perfekt ausgeführte Studie wertlos, wenn die Meinungsforscher ihre Studienteilnehmer nicht korrekt auswählen. Das ist das Einmaleins der Statistik: Jedes Mitglied einer Bevölkerung, aus der man Durchschnittswerte ermitteln will, sollte dieselbe Chance – oder mindestens theoretische Chance – haben, ausgewählt zu werden. Bei dieser *Probability Sampling* genannten Methode werden Listen der Gesamtbevölkerung erstellt und Probanden nach dem Zufallsprinzip zum Interview eingeladen (oder innerhalb bestimmter Kategorien wie Alter oder Geschlecht nach dem Zufallsprinzip ausgewählt). Wenn Sie sich in Paris an den Straßenrand stellen und willkürlich Fußgänger befragen, werden Ihre Ergebnisse keinesfalls repräsentativ für alle Pariser sein. Menschen, die diese Straße frequentieren, haben eine höhere Chance interviewt zu werden als alle anderen Bewohner der Stadt, und sie haben vielleicht einen anderen Geschmack oder andere Lebensgewohnheiten als die Leute in anderen Stadtvierteln. Ein Probability Sample, bei dem die Probanden nach dem Zufallsprinzip aus einer Liste der Pariser Gesamtbevölkerung ausgewählt werden, wäre repräsentativ für die ganze Stadt, weil alle Bewohner dieselbe Chance hatten, befragt zu werden.

Dasselbe gilt für Studien, bei denen die Probanden selbst über ihre Teilnahme entscheiden können. Ein Beispiel hierfür ist der *Global Sex Survey 2005*, der vom britischen Kondomhersteller Durex in Auftrag gegeben wurde. Anhand dieser Studie erstellte Durex eine Art Untreue-Rangliste, wie sie mir vorgeschwebt hatte. Das Unternehmen ermittelte die Häufigkeit sexueller Untreue in 41 Ländern, von der Türkei (wo 58 Prozent der Befragten angaben, fremdgegangen zu sein) bis hin zum Schlusslicht Israel mit nur 7 Prozent.

Laut Durex wurden 317000 Personen befragt. Aber das waren ausschließlich Teilnehmer, die selbst entschieden hatten, die Website des Unternehmens anzuklicken und den Online-Fragebogen auszufüllen. Ein paar eifrige Türken hätten die Seite durchaus 100 Mal und öfter anklicken können. Das Einzige, worauf man bei dieser Studie mit einiger Sicherheit schließen kann, ist, dass viele Teilnehmer Teenager waren, denn in einer anderen Rubrik gab etwa ein Drittel der Befragten an, dass es ihnen Spaß macht, sich heimlich ins Schlafzimmer ihrer Eltern zu schleichen, um Sex zu haben.

Die akademische Forschung über Untreue sieht sich oft mit ähnlichen Problemen konfrontiert, da die Forscher keine Mittel für groß angelegte Studien erhalten. Für ihre im Jahre 1992 durchgeführte Untersuchung der Ursachen von Untreue behalf sich die angesehene amerikanische Psychologin Shirley Glass, indem sie am Flughafen Baltimore-Washington Fragebögen an weiße Personen verteilte (und dann noch einmal während der Mittagspause in einem Park im Büroviertel von Baltimore). Vielleicht sagen ihre Ergebnisse etwas über diese Menschen aus (wer sie auch waren), aber sie können nicht als allgemeingültige Aussagen gelten. (Die überwältigende Mehrheit der untreuen Frauen ihrer Studie rechtfertigten ihre Affäre damit, dass sie sich in den anderen Mann verliebt hätten, während die meisten Männer ihre Untreue mit »sexueller Erregung« rechtfertigten. Keine der nachfolgenden Untersuchungen ergab eine definitive Antwort auf die Frage, warum Menschen fremdgehen).

Deshalb war ich sehr gespannt, als ich vom »International Sexuality Description Project« hörte, im Rahmen dessen Menschen in 56 Ländern befragt wurden. Die Zeitschrift *Psychology Today* veröffentlichte die Ergebnisse dieser Untersuchung der globalen Trends in »Partner-Wilderei«. Aber die meisten Studienteilnehmer waren, wie die Leiter des Projekts einräumten, handverlesene College-Studenten, und mancherorts kamen so wenige ausgefüllte Fragebögen zurück, dass die Forscher zunächst alle Afrikaner und dann alle Südamerikaner zusammenfassen mussten.

Wenn Wissenschaftler beweisen wollen, dass es wichtig ist, die Hintergründe sexueller Untreue zu erforschen, zitieren sie gerne ein Dokument mit dem Titel »Ursachen für die Auflösungserscheinungen der Ehe: Eine kulturübergreifende Studie«. Hierin stellt die Anthropologin Laura Betzig fest, dass Ehebruch die Hauptursache für Scheidungen in 186 Ländern (Kulturen)ist. Als ich mir dieses Dokument dann schließlich anschaue, habe ich allerdings nicht den Eindruck, dass es sich als Grundlage für Aussagen über das heutige Sexualverhalten in den Industrieländern eignet. Bei den von Betzig beschriebenen Kulturen handelt es sich überwiegend um Gruppen von Ureinwohnern wie die Bellacoola, die Yuroks und die Pomos in Nordamerika. Außerdem stützt sie ihre Ergebnisse auf Berichte, die bis ins 19. Jahrhundert zurückreichen.

Ein Trost auf meiner Suche nach brauchbarem statistischem Material war, dass ich zumindest bereits die amerikanischen Zahlen kannte. Anfangs wusste ich nicht, woher diese Zahlen stammen, aber ich hatte sie schon so oft gehört, dass sie mir wie »das Evangelium« erschienen.

Die Quelle war Alfred Kinsey, der Zoologe und Sexualforscher der University of Indiana, der seine berühmten Studien über das Sexualverhalten der Amerikaner in den Jahren 1948 und 1953 veröffentlichte. Kinseys Zahlen sind gewagter als die, die normalerweise genannt werden: Danach hatten 50 Prozent der Männer und 26 Prozent der Frauen bis zum Alter von 40 Jahren bereits außerehelichen Sex.

Die Amerikaner waren schockiert, als Kinsey diese Zahlen veröffentlichte. Obwohl es nur schwer vorstellbar war, dass so viele Leute »Unsinn machten«, waren diese Statistiken die ersten ihrer Art und es gab daher nichts, womit man sie hätte vergleichen können. Sie setzten sich in Amerikas kollektivem Unterbewusstsein fest und zementierten die Vorstellung, Untreue stelle eine nationale Bedrohung dar. Wie ich bei meinen Recherchen feststellte, werden sie sogar heute noch von Fachleuten zitiert.

Ich war daher ziemlich überrascht, als ich entdeckte, dass Kinseys Zahlenmaterial äußerst problematisch ist. Obwohl Probability Sampling bereits in den 1930er-Jahren Goldstandard wurde, war die Sexualforschung ein brandneuer Forschungszweig und Kinsey ging davon aus, dass willkürlich ausgewählte Amerikaner nicht bereit sein würden, Einzelheiten aus ihrem Sexualleben zu offenbaren. Also reiste er mit seinem Team kreuz und quer durch Amerika und überredete die Menschen, denen er begegnete, ihm Fallbeispiele zu liefern. Fast das gesamte Datenmaterial des Kinsey-Reports stammt von etwa 18 000 Männern und Frauen, die überwiegend jung und weiß waren. Kinsey versuchte, seinen *Volunteer Bias* (Freiwilligen-Faktor als Fehlerquelle) auszugleichen, indem er alle Leute interviewte, die er an jedem Schauplatz antraf. Dennoch wählte er den Rahmen aus. Es gibt keinen Grund anzunehmen, dass seine Probanden alle Amerikaner oder überhaupt irgendjemanden außer sich selbst repräsentieren. Ein Mitglied des Revisionsteams der American Statistical Association sagte Anfang der 1950er-Jahre zu Kinsey:»Ich würde Ihre ganzen 18 000 Fallbeispiele für 400 eintauschen, die mithilfe von Probability Sampling ermittelt wurden.«

In den folgenden Jahrzehnten wurden Kinseys Zahlen durch andere unzuverlässige Erhebungen bestätigt, von denen einige sogar noch höhere Betrugsraten »aufdeckten«. Zeitschriften befragten ihre LeserInnen und veröffentlichten unerhörte Zahlen (*Cosmopolitan* verkündete, 69% der verheirateten Frauen über 55 Jahren hätten bereits Affären gehabt). In den 1960er-Jahren verschickten selbst ernannte Sexualforscherinnen wie Shere Hite stapelweise Fragebögen an politisch engagierte Frauen und schalteten Anzeigen in Frauenzeitschriften. Ihre Ergebnisse waren aufsehenerregend, aber ebenfalls von zweifelhaftem wissenschaftlichem Wert. Hite kam zu dem Ergebnis, dass 72% der Männer ihre Frauen betrogen hatten, und eine ihrer später durchgeführten Umfragen ergab, dass 70% der Frauen, die seit fünf Jahren oder länger verheiratet waren, ihre Männer betrogen hatten.

Aber alle mussten mit den Ergebnissen dieser Umfragen arbeiten, denn es gab keine anderen. Als Wissenschaftler im

Jahre 1984 das Virus identifizierten, das die Immunschwäche Aids verursacht, mussten sie sich auf Kinseys Zahlenmaterial stützen, um ungefähr einschätzen zu können, wie sich das Virus innerhalb der Bevölkerung verbreiten würde – über hoch riskante Verhaltensweisen wie sexuelle Untreue und Analsex, wie Julia Ericksen in Ihrem Buch *Kiss and Tell* ausführt.

Die Forscher benötigten neues Datenmaterial, aber die amerikanischen Behördenvertreter schienen genauso wenig bereit zu sein über Sex zu reden wie die Sowjetfunktionäre. Als ein staatliches amerikanisches Institut im Jahre 1987 um Vorschläge zur Durchführung einer landesweiten Erhebung über Sexualität bat, erhielt das Projekt den euphemistischen Namen »Social and Behavioral Aspects of Fertility Related Behavior« (Gesellschaftliche und behavioristische Aspekte von fortpflanzungsrelevantem Verhalten). Das Wort »Sex« wurde in keiner Zeile der Anfrage erwähnt. Eine Gruppe des nationalen Meinungsforschungszentrums der University of Chicago erhielt den Zuschlag. Aber schon bald versuchten konservative Republikaner, ohne deren Zustimmung die Mittel für die Studie nicht bewilligt werden konnten, das Projekt zu blockieren. Der Senator von North-Carolina, Jesse Helms, und andere bezeichneten die Studie als Verschwörung zur Legitimation homosexueller Beziehungen, nötigten Forscher, Fragen über Masturbation zu streichen, und bestanden darauf, dass niemand, der angab, monogam zu sein, weitergehend befragt würde. Aber diese Konzessionen waren nicht genug. Im Jahre 1992 wurden die Mittel für die Studie gestrichen.

Als ich über der Erstellung meiner Untreue-Rangliste schon verzweifeln wollte, hörte ich von Finnland. In Forscherkreisen ist bekannt, dass Finnland die beste Sexualforschung in ganz

Europa hat. Zwar führten die Schweden im Jahre 1967 die erste landesweite Studie mittels Probability Sampling durch, aber die Finnen zogen im Jahre 1970 nach und haben seither mit der wissenschaftlichen Beobachtung der Ejakulationen, erektilen Dysfunktionen und außerehelichen Beziehungen ihrer Bürger nicht mehr aufgehört.

Und sie gingen dabei sehr innovativ vor. Für die Studie von 1970 ließen die finnischen Forscher Frauen in Krankenschwestertracht von Tür zu Tür gehen, um die Befragungen durchzuführen und kamen so auf eine Beteiligung von über 91%. »Wenn eine Krankenschwester an der Tür klingelt, wirft man sie nicht so schnell raus«, meint Osmo Kontula, der die landesweiten Untersuchungen von 1992 und 1999 leitete.

Und es gab eine Menge zu untersuchen. Bei der Umfrage von 1999 gaben 41% der finnischen Männer und ein Drittel der finnischen Frauen an, dass sie im Laufe ihres Lebens schon einmal eine »Parallelbeziehung« hatten. Im Jahre 1992 betrug der Anteil der Männer 52%, während der Anteil der Frauen bei 29% lag. Obwohl ich immer noch keine Vorstellung von der weltweiten Situation habe, erscheint mir diese Untreue-Rate ziemlich hoch.

Laut Kontula hegen die Finnen in Bezug auf Sex keine ambivalenten Gefühle, sondern betrachten ihn als positive Erfahrung. Kontula behauptet, dass die finnischen Medien im Gegensatz zu denen anderer skandinavischer Länder nicht die mit der Sexualität verbundenen Risiken wie Krankheiten und ungewollte Schwangerschaften in den Mittelpunkt stellen. Außerdem reisen die Finnen viel, wodurch sich Gelegenheiten für Seitensprünge ergeben.

Ich war beeindruckt von den sexuellen Biografien, die Kontula und seine Kollegen aufgezeichnet hatten. Die von ihnen befragten Finnen gehen nicht, wie viele Amerikaner, davon aus, dass die sexuelle Anziehungskraft im Laufe einer langen

Ehe unweigerlich nachlässt. Im Gegenteil – sie glauben, dass der Sex im Laufe der Jahre immer besser wird.

Kontula, der inzwischen beim Institut für demographische Forschung in Helsinki arbeitet, erklärt mir: »Natürlich wollen die Leute ihrem Partner grundsätzlich treu sein. Aber wenn sich eine Gelegenheit ergibt und wenn sie glauben, dass niemand von der Sache erfahren wird, ist das eine Versuchung, der sie nur schwer widerstehen können. Denn eine solche Erfahrung wird zunächst einmal als etwas Positives, Wertvolles betrachtet.«

In einer der Fallstudien beschreibt ein verheirateter finnischer Polizist, Vater dreier Kinder, einen »Männerabend« mit Kollegen: »Nachdem wir in der Sauna geschwitzt und eine Weile zusammengesessen hatten, zogen wir los, um die Bars am Ort unsicher zu machen. Die Musik spielte und der Alkohol floss … An der Bar stellte ich plötzlich fest, dass ich neben einer Krankenschwester saß, die mir bekannt war. Sie ist um einiges älter als ich, und ich wusste, dass sie erst kürzlich geschieden worden war. Ich forderte sie zum Tanzen auf und auf der Tanzfläche presste ich sie begierig an mich. Sie war nicht besonders attraktiv, meine Frau ist definitiv schöner, aber irgendetwas an ihr weckte mein Verlangen und ich fing an, sie zu bedrängen, mich auf eine Tasse Kaffee mit nach Hause zu nehmen …«

Irgendwas muss dran sein an diesem kalten Erdenwinkel. Ich stöberte auch die St. Petersburger Studie von 1996 auf. St. Petersburg, nur eine fünfstündige Zugfahrt von Helsinki entfernt, ist sicher nicht repräsentativ für ganz Russland, aber die Ergebnisse der Studie weisen darauf hin, dass die landesweite Statistik für Russland beeindruckend sein könnte. Etwa 55% der Männer und 26% der Frauen gaben an, während ihrer gegenwärtigen Ehe »sexuelle Nebenbeziehungen« gehabt zu haben.

Inzwischen hat auch die amerikanische Sexualforschung einige Fortschritte gemacht. Im Jahre 1988 nahmen die Forscher am nationalen Meinungsforschungszentrum eine Frage über die Anzahl der Sexualpartner in den vergangenen zwölf Monaten in den *General Social Survey* auf, eine umfassende Befragung amerikanischer Haushalte, die seit 1972 alle ein bis zwei Jahre durchgeführt wird. 1991 wurde dabei erstmals die Frage gestellt, ob die Befragten jemals außerehelichen Sex hatten.

Die Ergebnisse waren moderater als alles, was sich Kinsey oder seine Nachfolger je vorgestellt hatten. 1991 gaben nur 21% der Männer und 10% der Frauen an, während einer Ehe jemals Sex mit einer anderen Person als ihrem Ehepartner gehabt zu haben. Ein paar später durchgeführte Umfragen kamen zu höheren Ergebnissen, aber keine kam auch nur annähernd an Kinseys Zahlen heran. Im Jahre 2004 gaben 21% der Männer und 12% der Frauen – insgesamt nur 16% der erwachsenen Amerikaner – zu, mindestens einmal fremdgegangen zu sein. In manchen Fällen hieß das: nur einmal im Laufe einer 40 Jahre dauernden Ehe.

Fragt man verheiratete Personen, ob sie in den vergangenen zwölf Monaten mehr als einen Sexualpartner hatten, kann sich das natürlich auch auf einen Zeitraum beziehen, in dem sie nicht verheiratet waren. Aber ich ziehe das dennoch dem »lebenslangen« Szenario vor, weil die Erinnerungen im Laufe des (Sexual)Lebens verblassen und weil Ehen kommen und gehen. Ich kann mir vorstellen, dass man ein 20 Jahre zurückliegendes Techtelmechtel lieber vergisst. An den Liebhaber vom vergangenen Jahr kann man sich eher erinnern.

Innerhalb dieses zwölfmonatigen Rahmens wirken die Amerikaner besonders keusch. 1991 gaben nur 5,4% der Männer und 3,4% der Frauen an, im Jahr vor der Befragung mehr als einen Sexualpartner gehabt zu haben. Im Jahre 2004 waren es 4% der verheirateten Männer und 3% der verheirateten Frauen. Es wurde deutlich, dass Amerikaner keine notorischen Ehebrecher mit einem gewagten, heimlichen Sexleben sind. Wir sind größtenteils tatsächlich so langweilig monogam wie wir wirken.

Natürlich kann man nicht absolut sicher sein, dass diese Zahlen das Verhalten der Amerikaner exakt widerspiegeln. Aber die Forscher fühlten sich bestätigt, weil sie feststellten, dass die Untreue-Fallzahlen des *General Social Survey* fast exakt mit denen des *National Health and Social Life Survey* übereinstimmten. Diese groß angelegte Studie über das Sexualverhalten war 1994 vom Forscherteam der University of Chicago veröffentlicht worden, welchem es schließlich gelungen war, private Geldgeber zu finden.

Bald begannen auch andere Forscher, das Rohmaterial dieser landesweiten Studien auszuwerten. Zum ersten Mal standen ihnen empirische Daten zur Verfügung, die sich mit der Frage beschäftigten, wer seinen Partner betrügt und in welchem Lebensalter er es tut. Ein Forscherteam fand heraus, dass Frauen um die 20 und Männer um die 30 am anfälligsten für Seitensprünge sind. Im mittleren Lebensalter geht die Schere dann deutlich auseinander. Die Wahrscheinlichkeit, dass eine 50-jährige Frau in den vergangenen zwölf Monaten eine Affäre hatte, tendierte gegen Null.

Die Prozentzahlen der Männer blieben während des vierten und fünften Lebensjahrzehnts konstant (knapp über 3% Prozent), während sie ab dem 60. Lebensjahr rückläufig waren. Doch gerade wenn man meint, die älteren Männer würden sich nun auf einen ruhigen Lebensabend einstellen, lassen sie es noch einmal krachen. Etwa 3% der über 70-jährigen Männer gaben an, in den zwölf Monaten vor der Umfrage mehr als eine Sexualpartnerin gehabt zu haben. Anscheinend ein klassischer Fall von »günstiger Gelegenheit«: Ab dem 65. Lebensjahr kommen etwa vier Frauen auf drei Männer und diese Schere geht mit zunehmendem Alter immer weiter auf.

Diese potenten Senioren aller Hautfarben können allerdings den Afro-Amerikanern nicht das Wasser reichen. Zwischen 1988 und 2004 gaben 7,4% der verheirateten Schwarzen und 3,1% der weißen Amerikaner an, in den vergangenen zwölf Monaten mehr als eine Sexualpartnerin gehabt zu haben. In der Umfrage von 1994 sagten 12% der schwarzen Männer, sie hätten im vergangenen Jahr außerehelichen Sex gehabt, verglichen mit 3% der weißen Männer. Bei den Frauen waren es 7% Schwarze und nur knapp über 1% Weiße.

Es gibt keine verlässlichen Daten darüber, wie oft Ehebruch zur Scheidung führt, doch überrascht es wohl niemanden, dass hier ein deutlicher Zusammenhang besteht. Bei den *General Social Surveys* der Jahre 1991 bis 2004 gaben 10,4% der Verheirateten und 11% der Witwen und Witwer an, in ihrem Leben schon einmal eine Affäre gehabt zu haben. Bei den Geschiedenen und Wiederverheirateten waren es jedoch jeweils 31% und 22%. Personen, die sich als »zur Zeit getrennt lebend« bezeichneten, wechselten am häufigsten den Sexualpartner: 40% gaben an, dass sie schon außerehelichen Sex hatten.

Auch der Wohnort spielt eine Rolle. Laut dem *General Social Survey* betrogen die Einwohner der zwölf größten Städte Amerikas zwischen 1988 und 2004 ihre Ehepartner häufiger als alle anderen Amerikaner. Etwa 6% der Großstadtbewohner waren in den vergangenen zwölf Monaten untreu gewesen, verglichen mit 3% der Vorortbewohner und 2,6% der Landbevölkerung. Aber es ist nicht die urbane Elite, die am häufigsten fremdgeht. Neuere Daten weisen darauf hin, dass Ehebruch in Amerikas Unterschicht überproportional häufig vorkommt. Bei Personen mit einem jährlichen Haushaltseinkommen von unter 10 000 $ war die Wahrscheinlichkeit, dass sie innerhalb der zwölf Monate vor der Befragung fremdgegangen waren, mehr als doppelt so hoch wie bei denjenigen, deren Jahreseinkommen 60 000 $ oder mehr betrug. Außerdem fand man bei Leuten ohne Highschool-Abschluss die höchsten Ehebruchraten innerhalb der vergangenen zwölf Monate (5,2 %), gefolgt von Highschool-Absolventen (3,4 %) und Absolventen von Junior-Colleges (3,6 %). Studienteilnehmer mit einem Bachelor-Grad (2,5 %) und Hochschulabsolventen(3 %) erwiesen sich als die Treuesten. Schaut man sich aber die Zahlen für die gesamte Lebenszeit an, findet man kaum noch Unterschiede zwischen den verschiedenen Bildungsniveaus.

Die größte Aufmerksamkeit erregten allerdings die Statistiken über Frauen. Fremdgehende Ehefrauen haben anscheinend etwas an sich, das Herausgeber von Zeitschriften in aller Welt reizt. Ich sah verschiedene Versionen der »Frauen-gehen-öfter-fremd«-Aufmacher in Japan, Russland, Brasilien und Frankreich und ich bin sicher, dass solche Beiträge auch in anderen Ländern erschienen sind. Am 12. Juli 2005 brachte *Newsweek* eine amerikanische Version als Titelgeschichte unter der pikanten Schlagzeile »Das geheime Leben der Ehefrauen«. Die Story begrüßt praktisch die Vorstellung, dass Ehefrauen nun eine Domäne erobern, die bis dahin ihren Männern vorbehalten war. *Newsweek* erklärt, dass Frauen heute mehr Gelegenheiten haben, potenziellen Liebhabern am Arbeitsplatz zu begegnen und dass sie heutzutage eher bereit sind, eine Affäre zu riskieren, weil sie auf ihr selbstverdientes Geld zurückgreifen können, sollte ihre Ehe zerbrechen. Die Autoren zitieren Frauen, die jene Art von Freizeit-Seitensprüngen genießen – oft mit persönlichen Fitnesstrainern oder anderen bezahlten Hilfskräften –, die bis dahin als Spielwiese ihrer Männer galten. Sie zitieren Statistiken aus neueren Sex-Studien, aus denen hervorgeht, dass der Anteil der Frauen, die angaben, schon einmal untreu gewesen zu sein, zwischen 1991 und 2002 von 10% auf 15% gestiegen ist. Der Prozentsatz untreuer Männer stieg im selben Zeitraum wesentlich langsamer an, nämlich von ca. 21% auf 22%. Diese Zahlen haben sich seit 1996 kaum noch verändert.

Wenn ich mir die amerikanischen Zahlen allerdings etwas genauer anschaue, wirkt dieser Trend ein bisschen »fadenscheiniger«. In den vier landesweiten Erhebungen, die zwischen 1991 und 1996 durchgeführt wurden, waren Männer und Frauen gemäß einer akademischen Studie, genannt »Understanding Infidelity: Correlates in a National Random Sample« (Untreue verstehen: Korrelationen in einer landesweiten Stichprobe), bereits genauso oft untreu. In der amerikanischen Studie von 1992 hatten Frauen zwischen 18 und 29 Jahren häufiger von Affären berichtet als Männer derselben Altersgruppe.

Mit dem *Newsweek*-Artikel kamen auch die Zahlen von 2004 ans Licht der Öffentlichkeit. Sie zeigten, dass die Frauen 2004, bezogen auf die gesamte Lebenszeit, weniger untreu gewesen waren (11,7%) als im Jahre 1988 (12,8%). Es gibt, mit anderen Worten, also keinen Beweis dafür, dass weibliche Untreue seit den frühen 1990er-Jahren oder davor signifikant zugenommen hat. »Die Zahlen weichen von Jahr zu Jahr nach oben und unten ab, sodass wir nicht sicher sagen können, ob es eine Zunahme gab«, sagt Tom. W. Smith, Leiter des *General Social Survey*.

Es gibt noch nicht einmal Indizienbeweise dafür, dass Frauen heute häufiger fremdgehen als früher. Ich würde einfach generell von einer starken Veränderung des weiblichen Verhaltens ausgehen, die mit einer veränderten Einstellung zu Affären einhergeht, denn die Frauen versuchen, ihre Untreue zu rechtfertigen. Aber zwischen 1991 und 2001, in jenem Zeitraum also, in dem die Frauen sich angeblich aus ihrer monogamen

Zwangsjacke befreiten, war Untreue in der amerikanischen Öffentlichkeit verpönter denn je.

Es ist schwer zu sagen, ob berufstätige Frauen, wie der *Newsweek*-Artikel behauptet, mehr Gelegenheiten zum Fremdgehen haben. Die Zahl berufstätiger Frauen schnellte in den 1970ern und 1980ern in die Höhe, aber die ersten zuverlässigen Sexualstatistiken erschienen erst 1988. Wir können also nicht wissen, ob amerikanische Frauen heute promisker sind als in den 70er-Jahren des vergangenen Jahrhunderts. Wie Sie im nächsten Kapitel sehen werden, beschreiben einige der heute über 70-jährigen Frauen die 1960er- und 1970er-Jahre als »hohe Zeit« des Ehebruchs und wundern sich über ihre prüden Kinder. Diese Frauen hatten eine Menge Zeit zum Fremdgehen, denn sie mussten nicht täglich in irgendeinem Büro erscheinen. Sogar in der amerikanischen Studie von 1991 fand Ehebruch mit größter Wahrscheinlichkeit in Haushalten statt, wo ein Partner zur Arbeit ging und der andere zu Hause blieb.

Meine Jagd auf Statistiken fühlt sich ein bisschen so an, als würde ich einem Feuerwerk nachjagen. Jedes Mal, wenn ich auf eine vielversprechende Studie stoße, enthält sie dann doch nicht die richtigen Zahlen, weist aber in der Bibliografie auf vier oder fünf weitere vielversprechende Studien hin. Also versuche ich auch diese aufzutreiben, investiere ein Vermögen in Download-Gebühren oder erbitte Gefälligkeiten von meinem Freund David, der in der öffentlichen Bibliothek von New York arbeitet und mir die Dokumente per E-Mail oder auf dem Postweg nach Paris schickt. Diese neuen Erhebungen beinhalten ebenfalls nicht die Statistiken, hinter denen ich her bin, verweisen aber jeweils auf weitere vielversprechende Studien, die ich wiederum aufzutreiben versuche.

So hatte ich mich schon ein paar Monate im Kreis gedreht, als wieder einmal ein Umschlag von David eintrifft. Er enthält eine Studie von 1995 mit dem Titel »Sexual Behavior in Developing Countries: Implications for HIV Control« (Das Sexualverhalten in Entwicklungsländern und seine Bedeutung für die Eindämmung von HIV). Auf der zweiten Seite entdecke ich eine Liste mit den Zahlen der »nichtregulären« Sexualpartner, die Männer und Frauen in den zwölf Monaten vor der Durchführung der Unfragen jeweils hatten. Die meisten dieser Länder liegen in Afrika, aber ich finde auch Hongkong, Thailand, Sri Lanka und die Großstadt Rio de Janeiro auf der Liste. Alle Daten wurden durch Probability Sampling ermittelt. Und es wurden in allen Ländern dieselben Fragen gestellt, was einen Vergleich der Daten recht einfach macht.

Allerdings ist es keine Untreue-Rangliste, da auch Alleinstehende befragt worden waren. Aber sie zeigte mir, dass es irgendwo auf dieser Welt Wissenschaftler gab, die in etwa nach denselben Zahlen suchten wie ich, und dass mein globales Ehebruch-Ranking doch aus mehr als drei Ländern bestehen könnte. Ich bin so aufgeregt, dass ich in Panik gerate. Was, wenn ich die vor mir liegenden Seiten verliere und mich nicht mehr an den Titel erinnern kann? Was, wenn es durchs Fenster hereinregnet und die Seiten aufweichen?

Rasch schicke ich eine E-Mail an einen der Verfasser, ein »hohes Tier« an der renommierten London School of Hygiene & Tropical Medicine. Ob er vielleicht auch einige Zahlen über verheiratete oder in festen Partnerschaften lebende Menschen hat? Er antwortet, ich solle mich an Martine wenden, eine Kollegin, die gerade dabei sei, einen Studienbericht mit neueren Daten zu erstellen. Wie – es gibt neue Daten? Atemlos schreibe ich an Martine, die zur Zeit natürlich rund um die Uhr mit ihrer Studie beschäftigt ist, mir aber vielleicht solche Zahlen liefern könne, wenn ich in ein paar Wochen noch einmal nachfragen würde.

Als ich ihr am verabredeten Tag eine E-Mail schickte, versuche ich möglichst locker zu klingen:

Hallo Martine,
ich hoffe, Sie sind mit dem Schreiben gut vorangekommen – ich kann mir vorstellen, wie viele Stunden es Sie gekostet hat. Sie meinten damals, ich solle Sie etwa um diese Zeit noch einmal »belästigen«, um Sie zu fragen, ob Sie inzwischen den Anteil der VERHEIRATETEN Personen berechnet hätten, die im Jahr vor der Umfrage mehr als einen Partner hatten …

Martine verweist mich an ihre Kollegin Emma, die mir am nächsten Tag folgende E-Mail schickt:

Hallo Pamela,
ja, ich habe diesen Anteil berechnet – zusammen mit 1001 anderen Dingen! Im Anhang finden Sie eine Tabellenkalkulation mit den Prozentzahlen der gegenwärtig verheirateten oder in fester Partnerschaft lebenden Männer und Frauen, die angegeben haben, dass sie im Jahr vor der Erhebung mehr als einen Sexualpartner hatten …

Ich höre förmlich die Engel singen, als ich den Anhang öffne. Die Tabelle enthält 38 Länder – von Armenien bis hin zu Simbabwe – mit den »Untreue-Daten« für Männer und Frauen. In Verbindung mit dem statistischen Material aus anderen Quellen, das ich hier und da gefunden hatte, schien ich tatsächlich das Rohmaterial für meine globale Untreue-Rangliste beisammen zu haben. Sie ist nicht vollständig, denn es fehlen Japan, Indien sowie der größte Teil Asiens und des Mittleren Ostens, und nicht alle Daten sind exakt vergleichbar. Emma weist mich außerdem darauf hin, dass die Zahlen in einigen Ländern besonders hoch sind, weil auch Polygamisten erfasst wurden, und dass die Interviewer bei späteren Umfragen möglicherweise wiederholt dieselben Fragen über Untreue gestellt haben.

Emmas Zahlen weisen auf eine erstaunlich hohe Untreue-Quote in armen Ländern hin. In Nigeria hatten 15% der verheirateten oder in fester Partnerschaft lebenden Männer angegeben, in den vergangenen zwölf Monaten mehr als eine Sexualpartnerin gehabt zu haben. In Haiti waren es 25% der Männer, an der Elfenbeinküste und in Kamerun jeweils 36%. Togo, ein westafrikanisches Land, das etwa so groß wie West Virginia ist, war mit 37% Spitzenreiter.

Die »Latin Lovers« wurden ihrem Ruf gerecht. In Bolivien betrugen die Zwölf-Monats-Prozentzahlen für Männer 8,6, in Brasilien 12 und in Peru 13,5. Bei einer separaten Befragung von Männern in Mexiko-City im Jahre 2001 kam man auf 15%. Ich versuche mir immer wieder ins Gedächtnis zu rufen, dass das nur die Männer sind, die innerhalb eines Jahres fremdgegangen waren. Die Prozentzahlen für die gesamte Lebenszeit kann ich nur erahnen. Wenn 29% der Männer innerhalb der letzten zwölf Monate fremdgegangen waren – wie viele würden es dann im Laufe ihres Lebens tun? Etwa alle?

Dann gab es da noch das andere Ende der Tabelle mit den Australiern, den Amerikanern und den meisten Europäern. Zu meiner Überraschung nahmen die Amerikaner einen der mittleren Plätze ein. Obwohl italienischen Männern ein gewisser Ruf als notorische Fremdgeher vorauseilt, betrügen Italiener gemäß dieser Zahlen ihre Partnerinnen seltener (3,5% im Jahr vor der Befragung) als die Amerikaner (4%). Die Schweizer und die Australier bilden das Schlusslicht mit 3% und 2,5%.

Bei den Frauen sieht die Sache anders aus. Gemäß dieser Liste sitzen sie brav zu Hause, während die armen Männer dieser Welt herumscharwenzeln und sich mit ihren Freundinnen und Geliebten amüsieren. Ein Mann zu sein ist anscheinend überall auf der Welt der größte »Risikofaktor« für Untreue. Aber in den armen Ländern ist die Kluft zwischen Männern und Frauen erheblich größer. In den Jahren, in denen in Burkina Faso und der Dominikanischen Republik etwa 20% der Männer untreu waren, gaben weniger als 1% der Frauen dieser Länder an, ihren Partner betrogen zu haben. Nur in einigen wenigen Ländern hatten über 2% der Frauen angegeben, dass sie innerhalb der vergangenen zwölf Monate mit mehr als einem Partner zusammen gewesen waren. In Nepal, auf den Philippinen und in Mali scheinen die Frauen fast unwirklich monogam zu sein: Null Prozent gaben an, dass sie im vergangenen Jahr zwei oder mehr Partner hatten.

Im Gegensatz dazu gehen Frauen in den reichen Ländern anscheinend öfter fremd als Frauen in armen Ländern, obwohl der Abstand manchmal nicht sehr groß ist.

Dieses Problem beschäftigt Sexualforscher überall auf der Welt. Wie kann es sein, dass Frauen so viel seltener angeben, untreu gewesen zu sein? Gehen verheiratete Männer nur mit alleinstehenden Frauen ins Bett? Oder mit Frauen aus anderen Wohnorten? Oder gibt es etwa, wie einige Forscher in den 1990er-Jahren vermuteten, eine mysteriöse Gruppe von Frauen – möglicherweise Prostituierte –, die ihre Dienste vielen verheirateten Männern anbieten?

Eine andere Möglichkeit wäre, dass manche der Befragten an etwas leiden, das von Wissenschaftlern als »Selbstdarstellungszwang« bezeichnet wird. Mit anderen Worten: dass sie lügen. Vielleicht prahlen Männer mit ihren angeblichen Eroberungen und Frauen lassen einige unter den Tisch fallen, weil sich beide an den allgemein akzeptierten Geschlechterrollen orientieren. Bei vielen Studien hat sich gezeigt, dass Teilnehmer sogar bei anonymen Befragungen bestrebt sind,

»korrekte« Antworten zu geben, selbst wenn diese nicht wahr sind.

Vielleicht lügen auch nicht alle, aber einige lügen viel? Ein britischer Wissenschaftler hat herausgefunden: Zählt man die Männer nicht, die angeblich im Laufe ihres Lebens 20 oder mehr Sexualpartnerinnen gehabt haben, ist das Verhältnis zwischen Männern und Frauen fast ausgeglichen. Er empfiehlt, diese »Ausreißer« zu eliminieren, um realistische Zahlen zu erhalten.

Es scheint tatsächlich ein Zusammenhang zwischen dem Klima und sexueller Untreue zu bestehen. Das heißt, Menschen in wärmeren Gegenden sind im Allgemeinen promisker (Skandinavien und St. Petersburg einmal ausgenommen). Aber die Statistiken zeigen vor allem eine in arme und reiche Länder geteilte Welt. In reichen Ländern ist Untreue bei Männern und Frauen relativ selten, während die Prozentzahlen fremdgehender Männer in armen Ländern zweistellig sind. Geld zieht hier weltweit die »Grenzlinie«. Auf der einen Seite der Grenze geht man fremd, auf der anderen tut man es nicht.

Es gibt allerdings ein paar Ausnahmen. Kasachstan, wo fast die Hälfte der Einwohner Moslems sind und das jährliche Pro-Kopf-Einkommen bei ca. 8200 Dollar liegt, ist eines der treuesten Länder der Welt. Nepal, mit einem Pro-Kopf-Einkommen von 1400 Dollar, liegt knapp dahinter. Auch die Männer in einigen anderen armen Ländern, einschließlich Ruanda, den Philippinen und Bangladesh, scheinen ziemlich treu zu sein. Andererseits bringen es die Norweger auf zweistellige Ziffern.

Meine Beobachtungen gehen dahin, dass reiche Leute, die in armen Ländern wohnen, genauso häufig oder noch häufiger fremdgehen als alle anderen Menschen, die dort leben. In Brasilien ließen Forscher den Faktor Einkommen außer Acht und stellten fest, dass die Häufigkeit der männlichen Untreue davon abhing, ob die Männer im Norden oder im Süden des Landes lebten. Es zeigt sich, dass in verschiedenen Ländern, Landstrichen und sogar Wohnvierteln spezifische sexuelle Kulturen existieren, die Einfluss darauf haben, ob Menschen monogam sind oder eben nicht.

Amerikaner urteilen weit härter über eheliche Untreue als die Menschen der meisten anderen Länder. Wenn es aber um das tatsächliche Verhalten geht, haben wir in etwa dieselben Prozentzahlen von Affären – pro Kopf, wenn man so will – wie andere Industrieländer. Gleichzeitig betrachten wir uns selbst als eine Nation notorischer Fremdgeher, obwohl Ehebruch, wenn man den Statistiken glauben darf, in Wirklichkeit ein relativ seltenes Phänomen ist. Nur 16% der erwachsenen Amerikaner geben an, dass sie im Laufe ihres Lebens schon einmal eine Affäre hatten. Innerhalb eines Jahres werden nur 3,5% der Erwachsenen Ehebruch begehen. Und dieses Niveau ist seit Beginn derartiger Aufzeichnungen im Jahre 1988 in etwa gleich geblieben. Ehebruch ist keine Epidemie in Amerika. Es ist etwas, das ein kleiner Teil der Bevölkerung manchmal tut.

Wieso ist Ehebruch dann aber in bestimmten Kreisen so häufig? Das liegt daran, dass es in Amerika, wie in jedem anderen Land, nicht nur eine sexuelle Kultur gibt. Es gibt viele. Die Menschen orientieren sich nicht nur an landesweiten Fernsehshows und Präsidenten, wenn es darum geht, den Partner zu betrügen oder nicht. Sie orientieren sich an ihrer Familie, ihren Nachbarn und ihren Freunden.

Untreue auf einen Blick

In der folgenden Tabelle finden Sie Prozentzahlen verheirateter oder in eheähnlicher Gemeinschaft lebender Personen, die in den zwölf Monaten vor der Befragung mehr als einen Sexualpartner hatten. Die Befragten waren zwischen 14 und 49 Jahre alt (falls nicht anders angegeben). Diese Tabelle erhebt keinen Anspruch auf Vollständigkeit oder Endgültigkeit. Nicht alle Zahlen sind exakt vergleichbar, da in einigen polygame Ehen enthalten sind.

	Männer	Frauen
Togo (1998)	37,0	0,5
Kamerun (2004)	36,5	4,4
Elfenbeinküste (1998)	36,1	1,9
Mosambik (2003)	28,9	3,1
Tansania (2005)	27,6	2,6
Niger (1998)	27,2	0,1
Haiti (2000)	25,4	0,8
Benin (2001)	23,4	0,6
Sambia (2002)	22,6	1,5
Mali (2001)	22,4	0,7
Uganda (2001)	22,3	1,2
Burkina Faso (2003)	20,1	0,5
Tschad (2004)	19,9	0,7
China (Städte) (2000)	18,3	3,2
Dominik. Republik (2002)	18,0	0,8
Malawi (2000)	16,3	0,5
Nigeria (2003)	15,2	0,6
Mexico City (2001)	15,0	k. A.
Simbabwe (1999)	13,8	0,7
Peru (1996)	13,5	0,1
Namibia (2000)	13,0	1,2
Ghana (2003)	13,0	0,4
Brasilien (1996)	12,0	0,8
Kenia (2003)	11,5	1,6
Norwegen (1997)	10,8	6,6

	Männer	Frauen
China (2000)*	10,5	k. A.
Bolivien (2003)	8,6	0,4
England (2000)**	7,3	3,5
Äthiopien (2000)	6,9	1,0
Armenien (2000)	4,7	0,1
Philippinen	4,5	0,0
USA (2004)***	3,9	3,1
Frankreich (2004)****	3,8	2,0
Italien (1998)	3,5	0,9
Ruanda (2000)	3,2	0,1
Schweiz (1997)	3,0	1,1
Australien (2002)*****	2,5	1,2
Kasachstan (1999)	1,6	0,9
Bangladesch (2004)	1,6	k. A.

*   nur Verheiratete, Alter 20–64
**   nur Verheiratete, Alter 16–44
***   nur Verheiratete, Alter 18 und darüber
**** nur Verheiratete, Alter 18–54
***** nur Verheiratete, Alter 16–59

Quellen: General Social Survey, 2005; National Survey of Sexual Attitudes and Lifestyles II, 2000–2001; China Health and Family Survey; Measure DHS (2006); Demographische und Gesundheitsstudien 1984 bis heute; EU New Encounter Module Project (2006); NEM Surveys; Rissel CE, Richters J, Grulich AE, de Visser RO&Smith AMA, (2003); »Sex in Australia: selected characteristics of regular sexual relationships«, Australian and New Zealand Journal of Public Health, 27 (2): 124–130; Berechnungen von Emma Slaymaker, London School of Hygiene & Tropical Medicine; N. Belzer, M. Lagarde, L. Wu-Zhou, I. Gremy, Les connaissances, attitudes, croyances et comportements face au VIH/Sida en France – Evolutions 1992–1994–1998–2001 et 2004, Bericht von L'ORS Ile-de-France, November 2005, S. 204.

Unterschiedliche »Sex-Kulturen«

Theoretisch könnte eine studierte weiße Frau (wie ich) mit einem eingewanderten mexikanischen Arbeiter ohne Schulabschluss eine Beziehung eingehen und ihn heiraten. Aber obwohl ich gelegentlich mexikanischen Arbeitern begegne, scheinen wir in unterschiedlichen »Romantikzonen« zu leben. Die Wahrscheinlichkeit, dass wir uns verabreden oder gar heiraten, tendiert gegen Null. Wie bei den meisten AmerikanerInnen stammten meine bisherigen Partner aus demselben Kulturkreis wie ich und hatten eine vergleichbare Schulbildung und gesellschaftliche Stellung. Und auch wenn sie keine amerikanischen Staatsbürger waren, so waren sie doch meistens Börsenmakler oder Journalisten.

Forscher der University of Chicago wollten herausfinden, wie wir unsere Sexualpartner auswählen. Sie fragten sich, wie es sein kann, dass ein Mexikaner in Chicago, einer Großstadt mit drei Millionen Einwohnern, feststellt, dass jede potenzielle Partnerin, die seinen Weg kreuzt, aus derselben Stadt in Michoacàn stammt. Und meine Freundinnen beschweren sich inzwischen schon darüber, dass alle in Frage kommenden Männer Rechtsanwälte aus New Jersey sind. Nationale Sex-Statistiken haben eben nur eine begrenzte Aussagekraft im Hinblick auf einen bestimmten Ort. In Wirklichkeit existiert in jedem Stadtviertel ein Gemisch aus »sexuellen Kulturen«, die die Erwartungen der Menschen an potenzielle Partner, an die Fortentwicklung einer sexuellen Beziehung sowie an das

Treueverhalten prägen. Eine sexuelle Kultur setzt sich aus den verschiedenen sexuellen Regeln zusammen, von denen ich bereits sprach: den offiziellen und den inoffiziellen. Diese Regeln werden von mehreren Faktoren beeinflusst. Dazu gehören beispielsweise die Höhe des Einkommens oder Vermögens, das physische Erscheinungsbild, aber auch die Institutionen – Schulen, Unternehmen und Gerichte –, die in Bezug auf das sexuelle Verhalten der Menschen ein Wort mitzureden haben. Die Grenzen einer sexuellen Kultur können so weit sein wie ein ganzes Land oder so eng wie eine Rechtsanwaltskanzlei, eine Baustelle, eine Clique von Lesbierinnen oder ein Internet-Chatroom. Die meisten von uns bewegen sich zwischen mehreren. Ein homosexueller Mann, der in einer Investmentbank arbeitet, bewegt sich wahrscheinlich täglich zwischen zwei verschiedenen sexuellen Kulturen. Das Wesentliche ist, dass jeder innerhalb einer bestimmten sexuellen Kultur deren Regeln kennt und dazu beiträgt, dass sie eingehalten werden.

Aber wie werden wir in eine bestimmte sexuelle Kultur eingeführt und wie erlernen wir ihre Regeln? Werden sie uns von irgendjemandem aufgezwungen? Wie verändert sich eine sexuelle Kultur im Laufe der Zeit? Spielen die Medien dabei eine Rolle?

Zwischen 1995 und 1997 untersuchte und dokumentierte ein Forscherteam um Edward Laumann, einen Soziologen der University of Chicago, die sexuellen Gewohnheiten in vier verschiedenen Chicagoer Stadtvierteln. Sie konzentrierten sich auf Viertel, die so weit voneinander entfernt liegen, dass sie mit dem Auto erreichbar sind: ein afroamerikanisches Wohngebiet in Südchicago, wo die meisten Leute höchstens einen Highschool-Abschluss haben, ein wohlhabendes Viertel im Norden am Ufer des Michigansees, das vorwiegend von jungen Weißen und Homosexuellen bewohnt wird, ein Arbeiterviertel im Westen der Stadt, in dem hauptsächlich mexikanische Einwanderer mit ihren Familien leben und ein weiteres Viertel mit spanisch sprechenden Immigranten aus Puerto Rico und Mexiko. Die Forscher befragten außerdem einen repräsentativen Querschnitt der Chicagoer Gesamtbevölkerung sowie die Bewohner naher Vororte, um sie mit den Ergebnissen aus den vier Stadtvierteln zu vergleichen.

Ihre Ergebnisse, die unter dem Titel »The Sexual Organization of the City« (Das sexuelle Gefüge der Stadt) veröffentlicht wurden, zeigen, dass sich unterschiedliche sexuelle Kulturen überschneiden, ohne dass irgendjemand seine eigenen Regeln vergisst oder auch nur eine vage Vorstellung davon hat, was die Menschen treiben, die am anderen Ende der Stadt leben oder in einem Pendlerzug neben ihm sitzen. Sich mit Fremden zu verbinden ist nicht einfach. Die meisten Leute bevorzugten es, wenn ihre potenziellen SexpartnerInnen aus einem Umfeld stammten, wo man sich schon untereinander kannte, etwa dieselbe Schule besuchte oder derselben Kirchengemeinde angehörte. Schon die Tatsache, dass man gemeinsame Bekannte hatte, erhöhte die Wahrscheinlichkeit, miteinander im Bett zu landen.

Fast die Hälfte der heterosexuellen Männer im »Weißenviertel«, das die Forscher scherzhaft die »Küste« nannten, waren ihrer letzten Sexpartnerin am College oder am Arbeitsplatz begegnet. Das ist deshalb nicht verwunderlich, weil viele frischgebackene College-Absolventen waren, die im Jahr vor der Umfrage in dieses Wohngebiet gezogen waren. Die »Küstenbewohner« neigten auch dazu, sehr viel zu arbeiten (weshalb die Interviewer Probleme hatten, sie zu Hause anzutreffen oder Zugang zu ihren Hochhausappartements zu bekommen).

Keiner der homosexuellen Männer hatte seinen letzten Sexpartner im akademischen Umfeld kennengelernt und nur 9%

gaben an, ihrem letzten Partner am Arbeitsplatz begegnet zu sein. Sie waren dagegen deutlich erfolgreicher in Bars und Nachtclubs, wo 50% dieser Männer nach eigenen Angaben ihren letzten Partner kennengelernt hatten. Homosexuellen-Lokale und Nachtclubs waren gute Orte, um jemanden für ein flüchtiges Abenteuer zu finden, während heterosexuelle Männer ihre längerfristigen Beziehungen im College und am Arbeitsplatz anknüpften. 43% der homosexuellen Männer gaben an, als Erwachsene mehr als 60 Sexpartner gehabt zu haben, verglichen mit 4% der heterosexuellen Männer desselben Stadtviertels. (Dieser große Unterschied lässt sich nicht ausreichend damit erklären, dass die heterosexuellen Männer in der Regel jünger waren). Tatsächlich wirkten die meisten heterosexuellen Männer fast mönchisch im Vergleich zu ihren homosexuellen Nachbarn: Über ein Drittel der heterosexuellen Männer gab an, im ganzen Leben fünf oder weniger Sexualpartnerinnen gehabt zu haben (das sagten nur 2% der homosexuellen Männer).

Die Forscher entdeckten, dass die Leute die Regeln einer sexuellen Kultur manchmal begründeten, indem sie »Geschichten« über die Schädlichkeit bestimmter sexueller Verhaltensweisen erzählten. So warnen beispielsweise einige christliche Gruppen, dass sogar ein einmaliger Seitensprung eine Ehe noch Jahre später zerstören kann. Manchmal wird eine sexuelle Kultur von so banalen Dingen wie dem Immobilienpreis beeinflusst, aber auch davon, wie viele Männer und Frauen im jeweiligen Viertel leben oder ob Verwandte in der Nähe wohnen. Auch die freie Verfügbarkeit eines Autos kann die Aussichten einer Person auf sexuelle Kontakte drastisch verändern.

Im mexikanischen Viertel, das die Forscher »Westside« nannten, lebten viele Menschen in Großfamilien. Westside-Bewohner hatten ihren letzten Partner häufiger im Hause eines Verwandten kennengelernt als die Bewohner der anderen Stadtviertel. Für die Frauen dieses Viertels war es besonders schwierig, sich mit anderen Leuten zu treffen, weil sie im Vergleich zu allen anderen Gruppen am seltensten die Möglichkeit hatten, selbst Auto zu fahren. Die »Westside-Frauen« lebten im Durchschnitt etwa fünf Kilometer von ihrem letzten Partner entfernt (im Vergleich zu etwa 15 Kilometern bei der Gesamtbevölkerung der Stadt). Das heißt, sie gingen größtenteils Beziehungen mit Leuten ein, deren Wohnungen sie zu Fuß erreichen konnten.

Im afroamerikanischen Viertel, genannt »Südstadt«, lagen die Treffpunkte meistens im öffentlichen Raum, beispielsweise in Parks oder auf den Großstadtstraßen. Obwohl der typische Südstadtbewohner seit mindestens zehn Jahren in diesem Viertel wohnte und mindestens die Hälfte seiner Angehörigen in Chicago lebte, gab kein einziger Schwarzer an, dass er seine letzte Partnerin im Hause eines Verwandten kennengelernt hatte. Tatsächlich sagten etwa 40% der in der Südstadt lebenden Männer, sie würden ihr Stadtviertel verlassen, wenn sie Frauen treffen wollten. Die zurückgelassenen Frauen gingen öfter in die Kirche als alle anderen befragten Frauen – vielleicht beteten sie um Liebe.

In der Südstadt hatte das Einkommen Einfluss darauf, ob die Leute monogam lebten. Zum Zeitpunkt der Studie war die Hälfte der Bewohner arbeitslos. Und weil die Südstadtfrauen eine bessere Schulbildung besaßen, waren die Arbeitslosen in der Mehrzahl Männer. Das bedeutete, dass Männer mit Jobs ein »rares Gut« waren, und die Männer wussten das. Etwa 39% der Südstadtmänner gaben an, im Jahr vor der Umfrage mindestens zwei sexuelle Beziehungen gleichzeitig gehabt zu haben. 27% sagten, sie hätten sechs Monate oder länger nebeneinander zwei sexuelle Beziehungen unterhalten, eine Praxis, die von Sexualforschern als »Langzeit-Polygamie« bezeichnet wird.

Die Forscher vermuten, dass die schwarzen Frauen das hinnahmen, weil Männer mit Jobs, die noch andere Freundinnen hatten, attraktiver waren als treue Männer ohne Job. Nur 8% der Südstadtfrauen gaben an, dass sie im Jahr vor der Befragung gleichzeitig mehr als einen Partner hatten, obwohl 20% angaben, dass ihre Partner auch noch mit anderen Frauen zusammen gewesen waren.

Nach der Hochzeit waren die männlichen schwarzen Einwohner Chicagos genauso treu wie die Weißen (97% hatten in den zwölf Monaten vor der Umfrage nur eine Partnerin). Allerdings schafften es nur wenige bis zum Altar, denn Langzeit-Polygamie ist, so die Forscher, nicht gerade förderlich für eine Eheschließung. Bezogen auf die Gesamtbevölkerung Chicagos waren Schwarze viel seltener verheiratet als Weiße. Die gut ausgebildeten Schwarzen über 35, die vermutlich die besten Jobs hatten und daher für Frauen am attraktivsten waren, waren am seltensten verheiratet.

Nur die homosexuellen und heterosexuellen Männer des weißen »Küstenviertels« kamen in etwa an die Untreue-Quoten der Südstadtbewohner heran. Aber diese Männer bevorzugten »Kurzzeit-Polygamie«: sich überschneidende Beziehungen, die weniger als sechs Monate dauerten. Südstadt-Männer brachten es fertig, gleichzeitig mehrere »ernsthafte« Beziehungen zu unterhalten. »Küstenbewohner« gingen vermutlich mit mehreren Frauen aus, bevor sie sich auf eine näher einließen, oder sie hatten eine »Hauptbeziehung« und nebenbei flüchtige Affären. Dieses Muster führt häufiger zu einer Ehe. Und nach der Hochzeit waren Weiße wie Schwarze ausgesprochen monogam.

Für diejenigen, denen Treue am wichtigsten ist, waren die Spanisch sprechenden Frauen die beste Wahl. Nur 2% der Frauen in den Wohnvierteln mit überwiegend mexikanischer und puertoricanischer Bevölkerung gaben an, im Jahr vor der

Umfrage gleichzeitig mehrere Sexpartner gehabt zu haben. Die Frauen wurden wahrscheinlich durch die Tatsache eingeschränkt, dass sie mit ihren Angehörigen innerhalb der Großfamilie zusammenlebten, die jeden ihrer Schritte überwachten. Diese Frauen hatten ein wachsames Auge auf ihre Männer: Eine von fünf Westside-Frauen glaubte, dass ihr Partner sie betrogen hatte. Aber diese Eifersucht war anscheinend übertrieben, denn nur 14% der Westside-Männer und 9% der Männer im mexikanisch-puertoricanischen Viertel räumten ein, mehrere Partnerinnen gehabt zu haben. Damit sind die Männer in den Latino-Vierteln die treuesten der gesamten Studie und daher wahrscheinlich eine bessere Wahl als die weißen Rechtsanwälte, hinter denen ich immer her war.

Die Chicagoer Studie beschreibt die Vielfalt sexueller Kulturen innerhalb ein und derselben Stadt. Aber wie verändert sich eine einzelne sexuelle Kultur im Laufe der Zeit? Um diesen Prozess zu verstehen, besuchte ich 70-jährige (und ältere) Frauen in den »Rentnergemeinden« Floridas. Wenn man mit einer solchen Gruppe von Freundinnen spricht, wähnt man sich in einem anderen Amerika. Obwohl sie ihre außereheliche »Glanzzeit« in den 50er- und 60er-Jahren des vorigen Jahrhunderts hatten und viele ihrer damaligen Liebhaber schon verstorben sind, beteuern diese Frauen auch heute noch, dass die Affären die besten Zeiten ihres Lebens waren.

Alle AmerikanerInnen, die gegenwärtig eine Affäre haben oder sich gerade von einer erholen, baten mich, ihre Namen zu ändern. Aber die Frauen in den Rentnerparadiesen Floridas forderten mich ausdrücklich auf, ihre richtigen Namen zu nennen. Sie schämten sich ihrer Jugendsünden kein bisschen. (Ich habe ihre Namen trotzdem geändert). »Wir hatten damals keine Schuldgefühle«, erzählt eine von ihnen.

»Alle wussten davon. Es war aufregend. Es war ein herrlicher Nervenkitzel!«

Diese Frauen hatten den größten Teil ihres Lebens in einer wohlhabenden, fast ausschließlich von Weißen bewohnten Gemeinde in New Jersey verbracht – nur durch die George-Washington-Brücke von Manhattan getrennt. Im Laufe der vergangenen zehn Jahre waren sie mit ihren Ehemännern, sofern diese noch lebten, gen Süden in das Gebiet um Palm Beach gezogen.

Ihre sexuelle Kultur war von der Nachkriegszeit geprägt. Sie waren damals noch ein bisschen zu jung für die große Welle gewesen, welche die Frauen ins Heer der Berufstätigen gespült hatte. Nur wenige arbeiteten ganztags. Die meisten konnten sich auf eine im Hause lebende Haushaltshilfe stützen und verbrachten gelegentlich den Sommer in Südfrankreich. Ihre Söhne sollten Ärzte und Doktoren werden und ihre Ehemänner besaßen Fabriken für Damen-Sportbekleidung oder herrschten über kleine Imperien von Reinigungsfirmen. An Geburts- oder Hochzeitstagen bekamen die Frauen teuren Schmuck. Das Wichtigste war damals, dass sie unter die Haube kamen, was den meisten von ihnen auch bis zum Alter von etwa 22 Jahren gelang. »Meine Mutter sagte immer: ›Der einzige Ort, den eine Frau allein aufsuchen kann, ist die Toilette‹, man musste einfach verheiratet sein«, erzählt die 68-jährige Loretta.

Anders als ihre Mütter wurden die Frauen, die in Lorettas Kreisen verkehrten, von einer gewissen Rastlosigkeit umgetrieben. Durch den Wirtschaftsaufschwung nach dem Zweiten Weltkrieg waren sie wohlhabender geworden als ihre Eltern. Doch anstatt nach einem bequemen Leben an der Seite eines Ehemanns, den sie seit Schultagen kannten, sehnten sie sich nach Glamour und Romantik. »Wir schauten uns das von den Filmstars ab«, sagt Loretta, die dreimal verheiratet war und heute in Lake Worth, Florida, lebt. »New York – das bedeutete damals lange schwarze Handschuhe und kleine Hüte und man verabredete sich mit seinem Süßen in New York auf einen Drink oder so. Es war Frank Sinatra und die Musik und man schloss die Augen.«

Barb, 77, deren Boutique damals das »Klatschzentrum« der Stadt war, spricht über ihre früheren Kundinnen, als würden sie gleich wieder zur Tür hereinkommen. Wie alle anderen hat sie einen breiten New-Jersey-Akzent:

»Eine Frau kam immer in den Laden und schaute auf ihre Armbanduhr. ›Ist es schon eins?‹, fragte sie. Sie traf ihren Liebhaber jeden Tag um ein Uhr.«

»Helen war mit einem Zimmermann verheiratet und Yvonne hatte eine Affäre [mit ihm].«

»Linda war die einzige Frau, die je um Mitternacht bei Bloomingdales einkaufen ging, denn das erzählte sie ihrem Mann. Stell dir nur mal so einen widerlich aussehenden Kaufhausangestellten vor. Deshalb hatte sie eine Affäre nach der anderen.«

»Alice war einigermaßen glücklich verheiratet – aber dann auch wieder nicht. Einmal gab es eine Überraschungsgeburtstagsparty und an diesem Nachmittag vögelte sie mit jemandem in einem Hotelzimmer. Die beiden hatten dann eine Affäre und Alices Ehemann erhielt einen Brief. Sie zog mit ihren beiden Kindern aus.«

»Bob trieb es mit der Sekretärin von Judys Mann.«

»Ich glaube, die meisten wussten, dass Les' Frau jahrelang eine Affäre hatte.«

»Es ging zu wie in Peyton Place«, erklärt Barb, die heute in einer Gemeinde für »aktive Senioren« in Lake Worth lebt. »Und die Frauen hier haben mir erzählt, dass es auf Long Island genauso war.«

Da die Statistiken nicht so weit zurückreichen, gibt es keine Möglichkeit herauszufinden, ob die Frauen aus Barbs Milieu in den 1960er-Jahren mehr Affären hatten als die Frauen der heutigen Generation. In der 1994 veröffentlichten landesweiten Sex-Studie gaben etwa 12% der in den 1930ern geborenen Frauen an, dass sie irgendwann in ihrem Leben außerehelichen Sex hatten – weniger als die Frauen der beiden folgenden Generationen. Doch 37% der in den 1930er-Jahren geborenen Männer gaben an, außerehelichen Sex gehabt zu haben. Das ist ein deutlich höherer Prozentsatz als bei allen folgenden Männergenerationen.

Auf ihrem Höhepunkt beschränkte sich die sexuelle Kultur der Frauen aus New Jersey vielleicht auf eine Handvoll Country Clubs. Doch ihre Geschichten zeigen, wie stark sich eine sexuelle Kultur im Laufe der Zeit verändert. Heutzutage würde eine Ehebrecherin vielleicht ein paar enge Freundinnen einweihen und zu absolutem Stillschweigen verpflichten. Aber die Frauen aus New Jersey erzählten ganzen Horden von Freundinnen von ihren Affären und stellten ihre Liebhaber – die potenzielle zweite Ehemänner waren – sogar manchmal ihren Müttern vor. Jedenfalls war es, wie sie sagen, leicht zu erraten, wer mit wem »zu Mittag essen« würde. An Gelegenheiten zum Fremdgehen mangelte es nicht. In Country Clubs, bei Wohltätigkeitsveranstaltungen und privaten Einladungen flirteten und tanzten verheiratete Leute, während sich ihre Ehepartner in einem anderen Raum aufhielten. Und da viele Ehefrauen in diesen Kreisen rund um die Uhr Kinderfrauen und keine Jobs hatten (oder zumindest keinen 60-Wochenstunden-Job), hatten sie sehr viel Freizeit.

Diese Frauen können kaum glauben, wie »verklemmt« die jungen Leute in solchen Dingen heute sind. In manchen Fällen nehmen die eigenen Kinder ihren Müttern deren Jugendsünden so übel, dass sie nicht mehr mit ihnen sprechen. »Heute ist alles anders. Unsere heute 40-jährigen Kinder finden das abstoßend«, sagt Loretta. Die Frauen wissen, dass es besser ist, nur mit ihresgleichen von den alten Zeiten zu schwärmen. Und jetzt mit mir.

Ich verabrede mich mit Elaine und Nancy, zwei Freundinnen von Barb, im Spa von Pompano Beach, Florida, wo die beiden sich ein paar Ferientage gönnen. Sie bitten mich, vor ihrer Vier-Uhr-Massage zu kommen. Kaum habe ich das Restaurant betreten, in dem sie zu Mittag essen, fangen sie auch schon an, mich von oben bis unten zu mustern. Obwohl ich rund 40 Jahre jünger bin, kann ich förmlich spüren, wie sie mich mit ihrem jüngeren Selbst vergleichen und zu dem Schluss kommen, dass sie mich hätten »ausstechen« können. Elaine ist eine 73-jährige Witwe und trägt *Dynasty*-Chic: eine riesige schwarze Brille, eine mit Diamanten besetzte Armbanduhr und über ihrem Badeanzug und dem üppigen Busen ein wallendes bodenlanges rotes Kleid. Nancy, 75, hat blaue Augen, hohe Wangenknochen und trägt goldfarbene Shorts, die einen Blick auf ihre beeindruckend glatten Beine erlauben.

Es gibt eine kurze Debatte über die Frage, wer zuerst seine Geschichte erzählen darf. Für beide Frauen waren Affären die großen Abenteuer ihres Lebens. »Einmal war ich auf dem Weg nach New York, um mich mit ihm zu treffen, und musste feststellen, dass mir Detektive auf den Fersen waren!«, sagt Nancy, die ein bisschen wie Lauren Bacall aussieht. Auf Larry, einen verheirateten Grundstücksmakler, wurde sie eines Tages aufmerksam, als er vom Golfplatz ging. »Hinter ihm ging die Sonne unter und ich hatte noch nie so blaue Augen gesehen.«

Nancy strahlt, als sie erzählt, wie sie es einfädelte, dass sie Larry auf einer Geschäftsreise nach Kanada begleiten konnte. »Ich sagte meinem Mann, dass ich gerne eine Freundin in Florida besuchen würde und er meinte nur: ›In Ordnung. Nimm dir ein paar Tage Zeit für dich und fahr nach Florida.‹ Also fuhr ich nach Montreal … Ich musste ein Spa finden und mich unters Solarium legen, um Farbe zu bekommen. Mit der Mutter meiner Freundin in Florida war vereinbart, dass sie, falls mein Mann anrief, sagen würde: ›Oh, die Mädels sind gerade am Strand.‹«

Die Frauen der nachfolgenden Generationen waren zunehmend berufstätig und konnten notfalls ihre Ehe aufgeben, ohne dass schon jemand anderes in den Startlöchern stand. Aber in den 1960er-Jahren tauschten Frauen wie Elaine und Nancy einen Ehemann gegen den nächsten ein. Obwohl einige ihrer Affären als unverbindliche Seitensprünge begannen, haben alle Frauen, mit denen ich sprach, ihren Liebhaber später geheiratet und blieben ihm dann angeblich auch treu. Sie begaben sich aus der Obhut ihres Vaters direkt in die Obhut einer Reihe von Ehemännern. Während ihre Scheidung lief, wurden sie von ihren zukünftigen Ehemännern zusammen mit ihren Kindern in eigens angemieteten Appartements untergebracht.

Vielleicht werden diese Liebesgeschichten so dramatisch und märchenhaft dargestellt – mit atemlosen Momenten und endlosen Stunden des Wartens neben dem Telefon –, weil diese Männer unbedingt die Märchenprinzen sein sollten. Als Elaine Ende der 1950er-Jahre Irwin begegnete, war das eine Mischung aus Supermarkt-Romanze und *Fiddler on the Roof* (nach dem Musical »Der Fiedler auf dem Dach«, A. d. Ü.):

»Ich ging zu einer Party im Hause meines Onkels. Er war Zahnarzt. Und irgendwann fiel mir in der Menge der Gäste plötzlich dieser Kerl auf der anderen Seite des Raumes auf. Ich weiß, es klingt kitschig, aber er kam zu mir herüber und ich ging auf ihn zu und ich wusste, das war er, der war für mich bestimmt … und er sagte: ›Komm heute Abend nach New York.‹«

Elaine war damals 25 Jahre alt. »Ich erwiderte: ›Ich weiß noch nicht einmal, wie ich allein mit dem Auto nach New York komme ... ich kann dich heute Abend nicht treffen.‹ Meine Großmutter war auf der Party, meine Mutter und mein Vater waren da. Aber ich wusste, dass ich ihn treffen würde.«

Ein paar Tage später machte sie sich zurecht, überließ ihre Kinder der Haushaltshilfe und fuhr zu Chandler, einem Restaurant in der East 46. Street in Manhattan. Als Irwin eintraf, stand sie schon am Büffet. Elaine erinnert sich, dass Irwin zu ihr sagte: »Ich mache so etwas normalerweise nicht da, wo ich wohne. Ich weiß nicht, warum ich das getan habe, aber ich musste dich einfach wiedersehen.«

An dieser Stelle machte Elaine eine kleine Pause. »Sie wollen doch nicht alle sexuellen Einzelheiten wissen oder?«

»Nun, wir aßen also zu Abend. Und ich sagte mir: ›Wenn ich das wirklich tue, dann richtig‹ ... Wir stiegen ins Auto und küssten uns und saßen einfach da. Und dann beugte ich mich über ihn – im Auto! Ich tat es! Und er war schockiert. Aber ich sagte mir: ›Wenn ich das mache, dann gehe ich aufs Ganze!‹«

Von da an trafen sie sich regelmäßig. »Er sagte zu mir: ›Ich werde dich niemals heiraten. Das hier ist das Sahnehäubchen und die Kirsche auf dem Eisbecher. Ich werde dich nie heiraten, aber wir werden eine wunderbare Zeit miteinander verbringen.‹

Das war mir aber nicht genug, also befreundete ich mich mit seiner Frau, sodass wir ständig zu viert zusammen waren. Wir waren praktisch immer zusammen. Manchmal waren Irwin und ich in New York und schliefen in einem Hotel ein, sodass wir beide spät nach Hause kamen, und wir hatten am selben Abend eine Verabredung [alle miteinander], aber seine Frau und mein Mann zählten nie eins und eins zusammen. Seiner Frau war es egal, solange er pünktlich da war, um sie zum Essen auszuführen.«

Barb, die damals die Boutique hatte, erinnert sich daran, dass Elaine oft mit Irwins Frau einkaufen ging. »Wenn sie ihn dann abends traf, sagte sie manchmal: ›Igitt, was deine Frau wieder gekauft hat!‹«

Elaines Mutter war außer sich, als sie erfuhr, dass Elaine vorhatte, Irwin zu heiraten, aber ihr Vater gab ihr heimlich Geld und ihre Freundinnen unterstützten sie. Sie kannten Irwin schon und mochten ihn. Barb half Elaine beim Auszug aus dem Haus ihres Ehemanns. »Wir überließen ihm ein Bett, einen Fernseher, eine Kaffeemaschine und eine Tasse mit Untertasse«, erinnert sich Barb.

Elaines Zweifel, ob es richtig war, ihrem Ehemann für ihren Liebhaber den Laufpass zu geben, wurden von ihrem Rabbi zerstreut, den sie als »äußerst klugen Mann« beschrieb. »Ich sagte zu ihm: ›Rabbi Stein, ich habe vor, meinen Mann zu verlassen, aber ich bin mir nicht sicher, ob ich das Richtige tue. Ich mache mir Sorgen, denn ich glaube, dass ich damit das Leben vieler Menschen in meinem Umfeld zerstöre.‹ Und er antwortete: ›Nein, meine Liebe, du zerstörst ihr Leben, wenn du bleibst. Wenn du gehst, rettest du ihr Leben.‹ ... Und ich rannte hinaus, ich flog förmlich. Das war schon ein besonderer Typ, dieser Rabbi Stein. Er war natürlich auch geschieden.«

Während des Amtsenthebungsverfahrens von Bill Clinton fragten sich viele Leute, wie es in Amerika so weit kommen konnte, dass das sexuelle Verhalten eines Präsidenten zur öffentlichen Angelegenheit wurde. Es wurde oft darauf hingewiesen, dass John F. Kennedy während seiner Amtszeit in den frühen 1960er-Jahren viele außereheliche Affären hatte, um die damals überhaupt kein öffentliches Aufhebens gemacht wurde.

Kennedy lebte innerhalb derselben sexuellen Kultur wie die Frauen, die ich in Florida traf. Er und seine prominenten Spezies trugen wahrscheinlich einiges zu ihrer Entstehung bei.

Aber auch Kennedy war ein Produkt seiner Zeit. Frauen waren damals gewöhnlich nicht nur finanziell von ihren Ehemännern abhängig, es war auch viel schwieriger, sich scheiden zu lassen (besonders für einen Katholiken). Außerdem betrogen auch andere ehrbare Herrschaften in seinem Umfeld ihre Partner. Hätte Kennedy ein paar Jahre länger gelebt, wäre ihm vielleicht in einem Chicagoer Restaurant Henry Hyde mit seiner Geliebten Cherry Snodgrass über den Weg gelaufen – jener Mann, der später Clintons Amtsenthebungsverfahren leitete. Es gibt ein Foto von Hyde und Snodgrass, auf dem die beiden festlich gekleidet in der Öffentlichkeit für die Kamera posieren. Als Hyde sich für seine »Jugendsünden« rechtfertigte, wollte er damit wahrscheinlich sagen, dass es einfach eine andere Zeit war.

Eine sexuelle Kultur ist kein Polizeistaat. Niemand läuft herum und verteilt Strafzettel. Wer sorgt also dafür, dass die Regeln eingehalten werden? Der amerikanische Soziologe Steven Ortiz machte sich daran, diese Frage zu beantworten, indem er die mobile »Ehebruchkultur« untersuchte, die sich amerikanische Erstliga-Baseball-Spieler auf ihren Reisen geschaffen haben. Ortiz, der an der Oregon State University lehrt, reiste drei Jahre lang mit verschiedenen Teams (er sagt nicht, mit welchen) durchs Land und veröffentlichte seine Ergebnisse in einer Studie unter dem Titel: »Reisen mit dem Ball-Club.« Auf jeder Reise werden die Spieler von ein paar Ehefrauen begleitet. Manche Spielerfrauen sind regelmäßig dabei, andere begleiten ihre Männer nur gelegentlich. Die Frauen, die mit dem Team reisen, könnten nach ihrer Rückkehr den anderen Ehefrauen berichten, was sie gesehen haben. Zumindest könnten sie aber den Spielern während der Reise den Spaß verderben.

Um das zu vermeiden, definieren die Spieler zunächst einmal bestimmte Räume, in denen die Ehefrauen nicht willkommen sind. In den gecharterten Flugzeugen, mit denen die Teams zu ihren Auswärtsspielen fliegen, sitzen die Ehefrauen im vorderen Bereich und dürfen sich nicht im hinteren Teil des Flugzeugs aufhalten. Die Spieler sitzen hinten, wo sie ausreichend Gelegenheit haben, mit Flugbegleiterinnen zu schäkern und sich vor dem Spiel miteinander zu verbünden. Niemand sagt zu den Ehefrauen, dass sie im hinteren Bereich unerwünscht sind, sie kapieren es aber schnell, wenn die Spieler spöttische Bemerkungen machen oder eine Gruppe plötzlich verstummt, wenn sie in die Nähe kommen. Eine Ehefrau, die zum ersten Mal dabei ist und sich unbefangen in den Sitz neben ihrem Mann plumpsen lässt, um ein wenig mit ihm zu plaudern, wird von seinen Teamkameraden mit Schweigen und »eisigen Blicken des Missfallens« bestraft. Eine der Spielerfrauen namens Stacey erklärt: »Selbst wenn ich den Gang hinunter zur Toilette gehe, traue ich mich kaum nach links oder rechts zu schauen oder mit irgendjemandem zu sprechen, weil ich weiß, dass [die Spieler] dort zusammen sind« … (Ortiz änderte die Namen der Ehefrauen).

Und wenn das noch nicht abschreckend genug ist, zeigen die Stewardessen deutlich, dass sie etwas gegen Spielerfrauen an Bord haben. »Man bittet sie um etwas und sie knallen dir das Pepsi oder das Essen auf dein Tablett«, erklärt eine Ehefrau namens Robyn. Die Abneigung ist gegenseitig, denn einige der Spielerfrauen haben mitbekommen, dass manche Spieler Affären mit Flugbegleiterinnen hatten, die sie auf Teamflügen kennengelernt haben. Nach der Ankunft im Hotel stecken die Spieler ihr sexuelles Terrain noch deutlicher ab. Häufig sagen sie ihren Frauen, dass sie sich von der Hotelbar fernhalten sollen. Außerdem teilen sie ihnen mit, welche anderen Bars, Discos und Restaurants in der Stadt für Ehefrauen »tabu« sind. Diese Liste ändert sich von Saison zu Saison. Die Spieler sagen das ihren Frauen ausdrücklich, anstatt nur darauf zu hoffen, dass sie diese Orte intuitiv meiden, denn sie wollen eine Sicherheitszone schaffen, in der die Spieler, deren Frauen nicht an der Reise teilnehmen, sich mit »Groupies« vergnügen (die gerne in der Hotelbar »herumhängen«) oder ihre Freundinnen treffen können, ohne beobachtet zu werden.

Manche Sportler, insbesondere die berühmteren, wollen vor den Teamkameraden nichts verbergen. Ihr Status steigt, wenn andere Spieler sie mit attraktiven Groupies sehen. Wenn ein Spieler mit einem Groupie ins Bett geht, zeigt er damit, dass er in erster Linie ein Mann – und ein Teamkamerad – ist und erst in zweiter Linie Ehemann, sagt Ortiz. Die Spieler treffen sich mit den Groupies lieber in der Hotelbar als in anderen Lokalen, weil sie dann von ihren Teamkameraden gesehen werden.

Normalerweise sind es die Ehefrauen, die sich zurückhalten müssen: Manche Spielerfrauen sagen, sie würden wegschauen und so tun, als hätten sie nichts bemerkt, wenn sie einen Spieler mit einer anderen Frau sehen. Eine beschreibt, wie sie die Wand anstarrte und sich »unsichtbar« zu machen versuchte, als sie im Hotelaufzug neben einem Pärchen stand, in welchem sie einen der verheirateten Spieler und eine ortsansässige Frau erkannte. Sheila erzählt: »Wenn du zeigst, dass du etwas bemerkt hast oder gar dein Missfallen zum Ausdruck bringst, warst du das letzte Mal dabei, denn die anderen sagen es deinem Mann: ›Deine Frau hält besser den Mund‹«. Manche Ehefrauen versuchten sich einzureden, dass die betreffende Frau eine »Verwandte auf Besuch, eine Freundin der Familie oder eine Schwägerin ist.« Es ist natürlich etwas anderes, wenn die Medien einen Spieler beim Fremdgehen erwischen. Dann muss er sich schnell ins Ehebruch-Drehbuch für gewöhnliche Erwachsene retten, damit die Öffentlichkeit ihm Absolution erteilt. Laut *Sports Illustrated* konnte Kobe Bryant, der Star der Los Angeles Lakers, kaum die Tränen zurückhalten, als er während einer Pressekonferenz im Jahre 2003 zugab, mit einer 19-Jährigen eine Nacht im Hotel verbracht zu haben. Als seine Frau »seine Hand ergriff und ihm tief in die Augen schaute«, sagte Bryant zu den Reportern: »Ich sitze hier vor euch – wütend auf mich selbst, angewidert von mir selbst, weil ich den Fehler gemacht habe, Ehebruch zu begehen. (Ortiz reiste auch mit Basketball-Profis und stellte fest, dass sie unterwegs ähnliche Regeln aufstellten wie die Baseball-Spieler.)

Nicht alle Spieler bestehen im gleichen Maß auf der Einhaltung dieser Regeln. Ortiz stellte fest, dass diejenigen mit dem niedrigsten Status – schlecht bezahlte Neulinge, Spieler, die an Verletzungen laborieren oder in einem beruflichen Tief stecken – am stärksten auf die Einhaltung der Regeln pochen, vermutlich, weil sie am verwundbarsten sind. Die besten Spieler können sich mehr Freiheiten erlauben. Eine Frau erzählt, wie ein Star des Teams ihre Einwände ignorierte und darauf bestand, sie und eine andere Ehefrau auf einen Drink in die Hotelbar einzuladen. Als sie die Bar betraten, habe sie trotz ihrer prominenten Begleitung »starr geradeaus in Richtung Tresen geblickt« und sich sehr unwohl gefühlt.

Warum halten sich die Ehefrauen der Spieler an diese Regeln, die entwürdigend sind und ihrem eigenen Mann Gelegenheit zum Seitensprung geben könnten, wenn sie einmal nicht mit auf die Reise gehen? Warum schließen sich die Spielerfrauen nicht einfach zusammen und meutern, sodass keiner der Männer mit dem Fremdgehen durchkommt?

Einer der Gründe ist Geld. Wenn die Ehefrauen aufbegehren oder die Regeln übertreten, könnten sie damit die Stellung ihres Mannes im Team gefährden. Sportlerkarrieren sind normalerweise kurz und die mitreisenden Ehefrauen sind in der Regel nicht berufstätig. Jede Gefährdung des Status ihres Mannes gefährdet auch das Auskommen des Paares. Ortiz führt keine Beispiele an, bei denen Spieler aufgrund des Verhaltens ihrer Ehefrauen zurückgestuft oder gefeuert wurden, aber schon die Gefahr, eventuell dem Ruf ihrer Männer zu schaden, scheint dazu beizutragen, dass die Frauen stillhalten. Eine »Petze« riskiert außerdem, zur »unerwünschten Person« erklärt zu werden. Teammitglieder sind freundlich zu Spielerfrauen, die den Ruf haben »cool« zu sein, aber sie meiden Frauen, die als »Tratschtanten« bekannt sind und setzen den jeweiligen Ehemann unter Druck, seine Frau zu Hause zu lassen. Eine Ehefrau, die nicht mehr mit dem Team reisen darf, hat aber auch keine Gelegenheit mehr, zumindest zeitweise ein Auge auf ihren eigenen Mann zu haben und muss auf den Glamour und die Vorteile verzichten, die man als Teil eines Erstliga-Teams hat. Sogar wenn ein Spieler die Mannschaft wechselt, eilt einer Spielerfrau ihr Ruf voraus. »Je mehr du redest, desto weniger Leute vertrauen dir«, sagt eine Spielerfrau namens Olivia. »Frauen, die erzählen, was sie gesehen haben, werden gemieden wie die Pest. Niemand will etwas mit ihnen zu tun haben.« Anstatt sich zusammenzuschließen tragen die Frauen selbst dazu bei, die Regeln durchzusetzen, die den Männern das Fremdgehen erleichtern. Sie halten sich gegenseitig davon ab, über ihre Beobachtungen zu reden, weil sie befürchten, dass sie durch ein paar »Schwätzerinnen« alle in den Ruf von »Klatschmäulern« kommen würden. Manche wollen auch gar nicht so genau wissen, was ihre eigenen Männer treiben. Wenn eine Frau tratscht, tratschen die anderen über sie und behaupten, sie wolle nur von ihren eigenen Eheproblemen ablenken.

Das Geniale an dieser sexuellen Kultur ist, dass die Ehefrauen, die sich zunächst genötigt sehen, die Regeln einzuhalten, diese später von sich aus einhalten *wollen*. Obwohl sie Ehebruch ablehnen, gelangen sie irgendwann zu der Überzeugung, dass diese Regeln, die Affären begünstigen, wichtig sind. Ortiz:

»Die meisten Ehefrauen sind fest davon überzeugt, dass es wichtig ist, der Frau des fremdgehenden Ehemanns nicht zu erzählen, was sie beobachtet haben.«

Es gibt noch eine andere Art der sexuellen Kultur, die sich nicht in einem konkreten Umfeld abspielt und deren Angehörige sich oft noch nicht einmal kennen. Sie existiert in einer Welt, die wir »die Medien« nennen. Amerika hat zwar ebenfalls eine höchst lebendige Boulevardpresse, aber nirgendwo haben die Medien eine so eigenständige sexuelle Kultur geschaffen wie in England. Die meistverkauften Sonntagszeitungen des Landes, *News of the World* und *Mail on Sunday*, widmen Ehebruchsgeschichten häufig ihre gesamte Titelseite. Man könnte den Eindruck gewinnen, es gäbe keine wichtigeren Nachrichten im Land als die Frage, wer mit wem fremdgegangen ist.

Im Privatleben reagieren die Engländer nicht anders auf Affären als die Amerikaner. Die meisten von ihnen sind überzeugt, dass Untreue der Grund für Scheidungen oder zumindest für Ehekrisen ist. Und Ehebruch kommt in ihrem Land ungefähr genauso häufig vor wie in anderen reichen Ländern.

Aber die Briten haben eine zusätzliche sexuelle Kultur, die ausschließlich in den Medien existiert. Hier wird Ehebruch als eine Art Sport betrachtet. Das Spiel besteht darin, eine berühmte Persönlichkeit in einer kompromittierenden Situation zu erwischen. Die Reporter durchwühlen notfalls sogar Mülltonnen. Die Boulevardblätter sind so dringend auf Nachschub an frischem Klatsch über Seitensprünge und Affären angewiesen, dass sie sich, sollte es einmal an Geschichten über Prominente mangeln, auch schon mit Storys über abgehalfterte »Stars« von Reality-Shows, drittklassige Schauspieler und ganz gewöhnliche, in bizarre Dreiecksbeziehungen verstrickte Engländer zufriedengeben.

Eine typische Titelstory der *Sun*, Großbritanniens meistverkaufter Tageszeitung, beschreibt die Leiden der »betrogenen Amy Nuttall«, einer 22-jährigen Seifenoper-Darstellerin, die beichtet, dass sie das Appartement ihres Ex-Freundes Ben (Darsteller in derselben Serie) verwüstet hat. Der mitfühlende Autor erklärt, dass Amy »an die Decke ging, als sie erfuhr, dass Ben im Auto Sex mit der von Stars faszinierten Bankangestellten Jenny Woodcock, 19, hatte, die er in einem Nachtclub angesprochen hatte.« Zu allem Unglück musste Amy laut *Sun* auch noch Jennys öffentliche Enthüllungen über Ben als ›lausigen Liebhaber‹ ertragen. Auf einem gestellten Titelfoto trägt Amy einen braunen String-Bikini. Im Artikel wird noch erwähnt, dass sie hofft, als Sängerin Karriere machen zu können.

Andere Titel decken das ganze Spektrum vom Spielerischen bis hin zum Verrückten ab (»Meine Designer-Vagina zerstörte mein Leben« – im Artikel wird weiter erklärt, dass »mit dem neuen Selbstvertrauen die Promiskuität kam – Denise konnte ihre brandneuen Privatsachen, äh … einfach nicht für sich behalten«).

Manche Boulevardreportagen moralisieren vielleicht ein bisschen, aber die Leser wissen, dass das nicht so ernst gemeint ist. Ernsthafte Berichterstattung überlässt man dem Fernsehen und einer Handvoll kleinerer Zeitungen. Um die Leser bei Laune zu halten, werden die Berichte über Untreue in der Boulevardpresse schlüpfrig formuliert, reichlich mit »scharfen« Einzelheiten über die angeblichen »Vergehen« ausgeschmückt und möglichst mit Fotos des Täters oder des Opfers im Badeanzug garniert.

Manche dieser »Nachrichten« kommen ganz gezielt zustande. Der Verleger Max Clifford ist der erste Ansprechpartner für Leute, die etwas zu erzählen haben oder darauf hoffen, mit einer Story Interesse wecken zu können. Clifford erklärt in der *Financial Times*: »Heutzutage gehen junge Mädchen in Clubs, um gezielt nach »Opfern« Ausschau zu halten: Dieser Fußballer ist so viel wert und jener so viel. In meinem Büro rufen junge Frauen an und fragen: ›Wer bekäme die fettere Titelzeile, wenn wir die Wahl zwischen X und Y hätten?‹ So berechnend ist das.« Clifford erhält 20% der Einnahmen pro Zeitung.

Gelegentlich verschreiben sich die Boulevardblätter einem höheren Ziel oder dem, was man relativ gesehen zumindest dafür halten könnte: Sie jagen Politiker und Personen von öffentlicher Bedeutung. Dabei geht es ihnen aber nicht darum, zur Qualitätssteigerung in der Politik beizutragen, sondern um die Aufdeckung von Heuchelei. Als John Major 1990 Premierminister wurde, bot sich der Presse eine seltene Gelegenheit. Auf dem Jahresparteitag der Konservativen im Jahre 1993 bemühte sich die Regierung verzweifelt, die Öffentlichkeit von einer Rezession abzulenken und startete eine sogenannte »Zurück-zum-Wesentlichen«-Kampagne. Hierbei ging es angeblich um die Verbesserung des Bildungswesens, aber die unterschwellige Botschaft – und die Einsatzbesprechungen hinter den Kulissen – machte deutlich, dass die Konservativen die verblassenden Familienwerte aufleben lassen wollten.

Die Boulevardpresse verstand dies als Aufforderung, im Privatleben konservativer Politiker herumzuschnüffeln. Die dadurch ans Licht kommenden Sex-Skandale nahmen rasch immer größere Ausmaße an. Stephen Milligan, ein Parlamentsabgeordneter, wurde mit Damenstrümpfen an den Beinen und einer Plastiktüte über dem Kopf tot in seinem Appartement gefunden – offensichtlich nach einem autoerotischen Akt. Der Earl of Caithness, ein Juniorminister, trat zurück, nachdem sich der Selbstmord seiner Frau als Reaktion auf seine Affäre mit einer früheren Sekretärin entpuppt hatte.

Umweltminister Tim Yeo, der inzwischen eine Golf-Kolumne schreibt, gab zu, mit seiner Geliebten ein Kind zu haben. Verkehrsminister Stephen Morris wurden fünf Geliebte nachgewiesen (»Ja, ja, ja, ja, ja, Minister« witzelte der *Daily Telegraph*; ein Wortspiel, das an die Fernsehkomödie »Ja, Minister« angelehnt war). Der Kulturminister David Mellor trat zurück, nachdem seine Geliebte, eine Jungschauspielerin namens Antonia de Sancha, den Boulevardblättern erzählt hatte, dass er gerne an ihren Zehen nuckelte, während sie ein Chelsea-Trikot trug, die Kluft seiner Lieblingsfußballmannschaft.

Sogar das Image von John Major, der von vielen scherzhaft »der Graue« genannt wurde, weil er so langweilig war, und der in der Fernsehsatire *Spitting Image* als ganz und gar graue Marionette beim Erbsenessen mit seiner Frau Norma dargestellt wurde, bekam einige Kratzer ab. In seinem Fall stammten die Enthüllungen von Edwina Currie, einer früheren Gesundheitsministerin, die während ihrer vier Jahre dauernden Affäre mit Major in den 1980ern zufällig Tagebuch geführt hatte.

Ich traf mich mit Currie in einem Restaurant in London in der Nähe der Victoria-Station, um zu versuchen, die Strukturen der britischen Boulevardpresse und der von ihr erschaffenen sexuellen Kultur zu verstehen. Die heute 59-jährige Currie war nicht nur am Sex-Skandal um den Premierminister beteiligt, sondern hat sich seit dem Verlust ihres Parlamentssitzes im Jahre 1997 eine neue Karriere als Autorin von Romanen über politische Sex-Skandale aufgebaut. Currie ist keine bescheidene englische Rose. Sie ist eine kleine Frau mit dicken braunen Augenbrauen und einem dichten roten Haarschopf. Außerdem ist sie sehr redegewandt und extrem von sich selbst überzeugt.

»Einer der angenehmeren britischen Werte ist die Bescheidenheit. Wenn man also ein guter Kerl ist, läuft man nicht herum und erzählt es allen Leuten. In dem Moment, in dem einer das tut, ist das Interesse der Presse geweckt, und sie werden ihn wochenlang verfolgen und am Ende mehr über ihn wissen als er selbst.«

Sie ist der Meinung, dass die Amerikaner ihre politischen Führer idealisieren und dann überrascht sind, wenn sich herausstellt, dass deren Privatleben nicht blütenrein ist. Die Briten dagegen lieben es, ihre Helden fallen zu sehen und vermuten von vorneherein ein bisschen Schmutz hinter jeder blitzsauberen Fassade. Sie sind enttäuscht, wenn das nicht stimmt.

»Ich glaube, die Amerikaner wirken auf uns wie unschuldige Teenager: strotzend vor Energie und Lebenskraft, mit der sie aber anscheinend nicht so recht umzugehen wissen. Europa ist reif, kultiviert, gelassen und ein bisschen trocken. Wenn also in England ein Politiker aufsteht und sagt: ›Lasst uns zum Wesentlichen zurückkehren – zu den Familienwerten‹, dann erwidert der Rest der Nation: ›Ja, in Ordnung, aber zuerst wollen wir wissen, was du letzten Sonntagnachmittag gemacht hast‹.«

Neben den inszenierten Storys über Schauspielerinnen und Fußballstars wirkt Curries Affäre mit Major direkt menschlich. Beide waren in den 1980er-Jahren Teil jener Welle junger konservativer Parlamentsabgeordneter, die während der sogenannten Thatcher-Revolution an die Macht gespült wurde. Beide stammten aus eher bescheidenen Verhältnissen und beide wollten die verknöcherten Upper-class-Greise verdrängen, die die Partei von jeher kontrolliert hatten. Sie waren Verschworene. »Wir hatten ziemlich ähnliche Ideale und Ziele und wir kamen uns näher«, erzählt Currie.

Wenn sie sich in einer Wohnung in der Nähe des Parlaments trafen, hatte Major stets einen offiziellen braunen Umschlag in der Hand – als Alibi, für den Fall, dass ihn jemand ansprach.

Immer wenn Currie sich bei ihrem Ehemann über ihre politischen Kämpfe ausweinen wollte, sagte er bloß, er wolle nichts davon hören. Aber Major kämpfte an derselben Front. »Man bekommt eine Menge Unterstützung und Freundschaft und Liebe in einer Beziehung, in der man so bestätigt wird«, erzählte sie.

Currie beendete die Affäre im Jahre 1988, nachdem beide die oberen Ränge der Parteihierarchie erklommen hatten, Currie als Gesundheitsministerin und Major als Schatzkanzler. In ihrem Tagebuch beklagt sie, dass er sich durch den Erfolg verändert habe. »Die beste Zeit hatten wir, als er noch rastlos war, sich versteckte, wenig Selbstvertrauen hatte; er erzählte mir von seiner Familie, seinem familiären Hintergrund, seiner Arbeitslosigkeit, einem Unfall, der ihn fast das Leben gekostet hatte, von all den wichtigen Dingen, die man nur seinem Seelengefährten erzählt ...«

Als Major 1990 Premierminister wurde, hatte Currie erwartet, von ihm wieder ins Kabinett berufen zu werden – und zwar aufgrund ihrer Qualifikation, nicht ihrer vergangenen Liebesgeschichte – aber dieser Ruf kam nie. (»Von jemandem vergessen zu werden, mit dem du noch vor 18 Monaten geschlafen hast, ist sehr, sehr hart.«) Dann beobachtete Currie den politischen Eklat, der auf die »Zurück-zum-Wesentlichen«-Kampagne folgte, während ihr die ganze Zeit klar war, dass Majors eigene »Familienwerte« auf dem Spiel standen. Sie hätte wahrscheinlich die gesamte Regierung stürzen können.

Currie erzählt: »Ich wusste, dass ich es früher oder später erzählen würde. Wenn man eine Affäre mit jemandem hat, der Premierminister wird, wenn man an etwas von so großer Bedeutung beteiligt ist, hat man immer das Gefühl, dass man diese Information nicht zurückhalten darf. Ab einem gewissen Punkt gibt man sie der Öffentlichkeit preis.« Currie wartete ab, bis Major und die Konservativen von selbst die Macht verloren und bis die Scheidung von ihrem Mann durch war. Im Jahre 2002 druckte die *Times* Auszüge aus ihren Tagebüchern ab. Diese Bettgeschichte hat Currie zu einer Berühmtheit gemacht. Während ich mit ihr in diesem Londoner Restaurant sitze, kommen mehrere junge Frauen an unseren Tisch, um ihr zu sagen, dass sie eine »Inspiration« für sie sei.

Wie die Chicagoer wissen auch die Leute in England sehr genau, welcher sexuellen Kultur sie angehören. Die von der Boulevardpresse geschaffene ist jedenfalls nur Beiwerk zum wirklichen Leben. Niemand lebt nach ihren verrückten Regeln. Das heißt, niemand außer Politikern oder Reality-TV-Stars. Wie Edwina Currie gehen diese Leute möglicherweise davon aus, dass alles, was in ihren Schlafzimmern passiert, letztendlich von öffentlichem Interesse ist.

Amerika hat sein eigenes Forum, wo Ehebruch täglich diskutiert und unter die Lupe genommen wird. Aber im Gegensatz zum britischen beeinflusst Amerikas Forum das Verhalten seiner Normalbürger.

Ich nenne es die »Ehe-Industrie«.

Die »Ehe-Industrie«

Am Eröffnungsabend der *Smart Marriages Conference* (Messe rund ums Thema »Ehe und Scheidung«) in Dallas herrscht Volksfeststimmung. In einem Raum von der Größe eines Fußballfeldes stehen die Geschäftsleute an ihren Messeständen und posaunen ihre Rezepte für die »Instandsetzung« kaputter Ehen über die Absperrbänder hinweg in die Halle. Falls ich es wage, im Vorbeigehen Augenkontakt aufzunehmen, stürzen sie nach vorne, drängen mir Broschüren und CD-ROMs auf und beginnen mit ihren Verkaufsgesprächen.

»Wir arbeiten mit einem sehr strukturierten Prozess, der gegenseitiges Spiegeln des Verhaltens (*mirroring*), aber auch Bestätigung und Empathie einschließt, sodass eine sehr vertrauensvolle Atmosphäre entsteht«, ruft mir der Geschäftsführer von *Imago Relationships International* entgegen. Andere wollen mich lehren, »Wie man es vermeidet, einen Trottel zu heiraten« oder wie man »seine Ehe durch Lachen verbessern kann«. Einige dieser Verkäufer sind professionelle Therapeuten, während andere ihre Brötchen früher als Stegreif-Komiker oder Management-Berater verdient haben und nun ins Ehe-Business eingestiegen sind.

Mir war gar nicht klar, wie viel in einer Ehe schiefgehen kann, bis ich all diese Behandlungsmethoden sah. Ich bin noch kein Jahr verheiratet, aber mich deprimiert schon jetzt die Vorstellung, eines Tages einen ehemaligen Drehbuchautor von *Sit-*

coms dafür zu bezahlen, dass er meinen »Ehe-Verstand wach-rüttelt« oder, noch schlimmer, ein zweitägiges Seminar zu besuchen, in welchem »Scharfe Monogamie« gelehrt wird.

Die Dutzende von Hilfsangeboten, unter denen man hier wählen kann, sind Teil der amerikanischen Ehe-Industrie: die Summe aller Fernseh-Shows, Selbsthilfebücher und Scharen von Paarberatern, deren Daseinsberechtigung darin besteht, zu erklären, warum Beziehungen scheitern.

Das Thema »Untreue« zieht sich wie ein roter Faden durch die gesamte Ehe-Industrie. Es gibt wöchentliche Gruppenabende für betrogene Ehepartner und »Sexsüchtige«, Websites für Ehebrecher, ihre Angetrauten und Geliebten, Heilungswochen-enden für Paare, die in einer Untreue-Krise stecken, und ent-sprechende Institute wie das *Affair Recovery Center* (Heilzen-trum für Affären-Geschädigte) in Austin, Texas. Diese Unter-nehmer haben dem amerikanischen Ehebruch-Drehbuch ihre eigene Botschaft hinzugefügt: Achtung! Versuchen Sie nicht, allein damit fertig zu werden.

Auf der *Smart Marriages Conference* hält eine Reihe von »Un-treue-Ständen« die besten Plätze im vorderen Teil der Halle besetzt. Anne und Brian Bercht, die kürzlich noch ausschließ-lich Business-Seminare organisierten beziehungsweise ein Bauunternehmen leiteten, werben für ihre gerade erschienene Biographie »*Die Affäre meines Mannes*«, die sich als »das Bes-te, was mir je passierte« entpuppte. Das Buch hat Brian bereits einen Auftritt in der *Oprah Winfrey Show* (berühmte ameri-kanische Talkshow, a. d. Ü.) beschert und dem Paar eine neue Karriere als Motivationstrainer und Vortragsredner zum The-ma »Ehe, Beziehungen und Affären«.

Hier ist der Markenname König: Michele Weiner-Davis, eine Sozialarbeiterin, deren Verkäuferinnen in ihrem gut besuch-ten Messestand herumwuseln, erinnert sich noch an den Au-genblick, in dem sie einen Namen für ihren Ansatz der Paartherapie fand. »Ich weiß noch, wie ich zu Hause in meinem Arbeitszimmer saß und plötzlich dachte ›Scheidungen meistern … *Scheidungsmeister*!‹. In diesem Moment wusste ich, dass ich auf etwas gestoßen war, das mein Leben verändern würde.« Bald darauf tauchten ein paar Reporter bei einem Vortrag auf, den sie unter demselben Motto hielt. Angebote, ein Buch zu schreiben und Einladungen zu Fernseh-Talkshows ließen nicht lange auf sich warten. Weiner-Davis, 52, herrscht nun über ein kleines Imperium, zu dem Bücher, die Tätigkeit als Beraterin und Vortragsreisen gehören. Auf jeder Seite ihrer Website erscheint ein Foto von ihr, auf dem sie entschlossen und optimistisch dreinblickt. Ihr Mantra lautet, dass fast jede Ehe zu retten ist – sogar nach einem Seitensprung oder einer Affäre und auch dann, wenn nur ein Partner an der Beziehung arbeiten will. Sie behauptet, die Leute könnten ihre fremdgehenden Ehepartner zurückbekommen, wenn sie nur selbstbewusst genug handelten, anstatt zu einem Häuflein Elend zusammenzuschrumpfen. Im Klappentext ihres »Scheidungsmeister-Buches« werden Resultate innerhalb eines Monats versprochen. »Fast alle meine Klienten haben Affären. Jedenfalls sehr viele«, sagt sie.

Amerikas Beziehungs-Unternehmer scheinen den aufrichtigen Wunsch zu haben, anderen zu helfen, aber sie wollen natürlich auch Geschäfte machen. So wie der militärisch-industrielle Komplex Kriege braucht, braucht die Ehe-Industrie untreue Ehepaare, die überzeugt sind, professionelle Hilfe zu benötigen. Würden die Leute glauben, sie könnten es allein schaffen – so wie früher in Amerika und noch heute in den meisten anderen Ländern –, wären die Unternehmer arbeitslos.

Die Ehe-Industrie hat im Großen und Ganzen ihr Ziel erreicht. Sogar AmerikanerInnen, die sich über entsprechende Ratgeber lustig machen und niemals die Dienste einer

»Telefon-Beziehungsberatung« in Anspruch nehmen würden, geben die Weisheiten der Ehe-Industrie von sich, ohne zu wissen, woher sie eigentlich stammen. AmerikanerInnen scheinen es inzwischen als selbstverständlich zu betrachten, dass die Aufdeckung von Untreue zu einer Konfrontation führt, auf die eine Beratung und vielleicht auch andere Formen der professionellen Unterstützung sowie eine lange Diskussions- und Heilungsphase folgen (manchmal für immer). AmerikanerInnen verinnerlichen diesen Ablauf durch Zeitschriftenartikel, Fernsehsendungen und die Ratschläge von Freunden. Falls Sie je Ihren Partner genötigt haben, sich mit Ihnen zusammenzusetzen, um Ihre Beziehung zu analysieren, oder falls Sie glauben, es sei nach einem Seitensprung Ihrer Frau das Beste, über alle Einzelheiten zu sprechen, oder der Meinung sind, Untreue sei ein Problem, das man lösen kann, dann sind Sie der Ehe-Industrie auf den Leim gegangen.

Angela beobachtet uns, während ich mit ihrem Mann Hank spreche. Oder, besser gesagt, sie lungert herum. Ich darf nur in ihrem Beisein mit ihm sprechen. Ich bin mir nicht sicher, ob sie glaubt, ich könnte ihn verführen oder ob sie einfach wissen will, was er mir erzählt. Sie zwängt sich zwischen uns auf die Couch und legt schützend ihren Arm um ihn. Hank, 52, ist ein attraktiver Mann. Er hat die athletische Figur eines Baseball-Spielers und gleichzeitig die angenehme Ausstrahlung und das offene Lachen eines Menschen, mit dem man gerne ein Bier trinken würde. Aber das wird auf keinen Fall passieren, denn Hank trinkt nicht mehr. Er ist allerdings kein trockener Alkoholiker, sondern ein trockener Ehebrecher. »Ich werde bis zu meinem Tod ein Mensch sein, der Ehebruch begangen hat«, sagt er.

Hank erinnert sich noch ganz genau, an welcher Stelle des Flughafens von Pittsburgh er stand, als er zu Hause eine Nachricht auf dem Anrufbeantworter hinterließ und dabei seine

Frau mit dem Namen seiner Geliebten ansprach. Mit diesem Versehen begann ein neues Kapitel in seinem Leben, innerhalb dessen er seine Stelle als Vertriebsmanager aufgab und eine spirituelle Erweckung hatte.

Angela, die 46 Jahre alt und ziemlich hübsch ist, mit lockigem braunem Haar und einer wohlproportionierten Figur, hatte schon seit Längerem das Gefühl, dass etwas nicht stimmte. Dieses Gefühl war, wie ihr inzwischen klar ist, der Heilige Geist, der sie anstubste. »Ich betete nur darum, zu erfahren, was los ist. Ganz besonders betete ich darum, dass das durch einen Telefonanruf passieren würde. Und es passierte durch einen Telefonanruf.«

Am Morgen nach jenem Anruf saß Hank Angela zu Hause in seinem Arbeitszimmer gegenüber und beichtete. Während einer Konferenz in einer anderen Stadt hatte er eine Beziehung zu einer früheren Freundin aufleben lassen, die in derselben Firma arbeitete. »Also es war so: Kurz nachdem Angela und ich geheiratet hatten, nahm ich an einer Konferenz teil. Es kam einfach über mich, ich wurde von diesem Verlangen überwältigt und wir hatten … in dieser Nacht war ich Angela untreu.« Es war offensichtlich nur diese eine Nacht, aber zwischen ihm und dieser Frau bestand weiterhin eine enge emotionale Verbindung.

Angela hörte mit, als Hank an diesem Morgen die andere Frau anrief, um ihr zu sagen, dass es aus sei. Angela erinnert sich: »Sie sagte: ›Mir ist bloß nicht klar, von wem das kommt.‹ Er beteuerte immer wieder, dass er mich liebt und dass er bei mir bleiben würde.«

Hank ließ es nicht bei seiner Beichte gegenüber Angela bewenden. Er erzählte es auch den Mitgliedern seiner »Männergruppe« und den Gemeindeältesten seiner Kirche. Diese stellten ihm einen »Zuverlässigkeits-Partner« zur Seite – eine Art Bewährungshelfer für Ehebrecher –, mit dem er sich einmal pro Woche treffen sollte und der Hank Bücher wie »Persönliche Heiligkeit in Zeiten der Versuchung« empfahl.

Hank bekam eine Menge Unterstützung, aber Angela kam ins Schleudern. Auch ihr erster Ehemann war untreu gewesen, aber Hanks Affäre war ein Wendepunkt. Während sie versuchte, mit der Sache klarzukommen, las sie in einem Buch, dass 92 Prozent der AmerikanerInnen lügen. Ihre Mutter eröffnete ihr, dass auch ihr Vater fremdgegangen war. Als sie das erfuhr, brach ihr ganzes Weltbild zusammen. »Ich habe früher wohl in der Vorstellung gelebt, dass die Welt gut ist und dass alle Menschen gut sind«, erzählt sie. »Wahrscheinlich habe ich den allgegenwärtigen Egoismus überhaupt nicht wahrgenommen.« Die Paarberatung half nicht. Noch Jahre nach Hanks einmaligem Ausrutscher kam Angela »nicht über den Schmerz hinweg. Und ich sagte: ›Lieber Gott, ich brauche jemanden, der mich versteht.‹« Sie setzte sich an ihren Computer und gab das Wort »Affären« in eine Suchmaschine ein. Auf dem Bildschirm erschien Peggy Vaughans Website. »Von diesem Tag an begann ich die Sache irgendwie hinter mir zu lassen«, erzählt Angela. Sie hatte eine 90-minütige Telefonberatung bei Vaughan und bestellte alle ihrer Bücher. Das war der Anfang ihres Heilungsprozesses.

Peggy Vaughan ist eine 69-jährige Großmutter, lebt in San Diego und hat sich der Aufgabe verschrieben, anderen Menschen zu helfen, nach einer Affäre wieder auf die Beine zu kommen. Es ist schwer vorstellbar, diese Mischung aus »Gutmensch« und Workaholic irgendwo anders als in den Vereinigten Staaten anzutreffen. Meistens steht sie um 6.30 Uhr auf, um E-Mails von der Ostküste zu beantworten – oftmals verzweifelte Hilferufe von Menschen in den frühen Stadien der Entdeckung.

Vaughan hat keine therapeutische Ausbildung, aber sie stützt sich auf ihre persönlichen Erfahrungen. 1974 beichtete ihr

Ehemann, dass er sie sieben Jahre lang mit einer anderen Frau betrogen hatte. »Zuerst sagte ich mir, das darf nicht wahr sein, denn ich dachte, wenn das stimmt, dann muss ich mich scheiden lassen und wieder zu meinen Eltern nach Mississippi ziehen«, sagt sie in ihrem gedehnten Südstaaten-Slang. Stattdessen wurden die Vaughans zu Ehebruch-Pionieren. Im Jahre 1980 veröffentlichten sie ein Buch, in welchem sie behaupten, dass Affären nicht automatisch das Todesurteil für eine Ehe sind. Nach nahezu 100 Fernsehauftritten fing Vaughan an, einen Rundbrief über Untreue zu verschicken, aus dem schließlich das »Beyond Affairs Network« hervorging, ein Netzwerk von Selbsthilfegruppen für betrogene Ehepartner mit Anlaufstellen in 28 Staaten der USA. Vaughan meint, Paare sollten sich darauf einstellen, »Tausende von Stunden« über die Affäre zu reden. Sie machte Angela klar, dass der Affäre ihres Mannes ein emotionales Suchtverhalten zugrunde lag. »Es ist ein sehr narzisstisches Verhalten. Es ist mit Lustgefühlen verbunden und fast mit einer Heroinsucht vergleichbar«, sagt Angela.

Vaughan ist davon überzeugt, dass Ehebruch in Amerika epidemische Ausmaße angenommen hat. Sie zitiert Kinseys Zahlen und kommt zu dem Schluss, dass bei 80% aller Ehepaare einer der Partner irgendwann eine Affäre haben wird. Das ist mehr als das Doppelte der zuverlässigsten wissenschaftlichen Schätzungen. Auf der einen Seite, so Vaughan, werden die Affären von Prominenten in Zeitschriften und Filmen glorifiziert und Ehebruch wird als »Kavaliersdelikt« hingestellt. Aber wenn es dann wirklich passiert, schämten sich AmerikanerInnen, irgendjemandem zu erzählen, dass ihr Partner fremdgeht, und rutschten zunehmend in die Isolation und Depression.

Peggy hat sich zum Schutzengel dieser verlorenen Seelen gemacht. Bei einem Vortrag in Dallas bezeichnet sie eine kleine

Serie von Grußkarten für Leute, die in Affären verwickelt sind, als »widerlich«. Niemand sollte über Untreue Witze machen. In Bethesda erschien ein Zeitungsartikel über die Karten, der später im Internet unter entsetzten Befürwortern der Ehe kursierte. Die Zeitung brachte dann noch einen Folgeartikel, in welchem sie das negative Leserecho auf den ersten Artikel aufgriff. Diese Karten glorifizieren Ehebruch nicht wirklich. Auf einer, die für die Ferien gedacht ist, steht: »Während wir hier mit unseren Familien feiern, denke ich an dich.« Auf einer Karte für Arbeitskollegen ist zu lesen: »Früher habe ich mich immer auf die Wochenenden gefreut, aber seit wir uns begegnet sind, kommen sie mir vor wie eine Ewigkeit.«

1970 gab es in ganz Amerika nur 3000 Ehe- und Paartherapeuten. Die meisten Psychologen und Psychiater waren der Ansicht, dass das Erforschen einer Psyche ein derart heikler Prozess ist, dass man dies nicht mit zwei Menschen gleichzeitig tun könne. Aber die aufstrebende Ehe-Industrie begann die Vorstellung zu verbreiten, dass ein Paar nicht einfach aus zwei einzelnen Seelen besteht, sondern ein »System« mit einer eigenen Geschichte und Dynamik ist. »Die Beziehung« wurde schon bald zu einem eigenständigen »Wesen«, das von Fachleuten untersucht werden konnte. Dieser systemische Ansatz ging davon aus, dass, obwohl in der Regel nur einer der Partner fremdging, der andere dabei ebenfalls eine Rolle spielte. Die Therapeuten fingen an, die Paardynamik ihrer Klienten unter die Lupe zu nehmen, um Aufschluss über mögliche Ursachen zu gewinnen und in der Kindheit beider Partner nach ungelösten Konflikten zu suchen, die die Untreue des einen erklären würden.

In der Zwischenzeit machten die steigenden Scheidungszahlen, die im Jahre 1979 ihren Höhepunkt erreichten, Beziehungsprobleme zu einem nationalen Problem. Die Zahl der praktizierenden Ehe- und Paartherapeuten schnellte auf etwa 22 000 im Jahre 1987 hoch und verdoppelte sich im darauffolgenden Jahrzehnt noch einmal. Die Vorstellung von der »Affäre als Symptom« fand Eingang ins kollektive Bewusstsein der Amerikaner. Im 1989 produzierten Film *Harry und Sally* erzählt Harry seinem besten Freund Jess, dass seine Frau ihn gerade wegen eines Wirtschaftsanwalts verlassen hat:

Jess: Ehen scheitern nicht an Untreue. Sie ist nur ein Symptom dafür, dass irgendetwas anderes nicht in Ordnung ist.
Harry: Tatsächlich? Nun, das »Symptom« vögelt meine Frau.

In den 1990ern präzisierten die Fachleute ihre Vorstellungen über die Ursachen von Beziehungsproblemen. Deborah Tannens Bestseller *Du kannst mich einfach nicht verstehen* und John Grays *Männer sind vom Mars, Frauen von der Venus* gehen davon aus, dass Männer und Frauen eher über ihre unterschiedlichen Kommunikationsstile stolpern als über ihr »emotionales Gepäck«. Einige Therapeuten begannen sogar, demjenigen die Schuld an der Affäre zu geben, der sie hatte, obwohl sich der Missetäter immer noch umdrehen und die Schuld auf seine Eltern schieben konnte.

Im Jahre 1998 bescherte die Clinton-Lewinsky-Affäre den flügge gewordenen Ehebruch-Experten beste Sendezeiten. »Als ich vor 20 Jahren anfing, wurde Untreue noch nicht einmal in den klassischen familientherapeutischen Schriften erwähnt«, sagte der Psychologe Don-David Lustermann, Autor des Buches *Infidelity: A Survival Guide*, der *New York Times*.

Dank der neuen landesweiten Sex-Studien gab es endlich ein paar zuverlässige Daten über Affären. Wissenschaftler entwickelten Gleichungen, um vorhersagen zu können, wie ein »rational Handelnder« den »totalen Nutzen« einer Affäre abwägt, und untersuchten, ob es einen Unterschied machte, wie häufig jemand an Sex dachte und wie schuldig er sich dabei fühlte. Die AmerikanerInnen erfuhren, dass 98% der Männer und 78% der Frauen sich schon einmal vorgestellt haben, Sex mit jemand anderem als ihrem Partner zu haben, und dass die Wahrscheinlichkeit eines Ehebruchs bei Menschen, die täglich an Sex denken, um 22% höher ist als bei Leuten, die nur ein paar Mal pro Woche daran denken. Sie erfuhren außerdem, dass die Wahrscheinlichkeit außerehelicher sexueller Beziehungen bei Personen, die gerne mit der Familie ihres Partners oder ihrer Partnerin zusammen sind, um 24% niedriger ist.

Die Therapeuten kamen zu dem Schluss, dass »Langeweile« für die 1990er war, was »Frigidität« für die 1950er-Jahre gewesen war. Ehemänner hatten keine Affären mit ihren attraktiven jungen Sekretärinnen, sondern ließen sich oft mit Frauen ein, die älter und weniger gutaussehend, dafür aber interessanter als ihre Ehefrauen waren. Das *Ladies Home Journal* machte seinen Leserinnen klar, dass man seinen Mann nicht hält, indem man abnimmt und neue Unterwäsche kauft, sondern, indem man »liest, liest und nochmal liest und dann mit ihm über Bücher, Artikel, Filme und Nachrichten spricht … Denken Sie daran: in einer gesunden Ehe geht es weder um Bequemlichkeit noch um den Status quo. Wenn Sie sich auf Bequemlichkeit einrichten, wird Ihre Ehe verkümmern.«

Solche Botschaften hörten Amerikanerinnen auch immer öfter in den Praxen der Therapeuten. Bis zum Jahre 2004 war die Zahl der Ehe- und Familientherapeuten in Amerika auf über 50 000 gestiegen. Eine Unternehmensgruppe schätzt, dass 2,6% aller verheirateten Paare jährlich einen Therapeuten aufsuchen – das entspricht etwa dem Prozentsatz derjenigen, die angeben, im vergangenen Jahr Ehebruch begangen zu haben. Auch Psychologen, Psychiater und Sozialarbeiter behandeln Paare. Die neueren Forschungsergebnisse über Affären riefen ein wachsendes Heer von »Ehe-Experten« jener Sorte auf den Plan, wie man sie bei der *Smart Marriages Conference* antrifft. Sie argumentierten, ein Paar brauche keine jahrelange Therapie, sondern eher ein paar praktische Tipps und Techniken, die man an einem verlängerten Wochenende vermitteln könne. Sie haben zwar keine wissenschaftlichen Belege für ihre Behauptungen, bieten dafür aber begeisterte Dankesschreiben ehemaliger Klienten zur Einsicht an.

In ihrem 2003 veröffentlichten Buch *NOT Just Friends* verkündete Shirley Glass, eine Psychologin aus Maryland, die Neuigkeit, dass auch glücklich Verheiratete ihre Partner betrügen. Sie erklärte, die tägliche enge Zusammenarbeit in den Betrieben und gemeinsame Geschäftsreisen führten dazu, dass aus kollegialen Freundschaften zwischen Männern und Frauen oft unmerklich Romanzen würden. Das gilt laut Glass sogar für Menschen, die zu Hause großartigen Sex haben. Glass und andere begannen auch über die »emotionalen Affären« zu schreiben, die ihre Klienten am Arbeitsplatz oder im Internet hatten und vor ihren Ehepartnern geheim hielten. Dadurch veränderten sich die Ansichten über Ehebruch ein weiteres Mal. Bei Affären geht es also nicht vorrangig oder zwangsläufig um Sex – man kann auch eine Affäre haben, ohne ein einziges Kleidungsstück auszuziehen. Die Amerikaner prägten ein neues Mantra, das ich auf meinen Reisen kreuz und quer durchs Land immer wieder zu hören bekam: Es geht nicht um den Sex, sondern um die Lüge.

Da die Lüge das Problem ist, wurde in Amerika das Beichten zum Allheilmittel für Untreue. Viele Therapeuten sind der Ansicht, dass eine Ehefrau das Recht hat, ihren Ehemann nach den Einzelheiten jeder E-Mail und jeder sexuellen Handlung seiner Geliebten auszufragen. Das wird damit begründet, dass die Beziehung zwischen Ehemann und Ehefrau transparent sein sollte. Manche Paare fertigen eine genaue chronologische Aufstellung über den gesamten Zeitraum der Untreue an, selbst wenn sie mehrere Jahre dauerte. Dieser Prozess kommt erst zum Stillstand, wenn die Ehefrau es nicht mehr erträgt oder wenn sie sich damit zufriedengibt, dass sie jede einzelne seiner Lügen aufgedeckt hat. Sollten danach noch ein paar verirrte Lügen durchsickern, kann das bei der Frau traumatische Rückfälle auslösen.

Viele Menschen in anderen Ländern wollten mir nicht glauben, als ich ihnen von Amerikas Beicht-Medizin erzählte. Sie waren der Meinung, dass sich ein betrogener Ehepartner noch schlechter fühlt, wenn er die Einzelheiten kennt. Aber die Beicht-Kur ist in Amerika inzwischen so verbreitet, dass sie auf den Websites für Leute mit fremdgehenden Partnern zum »Evangelium« geworden ist. Auf der häufig frequentierten Website SurvivingInfidelity.com schreibt »Erica«, sie hätte 20 Monate damit verbracht, ihren Ehemann über seine Affäre auszufragen, »und dann machten wir uns gemeinsam daran, aus den Aufzeichnungen aus meinem Terminkalender, den E-Mail-Protokollen, den Fotoalben, Visa-Quittungen und alten Spesenabrechnungen meines Mannes eine Chronologie dieser zweieinhalb Jahre dauernden Untreuephase zu erstellen.«

Die Mitglieder von Untreue-Internetforen sind gnadenlos moralisch. Um ihren Opferstatus zu betonen, wählen sie Pseudonyme wie »so_lost« (so_verloren), »choking« (tränenerstickt) und »15ysfornothing« (15jahreumsonst). Die E-Mails, die sie miteinander austauschen, klingen wie Kriegsberichte: »Mein D-Day liegt noch keine zwei Monate zurück und ich bin mir nicht sicher, ob wir uns wirklich schon in der R-Phase befinden, obwohl sich die FWH das wünscht.«

D-day oder »Discovery Day« ist der Tag, an dem eine Person die Affäre des Partners entdeckt. Die emotionale Zeitrechnung beginnt an diesem Tag. R steht für »Recovery«, also für Heilung (manchmal auch für Relationship = Beziehung) und der FWH ist der »former wayward husband« (der ehemals abtrünnige Ehemann). Weitere Abkürzungen sind OW für »other woman« (die andere Frau), BS für »betrayed spouse« (betrogener Ehepartner), Mom für »maybe other man« (möglicher anderer Mann), XOP für »ex-other-person« (ehemalige andere Person), ONS für »one-night-stand« (einmaliger Seitensprung), NC für »no contact« (kein Kontakt), SITD für »still in the dark« (immer noch im Dunkeln) und NPD für »narcisstic personality disorder« (narzisstische Persönlichkeitsstörung). Ein »Kuchenmann« ist kein Konditor, sondern ein Ehemann, der beide behalten will: seine Ehefrau und die Geliebte.

Das Leben ist komplex, aber die Regeln auf diesen Websites sind einfach. Ein »abtrünniger Ehemann« muss sich an einen strikt vorgegebenen Ablauf von Entschuldigungen und Buße halten. Wenn eine Frau schreibt, dass sie zu einer Tagung fährt, auf der sie ihrem früheren Liebhaber begegnen wird, rät ihr ein Site-Administrator, ihm folgende E-Mail zu schreiben: »XOP, ich arbeite aktiv an meiner Ehe. Bitte nimm keinen privaten Kontakt mit mir auf und sprich mich nicht auf einer persönlichen Ebene an. Ich wünsche dir noch einen schönen Tag.«

Im wirklichen Leben denken sich AmerikanerInnen Geschichten aus, um ihre Affären – zumindest vor sich selbst – zu rechtfertigen. Aber der Ethos dieser Websites ist, dass Untreue durch nichts zu entschuldigen ist. Leute, die behaupten, ihren Affären-Partner zu lieben, werden darüber informiert, dass sie sich in einem semi-hypnotischen Zustand befinden, der »Ehebruch-Nebel« genannt wird. Wenn eine verheiratete Frau aus Texas schreibt, dass sie sich wieder in ihren Ex-Verlobten verliebt hat, bekommt sie zur Antwort: »Deine Gefühle sind nichts anderes als chemische Prozesse … es ist so etwas Ähnliches wie eine Sucht.«

Im Internet konkurrieren alle um die moralische Überlegenheit. Die Mitglieder eines anderen Internetforums namens TOW für »The Other Woman« (die andere Frau) beschreiben ihre eigene Mischung aus Verzweiflung, Einsamkeit und Selbstzweifeln. Eine Frau schreibt: »Ich würde meine Affäre gerne auffliegen lassen – aber indirekt … ich möchte es seiner W (Wife = Ehefrau) nicht direkt ins Gesicht sagen, aber ich will, dass sie es herausfindet. Irgendwelche Vorschläge???« Innerhalb von drei Tagen erhält sie 79 Antworten: vom Vorschlag, ihren Namen mit wasserfestem Tintenstift auf den Penis ihres Liebhabers zu schreiben, bis hin zu der Warnung, dass »D-days« für »andere Frauen« wie sie immer ein schlimmes Ende nehmen.

Wenn ich früher das Wort »Instandsetzung« hörte, dachte ich normalerweise an Baumärkte oder antikes Mobiliar. Doch seit ich einige Zeit mit wiedergeborenen Christen in Amerika verbracht habe, kommt mir bei diesem Wort jedes Mal außerehelicher Sex in den Sinn. Überall im Land haben bibeltreue Christen ihre eigenen Ableger der Ehe-Industrie gegründet, beruhend auf der Erkenntnis, dass Ehen sogar nach einem Ehebruch wieder »instand gesetzt« werden können. »Gott ist im Instandsetzungsgeschäft tätig. Das macht er am liebsten: Ehen instand setzen«, sagt Daley McCray, ein Pastor in Kendall Lakes, Florida.

Obwohl im Alten Testament steht, dass Ehebruch ein Scheidungsgrund ist, haben amerikanische Christen die strategische Überlegung angestellt, dass es, wenn Ehen an Affären scheitern, sehr schwierig ist, das viel größere Problem der

Scheidung in den Griff zu bekommen. Vorbei die Zeiten, da fremdgehende Ehemänner aus ihrer Kirche gejagt wurden oder Pastoren indirekt über Affären predigten. In Kirchen, die ihre Sonntagsgottesdienste ohnehin bereits in Selbsthilfekurse umfunktioniert hatten, wird nun offen über Untreue gesprochen. Um untreue Paare beisammenzuhalten, vermischen christliche Eheberater biblische Aussagen mit modernen therapeutischen Ansätzen. »Wir beten nicht einfach für alle im Namen Jesu und damit Schluss. Es ist eher kognitive Verhaltenstherapie mit einem Schuss Metaphysik«, erklärt einer von ihnen. In ihrem Buch *Avoiding the Greener Grass Syndrome* rät Nancy Anderson, die eine intensive Liebesaffäre mit einem Arbeitskollegen hatte und kürzlich ihren Ehemann für ihren Liebhaber verließ, den LeserInnen, sich selbst zu fragen: »*Würde ich das vor meinem Ehepartner tun?*« Und wenn Sie nicht sicher sind, dann fragen Sie sich: »*Würde ich es vor dem Herrn tun?*« Anderson erklärt ihren Lesern, wie sie die »Untreue-Gefahrenzone« am Arbeitsplatz meiden können. Sie empfiehlt, nicht allein mit einer Person des anderen Geschlechts im Auto unterwegs zu sein, stets positiv über den eigenen Ehepartner zu sprechen und »längeren Augenkontakt« zu vermeiden. Für Geschäftsreisen hat sie den Tipp parat, einen Hotelangestellten zu bitten, alle TV-Kanäle für Erwachsene abzuschalten. Ist die Anziehungskraft eines Arbeitskollegen trotz allem stärker als diese Verteidigungswälle, sollte man »den Wechsel in eine andere Abteilung, eine andere Firma, eine andere Position in Erwägung ziehen oder den Job vielleicht ganz aufgeben. Kein Job ist mehr wert als Ihre Ehe.«

Die meisten christlichen Seminare werden von Paaren wie Ben und Ann Wilson aus Littleton, Colorado, gehalten, die zu der Überzeugung gelangten, dass ihr eigenes Problem mit der Untreue in Wirklichkeit ein religiöser Weckruf war. Ben hatte

1994 gerade begonnen, sich auf den Abschluss seines Theologiestudiums in Kansas City vorzubereiten, als Ann, heute 42, eine dreijährige Affäre beichtete. Ihr damaliger Weg durch die Hölle und das anschließende Zusammenflicken ihrer Ehe bilden heute die Grundlage für ihren Kurs »Marriage Restored« (Die wiederhergestellte Ehe) mit einem Internet-Blog, einem zehnwöchigen Seminar in ihrer evangelikalen Kirche und einem Dreitages-Workshop. In einer Kirchenbroschüre heißt es, der Kurs sei für »Ehepaare mit Näheproblemen«, aber jeder, der hingeht, weiß, warum er da ist und worüber er sprechen wird.

Wenn Ben und Ann den Ehepaaren im Seminar ihre eigene Geschichte erzählen, versuchen sie, schlüpfrige Details zu vermeiden und weisen stattdessen auf Parallelen zur Geschichte Jesu mit Tod und Auferstehung hin. »Wenn man wollte, könnte man fast eine pornographische Veranstaltung daraus machen«, sagt Ben, 44. Er erzählt, dass er zu betroffenen Paaren sagt: »Als ich es erfuhr, war das Beste, was ich tat, dass ich jeden Tag so viel Schmerz zuließ, wie ich konnte. So begann meine Heilung.« Ben und Ann beraten die Teilnehmer sogar in der Frage, wie man es den Kindern beibringen sollte. Zu ihren eigenen Kindern sagten sie, dass »Mama Sex mit einem anderen Mann [hatte] und dass ich wütend war und wir eine Weile brauchen würden, um damit fertig zu werden.«

Selbst für einen christlichen »Soldaten des Herrn« ist es hart, im Schützengraben der Untreue zu kämpfen. Die Seminare der Wilsons sind nicht immer voll und außerdem ist da die emotionale Belastung, immer wieder die eigene Geschichte erzählen zu müssen. »Wenn Gott mich in zehn Jahren ruft und zu mir sagt: ›Wir brauchen dich nicht mehr als Berater für untreue Paare‹, wäre ein Teil von mir erleichtert.«

Die extremste Gruppe von Anti-Scheidungs-Christen waren die Covenant Keepers Inc. mit Hauptsitz in Tulsa, Oklahoma.

Ihr wichtigster Leitsatz ist, dass Ehen unter fast allen Umständen aufrechterhalten werden sollten. Die Anhänger dieser Gruppe machen einen Prozess durch, den sie »Einstehen« für ihre Ehe nennen. Wenn ein Mann seine Frau verlässt oder sogar wieder heiratet, verzichtet sie auf Sex mit irgendjemand anderem, fastet und betet zu Gott, ihren Mann wieder nach Hause zu schicken. Etwa drei Dutzend Gruppen in verschiedenen Staaten bieten emotionale und spirituelle Unterstützung während dieses Prozesses an, der Jahre oder sogar Jahrzehnte dauern kann.

Die Bibel bezeichnet Ehebruch als Sünde, aber die Covenant Keepers betonen, dass es ein »verzeihliches« Vergehen ist, da eine Scheidung viel schlimmer sei. »Wir glauben, dass ER ein Ehepaar wirklich zu »einem Fleisch« werden lässt, weil die Ehe ein Gelöbnis ist. Wenn man sich scheiden lässt, ist es, als ob einem ein Arm abgehackt würde. Deshalb tun Scheidungen so weh«, erklärt Naomi, die den südöstlichen Zweig der Covenant Keepers von ihrem Haus in North Carolina aus »managt«.

Naomi war seit 17 Jahren verheiratet, als ihr Mann Alfred sie wegen einer Kollegin, die in derselben IT-Firma arbeitete, verließ. Naomi verabredete sich nicht mit anderen Männern und verhielt sich weiterhin »wie eine verheiratete Frau«, obgleich sie offiziell geschieden war. »Alle meine Freundinnen sagten zu mir: ›Dieser Mann ist weg. Er ist jetzt mit jemand anderem verheiratet.‹ Aber Gott sagte zu mir: ›Halte dein Treuegelöbnis.‹ Und er will, dass wir das unter allen Umständen tun, ob sich unser Ehepartner daran hält oder nicht.« Was den spirituellen Weg von Alfreds neuer Frau betraf, »erkannte ich, dass Gott einen Plan und eine Bestimmung für ihr Leben hatte. Doch mein Ehemann gehörte nicht dazu.«

Nach elf Jahren kehrte Alfred tatsächlich nach Hause zurück. Das Paar heiratete ein zweites Mal und ist inzwischen bereits

wieder über zehn Jahre zusammen. Aber nicht alle abtrün-
nigen Ehepartner reagieren auf Gebete. Die Gründerin der
Covenant Keepers, die den gemeinnützigen Verein 1987 ins
Leben rief, nachdem sie von ihrem Ehemann verlassen worden war, ist immer noch »standhaft«, wie mir die Organisatorin der Gruppe erzählt. Naomi erklärt, dass sie zu Leuten,
deren Ehepartner nicht reagieren, sagt, sie würden trotzdem
auf irgendeine Weise für ihre Treue und Standhaftigkeit
belohnt.

Es ist kaum möglich, den Einfluss der Ehe-Industrie übertrieben darzustellen. Sogar Menschen, die sich normalerweise
darüber lustig machen, stellen plötzlich fest, dass sie sich an
ihr Drehbuch halten. Julia, 34, trennen Welten von den Covenant Keepers oder ähnlichen Gruppen. Sie ist eine weltlich
orientierte, politisch liberal eingestellte Fernsehproduzentin,
die in Manhattan arbeitet und in einem New Yorker Vorort in
New Jersey lebt. Sie chattet nicht mit Fremden über ihre Ehe
und sie hat noch nie ein Beziehungsseminar besucht. Trotzdem hat sie die Werte und selbst den Jargon der Ehe-Industrie
ganz und gar verinnerlicht.
Ich treffe mich mit Julia in einem Sushi-Restaurant in New
Jersey. Sie ist Mutter eines Säuglings und eines Kleinkinds. Sie
ist energiegeladen, eloquent und rappeldürr. Nachdem wir
uns ein paar Minuten unterhalten haben, wird mir klar, dass
sie auf Untreue-Diät war. Kurz nach dem D-day hören die
Leute auf zu essen. (Als mein Mann das hörte, bot er an, sich
auf eine Affäre einzulassen, sollte ich je Speck ansetzen.)
Julia schöpfte Verdacht, als sie im Arbeitszimmer ihres Mannes in der ausgehenden Post einen pinkfarbenen Umschlag
entdeckte, der an eine Kollegin adressiert war. Er behauptete,
es sei eine Freundschaftskarte, die Frau würde sich gerade
scheiden lassen, weil ihr Mann eine Affäre hätte. Julia erzähl-

te diese Geschichte einigen Freunden am Arbeitsplatz. »Die Männer aus meinem Freundeskreis sagten: ›Männer schicken keine Karten – vor allem nicht in pinkfarbenen Umschlägen – an Leute, mit denen sie nur befreundet sind. Er geht mit ihr ins Bett.‹« Sie fand das absurd. Aber dann kam sie eines Tages in sein Arbeitszimmer und sah eine E-Mail auf dem Bildschirm. »Küss mich«, stand da in riesigen Buchstaben. Er sagte, es sei nur ein kleiner Flirt. »Ich erwiderte: ›Ich flirte mit den tollsten Männern, aber man schreibt niemandem ›Küss mich‹, den man noch nie geküsst hat.‹« Einige Zeit später warf Julia wieder einen Blick auf seinen Bildschirm und entdeckte eine E-Mail, mit der dieselbe Frau sich bei ihm dafür bedankte, dass er sie zu einer Broadway-Show in New York ausgeführt hatte.

»Ich rastete natürlich aus. Ich ging aus dem Arbeitszimmer zu ihm ins Wohnzimmer und sagte: ›Was zum Teufel geht hier vor?‹«

Ihr Mann beteuerte wieder, dass sie nur Freunde seien, aber Julia war außer sich. Sie tat, was ihrer Meinung nach jeder in ihrer Situation tun würde. »An diesem Abend sagte ich zu ihm: ›Du musst gehen.‹« Warum hatte sie so entschieden? »Weil … ich weiß nicht, das tut man doch in so einer Situation, oder nicht? Man findet etwas heraus und dann muss der andere gehen. Hätte ich etwa sagen sollen: ›In Ordnung, gute Nacht‹, und dann wäre er ins Bett gekommen?« Obwohl der Rauswurf ihres Mannes die einzig mögliche Reaktion zu sein schien, war sie doch direkt dem amerikanischen Drehbuch entlehnt.

Julias Mann zog schließlich wieder zu Hause ein, aber er gab immer noch nicht zu, dass er und die andere Frau mehr als nur gute Freunde waren. Julia wusste nicht, woran sie war. Alles deutete auf eine Affäre hin, aber sie hatte keine Beweise. Sie befürchtete, untergebuttert zu werden, wenn sie nicht wusste, was wirklich los war. »Ich startete einen persönlichen Feldzug, um jedes Fitzelchen an Information zu bekommen, das ich auftreiben konnte.«

In einem einschlägigen Laden besorgte Julia sich die nötige Ausrüstung, um das Arbeitszimmer ihres Mannes elektronisch zu überwachen. Jeden Morgen gegen zwei Uhr, wenn ihre Kinder oben schlummerten und ihr Mann auf dem Gästebett im Untergeschoss schlief, schlich sie sich in sein Büro, durchstöberte seine E-Mails und hörte die Nachrichten auf seinen Anrufbeantworter ab. »Dann verbrachte ich weitere Stunden damit, mir alle Telefonate anzuhören, die er an diesem Tag geführt hatte. Ich meine … ich schlief monatelang kaum. Ich war wie besessen. Ich nahm 15 Pfund ab und ich wiege ja kaum 15 Pfund. Mir war so elend. Ich konnte nichts mehr bei mir behalten. Ich zitterte immerzu. Ich war ein Wrack. Und ich war besessen von dieser Jagd.« Diese Fahndung nach allen Details der Affäre stammt natürlich ebenfalls direkt aus dem Drehbuch der Ehe-Industrie. Julia hegte den Verdacht, dass ihr Mann alle E-Mails dieser Frau archiviert hatte, aber auf seinem Computer waren so viele Dateien, die mit seiner Arbeit zu tun hatten, dass sie nichts finden konnte. Als er einmal auswärts an einer Beerdigung teilnahm, beschloss sie, sich jede einzelne Datei auf seinem Computer anzusehen. Schließlich traf sie ins Schwarze. Die Datei war unter dem Mädchennamen der Frau abgespeichert. Und weil diese bei der ersten sexuellen Begegnung betrunken gewesen war und sich an nichts erinnern konnte, hatte Julias Mann ihr den gesamten Ablauf noch einmal in allen Einzelheiten geschildert. Julia fand auch Schilderungen von Treffen in verschiedenen Städten, die zu Zeiten stattgefunden hatten, als er eigentlich woanders auf Geschäftsreisen hätte sein sollen. Sie hatte die Flugpläne. »Ich setzte die Puzzlestücke aller Begegnungen zusammen, die innerhalb der letzten anderthalb Jahre zwischen ihnen stattgefunden hatten«, sagt Julia. »Einerseits ist man aufgeregt, andererseits würde man sich am liebsten gleich umbringen.« Sie druckte alles aus und legte es auf seinen Schreibtisch.

Ihre Kollegen, denen sie von ihren Entdeckungen berichtete, sagten: »Wir haben dir doch gleich gesagt, dass Männer keine pinkfarbenen Umschläge kaufen.«

Obwohl die Erkenntnisse der Ehe-Industrie allgegenwärtig sind, wurde bisher sehr wenig davon überprüft. Es gibt keinen empirischen Nachweis, dass dein Partner leichter über deine Affäre hinwegkommt, wenn du ihm alle köstlichen Einzelheiten erzählst, oder dass Paare umso glücklicher sind, je ehrlicher sie zueinander sind. Was, wenn es genau umgekehrt ist und weniger Ehrlichkeit uns glücklicher machen würde? Und was wäre, wenn wir Ehebruch nicht wie einen fremden Eindringling betrachten würden, der unschädlich gemacht werden muss, sondern einfach als eine der Tatsachen des Lebens? Würde ihm das zumindest teilweise den Stachel nehmen? Wenn irgendjemand mit Affären umgehen kann, dann die Franzosen, denke ich. Also fange ich an, da herumzustöbern, wo ich lebe: in Paris.

Frankreich: Alles ganz locker?

Es ist im Januar 1996. Im französischen Dorf Jarnac, in dem er geboren wurde, liegt François Mitterrand 79 Jahre später in einem geschlossenen Eichensarg. Davor stehen seine Ehefrau Danielle und seine zwei Söhne. Einen Schritt dahinter steht Anne Pingeot, die langjährige Geliebte des Ex-Präsidenten. Neben Danielle und ihren Söhnen steht Mazarine Pingeot, die 21-jährige uneheliche Tochter von Mitterrand und Anne.

Diese Szene schien damals aller Welt zu bestätigen, was jeder ohnehin schon über Frankreich wusste: dass Ehebruch dort ein nationales Hobby ist, dass französische Ehefrauen die Geliebten ihrer Männer tolerieren (und vielleicht selbst einen haben) und dass es sich für eine kultivierte Person in Frankreich einfach gehört, eine Affäre zu haben – so wie das Essen von Gänseleberpastete. Man nahm an, dass sich kein einziger Pariser an seinem Café Crème verschluckte, als dieses Foto in Frankreichs Morgenzeitungen erschien. Als ich von New York nach Paris zog, erwiesen sich viele meiner Klischeevorstellungen über Frankreich ziemlich schnell als richtig. Pariser Frauen sind wirklich schön. Ich werde oft von Kellnerinnen beschämt, die eine so perfekte Haut haben, dass sie auf L'Oreal-Werbeanzeigen erscheinen sollten. In den überfüllten öffentlichen Schwimmbädern hat niemand Cellulite – noch nicht einmal die Mütter. Schwangere Frauen bekommen kurzzeitig eine kleine Kuppel als Bauch und passen ein paar

Wochen nach der Entbindung wieder in ihre engen Jeans. Pariser achten auch sehr auf ihre Kleidung. Kein Mensch würde je in Jogginghosen Lebensmittel einkaufen. Die Leute sehen die Konsequenzen für Frauen, die sich gehen lassen, einfach realistisch. Eine Mittvierzigerin mit zwei Kindern raunt mir verächtlich zu, es sei kein Wunder, dass Präsident Jacques Chirac ein Lebemann sei: seine Frau Bernadette hätte immer so einen mürrischen Gesichtsausdruck.

Wenn man gut aussieht, macht Flirten mehr Spaß. Auf Dinnerpartys schauen mir die Ehemänner und Partner anderer Frauen immer ein bisschen länger in die Augen, als es selbst der lüsternste amerikanische Mann je wagen würde. Ich finde nie heraus, ob diese Annäherungsversuche zu mehr führen würden, aber das müssen sie auch gar nicht. Mit dem Partner von jemand anderem zu flirten ist kein Betrug am Ehegatten und auch kein »Einstieg« zu außerehelichem Sex. Es ist einfach eine harmlose Art, sich zu vergnügen.

In Frankreich betrachtet man Treue als Idee, mit der man spielen kann, ohne gnadenlos in die Sünde zu schlittern. Einer meiner Französischlehrer schlägt mir vor, mein Französisch in einer *école horizontale* (Lernen in der Horizontalen) aufzufrischen – das heißt, mich so lange mit einem Franzosen einzulassen, bis ich die Zeiten beherrsche. Mein Mann ist fast damit einverstanden, dass wir es beide machen, bis ich damit herausrücke, dass ich mir meinen neuen »Lehrer« schon ausgesucht habe.

In der Pariser Métro fällt mir auf, dass französische Unternehmen und Werbeagenturen regelmäßig Witze über Untreue machen. Auf einer Reklametafel preist eine Kino-Kette eine »Treue-Karte« für Stammkunden mit dem Spruch an: DER SOMMER IST VORBEI, SEI WIEDER TREU. Die Werbeanzeige eines Optikers für eine Ersatzbrille zeigt einen Bräutigam mit einer Braut an jedem Arm. In der Vorweih-

nachtszeit stellt ein Schokoladenhersteller sogar Spekulatio-
nen darüber an, wie der Weihnachtsmann sich warm hält,
wenn er Geschenke ausliefert: In einem TV-Werbespot sieht
man ihn in seinem Schlitten in Begleitung einer reizenden
jungen Frau, die offensichtlich nicht Frau Weihnachtsmann
ist.

Praktisch überall findet man Hinweise auf die mit Ehebruch
verbundene französische Liebesaffäre. Fast jede Liebeskomödie
dreht sich um verheiratete Leute und ihre LiebhaberInnen.
Und meistens muss niemand sterben! In einem typischen
Film fährt ein Ehepaar mit seinen Kindern ins Landhaus der
Familie in Südfrankreich. Es dauert nicht lange, bis der Liebhaber der Frau auftaucht, um sich mit ihr am Strand zu treffen, und der Vater zufällig einem Jugendfreund wiederbegeg-
net und feststellt, dass er schwul ist. Gegen Ende des Films gibt
es tränenreiche Beichten zwischen dem Ehemann und seiner
Frau, beide holen ihre Liebhaber zu sich ins Haus und alle singen, zusammen mit den Kindern, ein fröhliches Abschiedslied
für die Zuschauer. Das stellt die Szenarien der amerikanischen
Filme auf den Kopf, in denen immer derjenige der Bösewicht
ist, der die Affäre hat. In französischen Filmen weist die Tatsache, dass man eine Affäre hat, lediglich darauf hin, dass man
die Hauptfigur des Films ist. Kurzum, es sieht so aus, als könnte Frankreich zur Fundgrube für dieses Buch werden.

Zu meiner Verwunderung zeigt sich jedoch, dass hier manches
nicht zusammenpasst. Ich wohne bereits seit mehreren Monaten in Paris, als eines der führenden Wochenmagazine in
seinem Aufmacher erklärt, »Ehebruch« sei kein Tabu mehr.
Das ergibt keinen Sinn angesichts meiner Vermutung, dass
es von vorneherein kein Ehebruch-Tabu gab. Noch verblüf-
fender finde ich, dass die französische Schauspielerin, um
die es in dieser Geschichte geht, sagt, sie habe erst gewagt,
öffentlich über die Untreue ihres Partners zu sprechen, nach-

dem die amerikanische Schauspielerin Uma Thurman es getan hatte. »Das ist sehr amerikanisch. Hier passiert das nie«,
sagt sie.

Mir fällt außerdem auf, dass die Frauenzeitschriften alles andere als gelassen mit dem Thema Affären umgehen. In vielen
Artikeln werden dieselben Fragen erörtert wie in den amerikanischen Magazinen: »Wie hält man fremdgehende Lebens-
gefährten und Ehemänner im Zaum, wie sollte man sich verhalten, wenn man den Verdacht hegt, dass der Partner fremdgegangen ist, wie wird man die gefährliche »beste Freundin«
des Partners los, ist Online-Sex bereits Betrug? Französische
Frauen sind verblüfft, wenn ich ihnen erzähle, welchen Ruf sie
in aller Welt als tolerante Frauen genießen, die locker mit
Untreue umgehen. »Würde es Ihnen gefallen, wenn Ihr Partner fremdginge?«, antwortet eine.

Ein Interviewtermin nach dem anderen platzt. Freunde von
Freunden sagen Verabredungen ab. E-Mails bleiben unbeant-
wortet. Leute, die anfangs von meinem Thema begeistert sind,
machen einen Rückzieher, sobald ich mein Notebook hervor-
hole. Sogar in Paris will man noch nicht einmal anonym mit
mir darüber sprechen. Als ich mich bei einem französischen
Freund und seiner Lebensgefährtin darüber beklage, hat die
junge Frau Mitleid und erklärt mir, dass ich gegen *pudeur*
anrenne (ein französischer Begriff, dessen Bedeutung etwa
zwischen Schamhaftigkeit, Privatsphäre und Rückzug liegt).
Sie bietet an, mir zu helfen. Aber dann beantwortet auch
sie meine Anrufe nicht mehr. Wenn ich nicht in Frankreich
wohnen würde, hätte ich das Land vielleicht mit einem leeren
Laptop verlassen. Wenn alle »*Cinq à Septs*« hatten, die
berühmten »Fünf-bis-sieben-Uhr-Rendezvous«, bei denen
man sich mit seinem oder seiner Geliebten trifft, bevor man
zum Abendessen nach Hause eilt, würden mir doch sicher
ein paar Leute davon erzählen?

Und dann stoße ich auf ein paar Statistiken, die alle Klischees über Frankreich, die ich im Kopf hatte, Lügen strafen. Es stellt sich heraus, dass Franzosen und Amerikaner in vergleichenden Sex-Studien fast identische Monogamie-Raten angeben und dass die meisten Franzosen und Französinnen umwerfend und langweilig treu sind. Sie heiraten mit Ende zwanzig oder Anfang dreißig, verbringen den Rest ihres Lebens zusammen und haben jahraus, jahrein verlässlichen ehelichen Sex mit demselben Partner.

Alain Giami, Co-Autor einer vergleichenden Studie über sexuelle Gewohnheiten in Frankreich und Amerika, behauptet, dass Franzosen nicht nur während der Werbephase treuer sind, sondern dass sowohl französische Ehen als auch Affären haltbarer sind als amerikanische. »In Frankreich scheint eine mit Sex verbundene Beziehung mit einem höheren Maß an Bindung einherzugehen als in den USA«, schreibt Giami.

Die amerikanische Angewohnheit, gleichzeitig mit mehreren VerehrerInnen zu »jonglieren«, wirkt auf die meisten Franzosen befremdlich. Wenn sie einander geküsst haben – und auf jeden Fall, wenn sie miteinander geschlafen haben –, gehen Franzosen davon aus, dass ihre Beziehung monogam ist. »Es kommt selten genug vor, dass man jemandem begegnet, zu dem man sich wirklich hingezogen fühlt«, sagt eine meiner Freundinnen, eine französische Anwältin Anfang dreißig. »Es wäre doch frivol oder rücksichtslos, zwei Menschen gleichzeitig ›den Hof zu machen‹«. Sie erinnert mich daran, wie sie widerstrebend in ein »Blind-Date« mit einem meiner Freunde einwilligte, der gerade aus New York zu Besuch war. Sie fand ihn nett, »das Arrangement« aber quälend: »Man kann sich doch nicht mit der Absicht, *vielleicht* weiter zu gehen, mit jemandem treffen. Das nimmt der Begegnung jeglichen Zauber.« Je tiefer ich bohre, desto verwirrender wird die Sache. Meinungsumfragen zeigen, dass Treue für französische

Frauen die wichtigste Eigenschaft eines potenziellen Partners ist und dass die »Zärtlichkeit« einer Frau für Männer nur einen geringfügig höheren Stellenwert hat. Beide Geschlechter sind der Meinung, dass nur »der Dialog« noch vor der Treue als Schlüssel zum Glück eines Paares rangiert. Vor die Wahl gestellt, ziehen es Franzosen wie Amerikaner vor, treu zu sein und sind davon überzeugt, dass Monogamie der sicherste Weg zu einer glücklichen Beziehung ist.

Je mehr Leute ich treffe, desto klarer wird mir, dass die Vorstellung, Franzosen würden sich ihre Geliebten in kleinen Appartements »halten«, dem Durchschnitts-Pariser genauso drollig erscheint wie irgendjemandem in Cincinnati. Es ist einfach nicht machbar. Vergessen Sie *Cinq à Sept*. Die Angehörigen von Frankreichs oberer Mittelschicht – jene Menschen, die angeblich die meisten Affären haben –, sind mindestens bis sieben Uhr abends beruflich eingespannt und müssen dann noch eine lange Fahrt mit der Bahn hinter sich bringen, bis sie zu Hause in ihren Vororten ankommen. Seit ich hier ankam, sind die Immobilienpreise enorm gestiegen. Wenn französische »Yuppies« ihre importierten 900-Dollar-Kinderwagen gekauft und ihre Hypothekenzinsen bezahlt haben, bleibt nicht mehr viel übrig, um eine anspruchsvolle Geliebte in einer Zweitwohnung auszuhalten – geschweige denn, die Zeit zu finden, sich dort mit ihr zu treffen. Beim Mittagessen in einem Restaurant auf den Champs-Elysées erzählt mir ein Management-Berater feixend: »Wenn meine Frau und ich Streit haben, sagt sie oft: ›Ich suche mir einen anderen Mann.‹ Und dann lachen wir beide – nein, es würde unser Leben so unendlich kompliziert machen!«

Selbst beim berühmten Foto von Mitterrands Beerdigung zeigte sich, dass die Dinge komplizierter waren, als es zunächst den Anschein hatte. Ich besorgte mir die entsprechenden Zeitungsartikel und erfuhr, dass Mitterrands »zweite Familie«

zwei Jahrzehnte lang wie ein Staatsgeheimnis behandelt worden war. Obwohl man in Politiker- und Journalistenkreisen durchaus von Mazarines Existenz wusste, wurde sie erst 14 Monate vor der Beerdigung aufgedeckt, als das Wochenmagazin *Paris Match* ein Titelfoto druckte, auf dem Mazarine mit ihrem Vater beim Verlassen eines Pariser Restaurants zu sehen ist.

Mitterrand hatte panische Angst vor der öffentlichen Reaktion auf seine zweite Familie. Kurz nach seiner Amtseinführung im Jahre 1981 ließ er eine spezielle Anti-Terror-Einheit zusammenstellen, die, obwohl eigentlich für die Sicherheit des Präsidenten zuständig, viel Zeit damit verbrachte, politische Gegner und Journalisten abzuhören. Sie hätten ja die Wahrheit über Anne und Mazarine oder andere unangenehme Dinge über den Präsidenten ans Licht bringen können (einschließlich der Tatsache, dass er an Krebs im Endstadium litt). Der Präsidentenpalast verhinderte offensichtlich die Veröffentlichung eines Buches mit dem Titel *The Lost Honor of François Mitterrand* (Die verlorene Ehre des François Mitterrand), das Einzelheiten über Mazarine enthielt und erst nach seinem Tode erschien. Als Mitterrands Berater-Stab erfuhr, dass der Autor vorhatte, in einer Live-Talkshow über das Manuskript zu sprechen, wurde die Sendung plötzlich aus dem Programm genommen. Einigen Zeitungsberichten zufolge war die Angst der Regierung, dass etwas durchsickern könnte, so groß, dass sie das Stammcafé des Autors und die Wohnung des Hausmeisters in seinem Appartementhaus verwanzen ließ.

Viele Jahre später beschrieb Mazarine in ihrer 2005 erschienenen Autobiographie: *Bouche Cousue* (Der zugenähte Mund), wie sie sich unter dem Autositz versteckte, wenn sie aus dem Präsidentenpalast gefahren wurde. In Interviews sagte sie, der Zwang »unsichtbar zu bleiben« habe sie so traumatisiert, dass sie sich einer Psychotherapie unterzog. »Ich wurde unehelich geboren und versteckt – die Schande der Republik, ein Affront gegen die Moral«, schreibt sie. Mitterrand, der eine sehr innige Beziehung zu Mazarine entwickelt hatte, ließ kurz vor seinem Tod seinen Namen in ihre Geburtsurkunde eintragen – mit der Auflage, dass seine Vaterschaft erst nach seinem Tod öffentlich gemacht würde. Selbst die Fotos in *Paris Match* sollen von Mitterrands Mitarbeiter-Stab lanciert worden sein, um die Öffentlichkeit vorsichtig an Mazarines Existenz zu gewöhnen.

Welchen Reim soll ich mir auf all das machen? Frankreich, mein vermeintlicher »Volltreffer«, wird allmählich zu einem sehr schwierigen Terrain. Die Franzosen entsprechen so gar nicht den Klischees, die über sie in Umlauf sind. Das Wenige, das ich hier in Erfahrung gebracht habe, weist darauf hin, dass sich die hiesigen Regeln in Bezug auf außerehelichen Sex von den in Amerika geltenden unterscheiden. Aber solange ich keine Menschen finde, die mir ihre Geschichte erzählen wollen, wird dieses Land mit seinen 60 Millionen Einwohnern wohl weiterhin ein Rätsel bleiben.

Meine erste Station ist das Haus von Diane Johnson, einer 70-jährigen amerikanischen Schriftstellerin, die in Paris und San Francisco lebt. Sie schreibt verwickelte Komödien, die in Frankreich spielen und in denen es fast immer um Ehebruch geht. Weil sie, obwohl Ausländerin wie ich, in beiden Kulturen zu Hause ist, denke ich, dass sie mir von ihrer Warte aus vielleicht helfen kann, meine Verwirrung aufzulösen. Johnsons Appartement am linken Seineufer ist die Verkörperung des großbürgerlichen Paris: Stuckdecken, Bücherstapel auf antiken Marmortischen und Parkettböden, die ordentlich knarren, als sie den Kaffee holt. Ihre Welt ist, wie die ihrer Romanfiguren, so hermetisch abgeschlossen, dass sie einräumt, lange Zeit nicht begriffen zu haben, dass nicht alle Franzosen ein

Landhaus besitzen. Als wir auf französische Gepflogenheiten im Hinblick auf Ehebruch zu sprechen kommen, ist Johnson ebenfalls überfragt. »In Wirklichkeit weiß ich nicht besonders viel über die französischen Spielregeln, weil es sehr schwierig ist, etwas darüber herauszufinden. Die Franzosen kennen sie, aber einer Amerikanerin werden sie gewisse Dinge einfach nicht erzählen«, sagt sie. »Man hört natürlich, dass französische Männer Geliebte haben ... Aber man fragt sich, ob das nicht zu einem Frankreich gehört, das es gar nicht mehr gibt oder noch nie wirklich gab ... die Dinge, über die Colette schreibt.«

Colette ist jene Autorin des frühen 20. Jahrhunderts, deren weibliche Charaktere Beziehungen mit verheirateten Männern des Bürgertums nach Lust und Laune eingingen und wieder lösten. Manchmal ging es den Frauen vor allem ums Geld oder andere Annehmlichkeiten, die mit diesen Beziehungen verbunden waren, was irgendwie verständlich ist in einer Zeit, da nur wenige Frauen einen Beruf hatten, Ehen in der Oberschicht praktisch immer noch arrangiert wurden und Scheidungen tabu waren.

Heutzutage, wo man in Frankreich fast ausschließlich aus Liebe heiratet, scheint nicht der Ehebruch das Vermächtnis jener Zeit zu sein, sondern eher die Tatsache, dass französische Männer die Gesellschaft von Frauen als Vergnügen empfinden. Johnson beschreibt ihre täglichen Flirts auf dem Markt, wo es heißt: »Dieses Lammkotelett ... nur für Sie, Madame.« »Das macht den ganzen Einkauf beim Metzger zu einer sehr vergnüglichen und bestätigenden Erfahrung für beide Seiten«, sagt sie.

Laut Johnson lesen die Männer in den Kreisen, in denen sie verkehrt, Modemagazine, betrachten Frauenkleidung in Schaufenstern und begleiten ihre Frauen beim Einkaufsbummel. »Französische Frauen werden Ihnen sagen, dass ihre

Schwiegermütter schreckliche Nervensägen seien, aber die Kehrseite davon ist, dass die Söhne respektvoll sind.«

Im Gegensatz dazu beobachtet sie bei ihren Aufenthalten in Amerika, dass die Beziehungen zwischen den Geschlechtern konfrontativ und irgendwie hysterisch sind. Amerikanische Männer fühlen sich zwar sexuell zu Frauen hingezogen, gehen aber davon aus, dass sie das Verhalten einer Frau nicht verstehen können und ziehen es deshalb vor, sich mit ihren Kumpels Sportsendungen im Fernsehen anzuschauen. »Es gibt da dieses Muster, wo die Frau versucht, von dem Mann etwas Bestimmtes zu bekommen, und der Mann versucht, es ihr nicht zu geben. Oder umgekehrt … Man geht einfach davon aus, dass Enttäuschungen und Groll dazugehören und dass man miteinander verhandeln muss.«

Sie ist der Ansicht, dass amerikanische Frauen auf eine »Mach-mich-glücklich-Fährte« gelockt wurden, ein Modell, bei dem »sie sich am meisten darüber beklagen, dass ihre Männer nicht mit ihnen reden. Aber die Frauen wollen anscheinend nur über die Beziehung reden … Das ist so bedürftig wie langweilig.« Anscheinend glaubt sie, dass es modernen französischen Frauen gelingen könnte, den Teufelskreis aus Vorwürfen und Psychotherapie zu durchbrechen, der charakteristisch für amerikanische Beziehungen ist.

»Französische Kultur«, sagt Johnson, während sie einen braunen Zuckerwürfel in ihren Espresso fallen lässt, »das ist ungefähr wie wir … in Perfektion.«

Ich treffe mich mit Charles in einem verrauchten Café in der Nähe der Bastille, einem Treffpunkt jener attraktiven, wohlhabenden jungen Pariser, die im Volksmund auch *bourgeoise Bohemiens* oder »Bobos« genannt werden. Mit seinen 43 Jahren ist Charles älter als die meisten anderen Gäste. Und obwohl er ein kragenloses weißes Hemd und eine modische schwarze Brille trägt, schätze ich, dass er am bourgeoisen Ende der »Bobo-Skala« rangiert.

Als er mir sein Leben als Arzt im vornehmen Fünften Arrondissement am anderen Seineufer schildert, wirkt Charles auf mich wie einer dieser erfolgreichen Städter, die man oft in französischen Filmen sieht. Er macht Segeltörns mit seinen drei Kindern und spielt Geige in einem Amateurorchester. Er lernte seine Frau, ebenfalls Ärztin, vor 15 Jahren kennen, als beide ihr klinisches Praktikum absolvierten. Gelegentlich hat er eine religiöse Anwandlung, betrachtet sich aber als Agnostiker.

Obwohl wir uns getroffen haben, um über seine außerehelichen Affären zu sprechen, betont er gleich zu Beginn des Gesprächs, dass er mit der Absicht in die Ehe ging, ein Leben lang treu zu sein und es während der ersten zehn Jahre auch war. Das hätte durchaus so weitergehen können, wenn seine Frau sich an ihren Teil des ehelichen Tauschhandels gehalten hätte. Sie war liebevoll, zärtlich und eine gute Mutter, aber sie bemühte sich kein bisschen, sexy zu sein. Charles bat sie, Schuhe mit hohen Absätzen zu tragen und Röcke, die ihre tolle Figur zur Geltung bringen würden. Stattdessen trug sie trotz seiner jahrelangen Bitten sackartige Kleidung und ging aus dem Haus, ohne auch nur Lippenstift aufzulegen. Ihr Interesse an Sex war nicht der Rede wert.

Natürlich gefiel es ihm, dass sie intelligent war, aber Charles sehnte sich nach einer »femininen« Frau. Das war doch wohl nicht zu viel verlangt – vor allem, wenn man sich selbst für einen Romantiker hält. Aber sie war nicht kooperativ. Nach zehn Jahren und trotz der Tatsache, dass man ihn in dem Glauben erzogen hatte, Ehe und Monogamie seien ein und dasselbe, kam Charles zu dem Schluss, keine andere Wahl zu haben, als sich mit anderen Frauen zu treffen.

Anders als in Amerika gibt es hier überzeugende Gründe,

um Affären zu haben. »Ich habe keine großen Schuldgefühle, weil ich sie so oft gebeten habe, sich zu ändern, sich hübscher, verführerischer anzuziehen, zum Friseur zu gehen«, sagt er.

Eines Abends traf er in einer Bar in der Nähe seiner Wohnung eine Frau, die tatsächlich Friseuse war. Charles beschreibt die Frau, Danielle, mit unverhohlener Bewunderung: Sie ist blond, wunderbar sinnlich und geht täglich ins Fitness-Studio. Ihr Aussehen ist ihr so wichtig, dass sie sich nach ihrer operativen Brustvergrößerung weigerte, Charles zu treffen, bevor die Schwellungen zurückgegangen waren.

Anfangs war alles sehr romantisch und sie machten sich gegenseitig viele Geschenke. (Zum Zeitpunkt seiner größten Verliebtheit schenkte er ihr eine Gucci-Armbanduhr.) Heute, fünf Jahre später, ist eine Art amouröse Freundschaft daraus geworden. Sie treffen sich freitags, wenn Charles nur halbtags arbeitet, immer im selben Restaurant neben der Odéon-Métro-Station zum Mittagessen. Danach lieben sie sich in dem kleinen Studio, das ganz in der Nähe von Charles Familienwohnung liegt.

»Es ist eigentlich nicht das, was ich vom Leben erwartet habe. Wahrscheinlich ist [Treue] immer noch die beste Option, aber mit meiner Frau geht das nicht. Ich muss Kompromisse machen. Ich musste mich an die Situation anpassen.« Wegen seiner Kinder, von denen das älteste zwölf Jahre alt ist, denkt er nicht an Scheidung.

Charles versucht, diskret zu sein. Als seine Frau ihn vor ein paar Jahren einmal mit Danielle auf dem Weg zur Metro erwischte, beruhigte er sie, indem er behauptete, es sei nur ein Ausrutscher im Alkoholrausch gewesen. Das Thema war beendet, als sie an diesem Abend zu Bett gingen, aber wenn sie sich streiten, wirft seine Frau ihm die Sache gelegentlich vor. (Beide bezeichnen den Vorfall als Charles' »Fehler«.) Sollte sie den Verdacht haben, dass da mehr im Gange ist, so spricht sie zumindest nicht darüber.

Ich kann mich des Gedankens nicht erwehren, dass man Charles in Amerika narzisstisch, sexsüchtig oder Schlimmeres nennen würde. Aber er und seinesgleichen betrachten seine außereheliche Beziehung eher pragmatisch denn moralisch: Er sieht in seiner Situation keine Möglichkeit, ein zufriedener Mensch *und* ein treuer Ehemann zu sein. »Ich habe sie oft gewarnt. Ich habe zu ihr gesagt: ›Wenn du mir nicht gibst, was ich mir wünsche, hole ich es mir woanders.‹ Aber sie verstand mich nicht. Zehn Jahre lang habe ich alles versucht, aber es hat nicht funktioniert.«

Deshalb macht er sich auch keine großen Vorwürfe wegen seiner Affäre. Die wenigen Freunde, denen er von Danielle erzählte, verurteilen ihn ebenfalls nicht. Er schämt sich kein bisschen wegen dieses Arrangements, aber er spricht nur sehr selten darüber, weil er sichergehen will, dass seine Frau niemals davon erfährt. Warum sollte er sich eine gute Sache verderben oder seine Ehe gefährden?

Als ich Charles erzähle, dass sich AmerikanerInnen häufig einer Psychotherapie unterziehen, um mit dem Stress fertig zu werden, den ein solches Doppelleben mit sich bringt, schaut er mich verständnislos an. Etwa ein Jahr, nachdem seine Affäre mit Danielle begonnen hatte, verabschiedete er sich von seinem Psychotherapeuten, bei dem er sechs Jahre lang in Behandlung gewesen war. »Ich habe die Probleme gelöst«, sagt er, »die Probleme waren Ehe und Sex.«

Als ich mich von Charles verabschiede, ist mir ein bisschen schwindlig. Endlich gelingt es mir, einen Blick hinter die Kulissen zu werfen. Ich weiß inzwischen, dass es zwischen Frankreich und den USA im Hinblick auf die Häufigkeit von Affären kaum einen Unterschied gibt, aber in Bezug auf die innere Einstellung der Betroffenen und die Reaktionen der

Umwelt scheint es große Unterschiede zwischen beiden Ländern zu geben.

Was mich bei meinem Gespräch mit Charles am meisten verblüfft, ist das, was er *nicht* sagt: nämlich, dass die Partner in einer Liebesbeziehung absolut ehrlich zueinander sein sollten. Es machte ihm nichts aus, seine Frau zu belügen, und niemand in ganz Frankreich (außer mir) würde zu ihm sagen, dass es ihm etwas ausmachen sollte.

Das erinnert mich an die Worte von Adam Gopnik, der während des Clinton-Prozesses im New Yorker schrieb: »Der eigentliche Unterschied – der für Amerikaner viel schwerer zu akzeptieren ist – besteht nicht darin, dass Franzosen sich weniger über Sex aufregen, sondern dass sie sich viel weniger über Lügen aufregen.« Wenn ich in Frankreich den amerikanischen Grundsatz: »Es geht nicht um den Sex, sondern um die Lüge«, zur Sprache bringe, schauen mich die Leute nur verständnislos an. Sie fragen sich, wie man denn überhaupt eine Affäre haben könne, ohne zu lügen, und wundern sich über den fast religiösen Eifer, mit dem AmerikanerInnen die Ansicht vertreten, Ehepartner dürften keinerlei Geheimnisse voreinander haben. Von philosophischen Meinungsunterschieden einmal abgesehen, erscheint es ihnen einfach nicht praktisch. »Die Franzosen haben anscheinend die erstaunliche – und vielleicht lehrreiche – Einstellung, dass es einfach zu den gesellschaftlichen Umgangsformen gehört, wegen Sex zu lügen«, schreibt Gopnik. »In Frankreich bedeutet die unaufgeregte Mutmaßung, dass ganz normale Leute – Politiker, Liebhaber, Journalisten – häufig lügen, dass man über Lügen reden und sie ahnden kann, ohne jede Lüge als Kapitalverbrechen hinzustellen.«

Diskretion scheint in Frankreich einer der Eckpfeiler des Ehebruchs zu sein. Aber im Unterschied zu den Amerikanern verschweigen Franzosen ihre Affären nicht aus Scham, sondern weil sie sich nicht eine gute Sache verderben wollen, indem sie dem Klatsch Tür und Tor öffnen. Und weil Affären in Frankreich in der Regel länger dauern als in Amerika, ist es umso wichtiger, den Mund zu halten.

»Sie fühlen sich nicht unbehaglich; sie wollen [nur] keinen Ärger haben«, erklärt Alain Giami, Co-Autor der französisch-amerikanischen Sexstudie. »Es gibt dunkle Seiten in einer Beziehung, die man nicht miteinander teilt.«

Und weil Lügen nicht das eigentliche Problem sind, ist das Beichten nicht die Arznei. Die Autorin eines französischen Ratgebers über Treue schreibt, dass in dem französischen Grundsatz: »Es ist nicht gut, alle Wahrheiten auszusprechen«, einige Weisheit steckt. Die Vorstellung, dass jemand mit einer Ehebruch-Beichte herausplatzt, weil er oder sie sonst nicht mehr mit sich selbst klarkommt, wird hier eher als Stoff für Hollywood-Filme betrachtet.

Manche französischen Affären erinnern tatsächlich an eine Art »Kalten Krieg«, bei dem keine Seite je zu den Waffen greift. Franck, Geschäftsführer einer Pariser Computerfirma, entdeckte, dass seine Frau einen Liebhaber hatte, weil er plötzlich viel öfter tanken musste. Als seine Frau abstritt, dass irgendetwas im Gange war, fing er etwas mit einer Arbeitskollegin an. Und als ihm seine Frau ein paar Monate später eröffnete, sie wolle einen Job in Lyon annehmen, »schloss ich daraus, dass sie ihre eigene Affäre beenden wollte«, sagt Franck.

Das war ein Irrtum. Sie zog vor ihm nach Lyon, und als er eines Tages in ihrem Büro anrief, stellte sich heraus, dass sie auf einer Geschäftsreise mit Übernachtung in Paris war, ihn dort aber nicht kontaktiert hatte. Also setzte er noch eins drauf und ging mit ihrer besten Freundin ins Bett.

Franck vermutete schließlich, dass die Affäre seiner Frau im Sande verlaufen war, als sie »nach einigen Monaten immer noch Geschäftsreisen nach Paris machte, aber nicht mehr über Nacht blieb.« Er zog nach Lyon und ihre Ehe wurde besser, ohne dass die Vermutungen jemals direkt angesprochen worden waren. Franck glaubt, dass der Liebhaber seiner Frau einer seiner guten Freunde war, aber er sagt: »Ich hatte irgendwie nicht das Gefühl, etwas forcieren zu müssen. Es genügte mir vielleicht zu wissen, dass es vorbei war.«

Er akzeptiert, dass sie für ihren Liebhaber eine gewisse Loyalität empfand und ihm vielleicht versprochen hatte, nie über die Einzelheiten zu sprechen, so wie er es ihrer besten Freundin versprochen hatte. »Ich glaube, sie war damals wirklich in einen anderen verliebt, sonst würde das alles keinen Sinn ergeben«, sagt er. Er macht sich keine Gedanken mehr darüber und freut sich, dass sie sich in letzter Zeit wieder so nahegekommen sind. »Es wäre vor allem ein Problem gewesen, wenn sie sich entschlossen hätte, mich zu verlassen«, sagt er.

Ich kann kaum glauben, dass Franck sich damit zufriedengibt, so wenig zu wissen, aber der französische Forscher Giami behauptet, Francks Geschichte sei typisch. »Man hat das Gefühl, dass die Leute es nicht wissen wollen. Es ist nicht offensichtlich, aber auch nicht verborgen. Vor allem wird nicht gebeichtet. Die Leute sagen nicht: ›Ich habe eine/n Geliebte/n.‹ Der Partner spürt, dass da etwas anders oder jemand anderes ist, will aber nichts Genaueres darüber wissen«, sagt er.

Veronique, eine Pariser Universitätsdozentin in den Vierzigern, erklärt es mir so: »Aus Respekt vor dem Partner versucht man nicht alles herauszufinden, was man gerne wissen würde, man akzeptiert, was er sagt und versucht nicht, sich Informationen zu verschaffen, die er einem nicht geben will.«

Ich bin auch verblüfft, dass die meisten meiner Interviewpartner anscheinend nicht von einem schlechten Gewissen geplagt werden. Hier scheinen Schuldgefühle im Ehebruch-

Drehbuch keine große Rolle zu spielen. Niemand denkt, dass außerehelicher Sex ein Hinweis auf größere moralische Schwächen ist oder einen Menschen automatisch zum »Sünder« macht. Man betrachtet Ehebruch durchaus als Verfehlung, aber als eine, die verzeihlich und verständlich ist. Sowohl Franck als auch Charles sind zufrieden, dass sie ihre Wahlmöglichkeiten geprüft und gute Entscheidungen getroffen haben. Und praktisch niemand in ihrem Bekanntenkreis würde es anders machen. Nachdem die anfängliche Hemmung erst einmal überwunden war, sahen sie keinen Grund, es nicht zu genießen. Warum sollte man sich den Spaß durch neurotisches Verhalten verderben?

Sogar diejenigen meiner Gesprächspartner, die Untreue ausdrücklich ablehnen (Umfragen zeigen, dass es viele tun), halten sich mit Moralpredigten zurück. Sie erklären mir, dass das Verhalten anderer Leute, auch wenn es vielleicht interessanten Gesprächsstoff liefert, letztendlich allein deren Angelegenheit ist. Das steht in krassem Gegensatz zu Amerika, wo Ehebrecher oft die absurde Behauptung aufstellen, sie gehörten nicht zu der Sorte von Leuten, die sich auf Affären einließen. Vermutlich sagen sie das, weil sie ihr Verhalten nicht mit ihrem Bedürfnis in Einklang bringen können, sich selbst als guten Menschen zu sehen. Sogar Amerikaner, die Ehebruch intellektuell verteidigen, klangen eher defensiv. Das rührt daher, dass sie, anders als die Franzosen, mit einer unterschwelligen gesellschaftlichen Botschaft zu kämpfen haben, die ihnen durch Filme, Angehörige und Freunde vermittelt wird. Diese Botschaft lautet, dass Ehebruch unter allen Umständen schlecht ist und dass sie Sünder sind.

Diese Unterschiede haben teilweise mit der Religion zu tun. Obwohl sich die meisten Franzosen als Katholiken bezeichnen und vielleicht sogar getauft wurden, geben nur 11% an, Religion sei für sie »sehr wichtig« – im Vergleich zu 59% der

Amerikaner. Frankreich ist heute eines der am wenigsten religiösen Länder Europas. Das gilt vor allem für Personen unter 50. Im Hinblick auf Ehebruch bedeutet das, dass Treue für die Franzosen kein von Gott erlassenes Gebot ist, sondern einfach eine gute Idee. Aber wie bei allen guten Ideen mag es Umstände geben, wo sie einfach nicht anwendbar sind.

Dennoch ist Monogamie der ideale Zustand. Praktisch alle Menschen, mit denen ich sprach, würden es vorziehen, treu zu sein. Aber wenn es zur Untreue kommt, scheinen die Franzosen nicht in Panik zu geraten oder zu glauben, sie sei eine Gefahr für die Gesellschaft oder würde sich negativ auf die berufliche Leistung der Betroffenen auswirken. Sie betrachten sie als Handlung für sich und nicht als Rutschbahn in die moralische Verderbtheit. Eine Frau in den Zwanzigern erzählt mir, einige Kollegen und Kolleginnen hätten ihr und ihrem verheirateten Liebhaber applaudiert, als sie bei einer Weihnachtsfeier ihrer Werbeagentur die Katze aus dem Sack gelassen und eng umschlungen miteinander getanzt hatten. Es war offensichtlich, dass sie ineinander verliebt waren, und auf romantische Gefühle wird Rücksicht genommen.

Wir Amerikaner sind überhaupt nicht zurückhaltend, wenn es ums Moralisieren geht, und das mit gutem Grund. In einer allgegenwärtigen Version des amerikanischen Ehebruch-Scripts ruinieren Affären, denen nicht Einhalt geboten wird, schließlich das ganze Leben. Das erklärt bestimmte »Verhaltensvorschriften« in Universitäten und Büros. Wenn leitende Angestellte eines Unternehmens ihre Ehefrauen betrügen können, so die weitverbreitete Vorstellung, sind sie gewiss auch zur Unterschlagung und Bilanzfälschung fähig. Und weil Untreue ein gesellschaftliches Vergehen ist, wird von amerikanischen Schwerenötern erwartet, dass sie gegenüber Freunden, Angestellten, Wählern, Fans und allen anderen Menschen, die sie »betrogen« haben, Reue zeigen. Aber die einzige Person, bei der Charles sich eines Tages vielleicht wird entschuldigen müssen, ist seine Frau. Falls es nie dazu kommt – umso besser.

Sind die Franzosen wirklich die vollkommenere Ausgabe von uns selbst? Macht die Einsicht, dass Affären nun einmal eine Tatsache des Lebens sind und keine schockierenden Abartigkeiten, die Franzosen zu glücklicheren Menschen? Diese Frage stelle ich Aurélie, einer modernen *femme mondaine*, deren bloße Existenz darauf angelegt scheint, mir meine Naivität und mein Übergewicht vor Augen zu führen. Aurélie, 36, hat lange Beine und lange braune Haare. Sie spricht ein perfektes Englisch mit einem feinen Akzent und unterstreicht ihre sorgfältig formulierten Argumente mit einem selbstbewussten Kopfnicken. Ich kann sie mir weder bei McDonalds noch beim Anschauen einer *Star-Wars*-Episode vorstellen. Sie wohnt in einem umgebauten Loft voller Bücher, von denen sie einige selbst geschrieben hat (ich hege den Verdacht, dass sie nur aus Solidarität mit einer Autorenkollegin bereit war, mit mir zu sprechen).

Aurélie besuchte dasselbe Gymnasium wie Mitterrands Tochter Mazarine und sagt, alle Schüler hätten gewusst, wer Mazarines Vater war, obwohl natürlich niemand wagte, Mazarine darauf anzusprechen. »Ich würde mir niemals ein Urteil über eine private Entscheidung eines Menschen erlauben, solange er damit nicht die Freiheit eines anderen einschränkt«, sagt Aurélie. Aurélie, die geschieden ist, gehört heute zur intellektuellen Elite von Paris. Sie diskutiert mit Regierungsvertretern über Gleichstellungsfragen und geht zu Dinner-Partys, wo dünne Frauen und ihre gut aussehenden Ehemänner über »positive Diskriminierung« debattieren und Insider-Kommentare über das Privatleben von Politikern fallen lassen. Eines der besonderen Vergnügen solcher Abende besteht laut

Aurélie darin, zu wissen, dass man am Nachmittag mit dem Mann im Bett war, der einem am Tisch gegenübersitzt und jetzt seiner Frau die Käseplatte reicht.

»Es ist alles sehr französisch«, sagt sie und beobachtet meine Reaktion. Sie meint, dass außerehelicher Sex nur dann zum »Ehebruch wird, wenn unser Partner es herausfindet. Als es mir passierte, hatte es für mich nichts mit meiner Ehe zu tun. Ich zögerte nicht, ich sagte nicht nein. Es passierte einfach«, sagt sie. »Für mich und meinen Freundeskreis gilt es eigentlich nur dann als Ehebruch, wenn die Gefühle des Ehepartners ins Spiel kommen ... Wenn man nur die Beziehung zwischen mir und meinem Liebhaber betrachtet, ist es kein Ehebruch. Da sind nur wir beide.«

Ich erzähle Aurélie, dass Amerikaner oft das Gefühl haben, sie hätten eine Sünde begangen – auch wenn es nie herauskommt. Für religiöse Menschen ist es so, als wäre Gott im Motelzimmer dabei. Sogar Nichtgläubige werden manchmal anfallartig von einem schlechten Gewissen geplagt, das sie wie ein religiöses Schuldgefühl empfinden.

Ich hätte ihr genauso gut von meiner Vorliebe für Schmelzkäse erzählen können. Eine durch und durch weltliche Einstellung ist ein weiteres Merkmal französischer Lebensart. »In Frankreich gibt es keinen Gott, das ist vorbei. Seine Karriere ist zu Ende«, sagt Aurélie mit einer wegwerfenden Handbewegung. »Der einzige moralische Aspekt in dieser Ehebruch-Geschichte ist, dass man versuchen sollte, auf die Gefühle anderer Menschen Rücksicht zu nehmen.« Untreue ist in Frankreich immer öfter nicht mehr gleichbedeutend mit außerehelichem Sex. Wie in vielen anderen europäischen Ländern entscheiden sich viele Paare dafür, unverheiratet zusammenzuleben. Im Jahre 1999 führte Frankreich ein zivilrechtliches Partnerschaftsmodell (genannt PACS) sowohl für homosexuelle als auch für heterosexuelle Paare ein. Das PACS-Modell bietet einige der rechtlichen und finanziellen Vorteile einer Ehe, kann aber von beiden Partnern mit dreimonatiger »Kündigungsfrist« wieder gelöst werden.

Natürlich gibt es genügend Franzosen, die eine leidenschaftliche Liebesaffäre haben und ihren Partner wegen ihrer oder ihres Geliebten verlassen. Aber bei einer flüchtigen Affäre, und sei sie noch so leidenschaftlich, ist es üblich, das emotionale Engagement oder zumindest die emotionale Rhetorik aus Respekt vor dem Ehepartner einzuschränken. »Niemand würde bei so einer Geschichte in einer E-Mail oder SMS ›Ich liebe Dich‹ schreiben. Man schreibt: ›Ich vermisse Dich‹. ›Ich liebe Dich‹ sagt man nur zu einem Menschen, und zwar zu dem, der zu Hause auf einen wartet«, erklärt Aurélie. Sie sucht nach einem Begriff für diese Art von Beziehung und entscheidet sich für »Liaison«.

Allmählich beschleicht mich das Gefühl, dass diese Nonchalance in Bezug auf außereheliche Sex nicht von Geburt an vorhanden sein kann. Aurélie und andere ihrer Generation betonen immer wieder, wie *französisch* ihre Ansichten sind, so als sei »Französischsein« etwas, das sie sich durch sorgfältiges Studium und Praxis angeeignet hätten.

Die französische Presse bläst ins gleiche Horn. Französische Zeitungen verhöhnten die amerikanische Medien-Hysterie, die mit dem Clinton-Lewinsky-Skandal einherging. Als *Paris Match* die Fotos von Mitterrand und seiner Tochter veröffentlichte, rügte ein Autor der hoch intellektuellen Tageszeitung *Le Monde* das Wochenmagazin dafür, dass es die Regeln der »französischen Lebensart« vergessen habe: »Die ›Geheimnisse‹ aus dem Privatleben von Politikern sind nur dann von öffentlichem Interesse, wenn man zwei Fragen mit Ja beantworten kann: Decken sie eine Praxis der Irreführung auf, die die öffentlichen Aussagen des Betreffenden Lügen straft?

Beeinflussen oder beeinträchtigen sie ihn in der Ausübung seiner Pflichten?«

Es dauerte eine Weile, bis man erkannte, dass dieser Hohn nicht frei von Kalkül war: Außenstehende, seien es nun Franzosen oder Amerikaner, sollten sich ein bisschen fühlen wie eine einfältige Frau im Salon, die rot wird, wenn jemand eine gewagte Geschichte erzählt. Aber selbst die Establishment-Zeitungen konnten ihre weltläufige Fassade nicht durchgängig aufrechterhalten. Als Monicagate in vollem Gange war, beeilte sich *Le Monde,* eine 18 000 Wörter umfassende Übersetzung des Starr-Reports abzudrucken, die mit den Kurzbiografien aller Beteiligten gespickt war. Für zweisprachige LeserInnen veröffentlichte sie die ungekürzte englische Fassung auf ihrer Website.

Darüber hinaus gehört es zum französischen Selbstverständnis, den Begriff *Untreue* auseinanderzunehmen, bis nichts mehr davon übrig bleibt. Was bedeutet es da schon, dass jedes Paar, das in Frankreich heiratet, auf dem Standesamt »Treue, Hilfe und gegenseitige Unterstützung« schwören muss? Für raffinierte Pariser ist dieses scheinbar hieb- und stichfeste Versprechen nicht bindend. Praktisch jeder gebildete Franzose, den ich interviewte, leitete unsere Unterhaltung mit einer Interpretation der eigentlichen Bedeutung von »Treue« ein. »›Treue‹ bedeutet Treue zu wem oder was?«, fragt Véronique, eine Lehrerin. Sie erklärt mir, dass ihre Entscheidung, mit ihrem früheren Ehemann monogam zu leben, eine rein pragmatische gewesen sei. Sie erzählt mir auch, dass ein Kollege kürzlich seine Frau wegen einer anderen verließ. Véroniques Fallanalyse läuft darauf hinaus, dass der Mann auch dann nicht wirklich treu gewesen wäre, wenn er seine Frau nicht verlassen hätte, denn sein Herz sei ja bei einer anderen gewesen. »Die erste Untreue richtet sich gegen sich selbst: Kann man sich selbst treu bleiben?«, fragt Véronique.

Andere erklären mir, dass »Treue« durchaus ein wichtiger Wert sei, aber eigentlich mehr mit Liebe als mit Sex zu tun habe.

Aber auch dieser übermäßig intellektuelle Umgang mit Ehebruch kann in sich zusammenfallen. Etwa ein Jahr nach unserer ersten Begegnung bekommt sogar Aurélies sorgfältig geglättete Fassade ein paar Risse. Sie erzählt mir, dass sie gerade in einen ausgewachsenen Untreue-*Skandal* verwickelt ist. Ihr letzter Liebhaber, den sie in ihrem Arbeitsumfeld kennenlernte, plant, seine Lebensgefährtin mitsamt der beiden gemeinsamen Kinder zu verlassen. Aurélie freut sich darüber. Aber sie ist auch extrem nervös wegen der beiden Kinder und wegen der neuen, offizielleren Rolle, die sie selbst nun im Leben dieses Mannes spielen wird. Es gab eine Menge emotionalen Aufruhr. »Ich bin mir nicht mehr so sicher in Bezug auf diese Ehebruch-Geschichten«, wiederholt sie mehrmals.

In der Tat: Die Frage der Ethik wird im Hinblick auf Ehebruch umso heikler, je stärker das eigene Leben betroffen ist. »Gesellschaftlich toleriert, individuell unerträglich«, schreibt hierzu das wöchentlich erscheinende Nachrichtenmagazin *L'Express*. Ehebruch »gilt als Ausdruck der Freiheit, aber er kann bei demjenigen, der davon betroffen ist, zu extremen Reaktionen führen. Das bedeutet, dass Leute, die den Betrug ihres Partners entdecken, vielleicht nicht sonderlich erstaunt, aber dennoch am Boden zerstört sind. Doch selbst in emotionaler Hinsicht gibt es Unterschiede zwischen Franzosen und Amerikanern. Die meisten Amerikaner, die von der Affäre ihres Partners erfahren, setzen alles daran, wieder in eine monogame Situation zu gelangen – entweder mit ihrem alten Partner oder mit einem neuen. Paartherapie, lange Beziehungsgespräche und sogar die Scheidung zielen darauf ab, den Zustand der Monogamie wiederherzustellen. Amerikaner verlieren selbst dann nicht ihren Glauben an die Treue, wenn dieses Modell in der Praxis nicht funktioniert hat.

Dagegen gehen die »Opfer« des Ehebruchs in Frankreich nicht so blauäugig aus ihrem Martyrium hervor. Da man Treue hier eher als gute Idee denn als gottgegebene Notwendigkeit betrachtet, gelangen sie durch ihre Erfahrung manchmal zu der Überzeugung, dass Treue einfach nicht möglich ist. Das französische Wochenmagazin *Le Nouvel Observateur* zitiert eine 40-jährige Kosmetikerin, die ihren Partner verließ, nachdem sie ihn auf der Straße mit einer anderen Frau erwischte. Anstatt nun nach einem neuen Mann zu suchen, der treu ist, wie sie es vielleicht in der amerikanischen Version dieser Geschichte getan hätte, geht sie eine neue Beziehung zu einem verheirateten Mann ein. »Wenn er mich betrügt, weiß ich zumindest, mit wem«, sagt sie.

Man erzählt mir wiederholt von einer »jungen Philosophin«, die eine Abhandlung über Untreue schreibt. Ich bin ganz wild darauf, mich mit ihr zu verabreden, aber andere Akademiker warnen mich: Ich solle auf der Hut sein, denn sie sei eine »Konservative«.

Ich bin also auf eine rechtslastige Fanatikerin gefasst, als mir die kleine 35-jährige Michela Marzano die Tür zu ihrem Appartement öffnet. Während wir inmitten ihrer hellen, modernen Möbel unseren Kaffee trinken, warte ich auf den Paukenschlag, der nicht kommt. Gemessen an amerikanischen Standards klingt Marzano »mainstream«, ja sogar langweilig. Sie vertritt im Wesentlichen die Ansicht, dass Partner einander sexuell treu sein sollten und dass die mit der Untreue verbundenen Lügen einer Beziehung schaden.

Aber für französische Akademiker klingt dieser Standpunkt anscheinend bereits religiös, paternalistisch und überholt. Es ist eine Sache, für sich selbst an Treue zu glauben, und eine ganz andere, anderen Menschen zu raten, es ebenfalls zu tun – wie Marzano in ihrem Buch *Fidelity: Loving on the Edge.*

Marzano ist Italienerin, aber sie schreibt auf Französisch und betrachtet das Nationale Zentrum für Wissenschaftliche Forschung in Paris als ihre intellektuelle Heimat. Sie weiß, womit sie hier zu kämpfen hat. »Hier lehnt man nicht nur die Religion ab, sondern in gewisser Hinsicht auch die Moral«, beklagt sie. Das französische Establishment will nicht akzeptieren, dass »es einige Werte gibt, die den Menschen sehr wichtig sind«, einschließlich der Treue. Sie sagt, Franzosen und Französinnen um die 40 schätzten persönliche Freiheit, aber ihre freien Entscheidungen, einschließlich der, sich scheiden zu lassen, würden sie nicht glücklich machen. Die heute 20-Jährigen, die das mitbekämen, seien romantischer und fänden Treue gut, sagt sie.

Marzano ist davon überzeugt, dass Menschen glücklicher sind, wenn sie bestimmte Grenzen akzeptieren, selbst wenn diese Grenzen ihre Möglichkeiten einschränken und sie zwingen, auf einige kurzlebige Vergnügungen – wie außerehelichen Sex – zu verzichten. »Ich wollte zeigen, dass Don Juan nicht wirklich frei ist, weil er ganz und gar Sklave seiner Triebe ist. Er ist nicht fähig, sein Leben zu gestalten«, sagt sie. »Man ist wahrscheinlich freier, wenn man ein paar Einschränkungen akzeptiert.«

Aber was ist, wenn einen Monogamie auch nicht glücklich macht? »Es stimmt, dass ein Mensch nie genug ist«, erwidert sie, »aber andere Menschen sind nicht dazu da, ein Loch in unserem Innern zu stopfen. Menschen sind keine Objekte.«

Die Politik ist der einzige französische Lebensbereich, in dem Untreue wirklich »ein Muss« ist. Eigentlich ist die Tatsache, dass ein mächtiger Mann eine Geliebte hat, als solche noch keine Nachricht wert, weil es einfach nichts Neues ist. Französische Wähler geben in der Tat jenen Kandidaten den Vorzug, die anscheinend auf viele Frauen attraktiv wirken. »Politiker sind Verführer, das gehört zu ihrem Job. Und sie sind Verkäufer«, sagt Franck, der Computer-Programmierer, zu mir. In einem Enthüllungsbuch mit dem Titel *Sexus Politicus* wird spekuliert, dass der Sozialist Lionel Jospin nie den Sprung vom Premierminister zum Präsidenten schaffte, weil er nicht verführerisch genug war. Was die Bettgenossinnen ihrer politischen Führer angeht, sind die Franzosen jedenfalls gerne auf dem Laufenden. Großes Aufsehen erregte im Jahr 2003 ein Untersuchungsverfahren gegen einen Regierungsbeamten, der angeblich sadomasochistische Partys mit Prostituierten organisiert hatte. Und kürzlich waren mehrere Bücher von prominenten Journalisten, die Einzelheiten über die kleinen Sünden von Politikern und ihren Geliebten bis hin zu den Bestellungen beim Zimmerservice enthüllten, *das* Gesprächsthema in Paris. Aber dieses Interesse an den Privatangelegenheiten eines Politikers hat mehr mit Klatsch als mit Skandal zu tun. Das unhaltbare Gerücht, Jacques Chirac habe einen japanischen Sohn (wie sonst wären seine häufigen Reisen in dieses Land zu erklären?), wurde mir von Leuten zugetragen, die mir zeigen wollten, dass sie zum Kreis der »Insider« gehören und nicht, dass sie sein Verhalten missbilligen.

Die französische Presse, die auch an strenge Auflagen in Bezug auf die Persönlichkeitsrechte Prominenter gebunden ist, gerät nur dann wirklich in Aufruhr, wenn eine Story vom üblichen Untreue-Skript abweicht oder sehr schlüpfrige Details über einen besonderen Fall enthält. Folglich handelt es sich bei den von den französischen Medien verbreiteten Untreuegeschichten auch nicht um typische Fälle: Diese Storys werden ja gerade deshalb gedruckt, weil sie das französische Publikum noch überraschen können. In solchen Berichten findet man weder einen moralischen Unterton noch werden sie so erzählt, als hätte ein nationaler Held die Landeskinder enttäuscht. Und mit Sicherheit wird niemals die Vermutung geäußert, dass die Amtsführung eines Politikers darunter leiden könnte. Der Betreffende wurde lediglich in einer ungewöhnlichen und daher nachrichtentauglichen Situation erwischt.

Mitterrands Geschichte war *Paris Match* nicht deshalb einen Artikel wert, weil er außerehelichen Sex hatte, sondern weil er eine ganze außereheliche Familie hatte. Wie einigen nach seinem Tode erschienen Berichten zu entnehmen war, verbrachte Mitterrand während seiner Amtszeit als Präsident mindestens genauso viele Nächte mit seiner Geliebten, Anne Pingeot, der Direktorin des Musée d'Orsay, wie mit seiner Frau. Er brachte Anne und Mazarine in einer Wohnung der Regierung unter und nahm die Dienste des staatlichen Sicherheitapparates für ihren Schutz in Anspruch. Pingeot war eher so etwas wie eine zweite Ehefrau – und das gehört selbst für französische Präsidenten eigentlich nicht zum Drehbuch.

Im Sommer 2005 interessierten sich die französischen Medien für eine Story, die ebenfalls nicht ins übliche Skript passte: die Eheprobleme von Nicolas und Cécilia Sarkozy. Nicolas Sarkozy war damals Innenminister und ist inzwischen Präsident der Republik. Gewiss waren die Sarkozys nicht das einzige Politikerpaar, das eine stürmische Ehe führte, aber es gab bestimmte Aspekte, die ihre Geschichte in den Augen der Journalisten erzählenswert machten.

Nicolas Sarkozy ist ein ehemaliger Protégé von Jacques Chirac, von dem er das Präsidentenamt übernahm. Als 25-jähriger Parteimitarbeiter verwandelte er eine Ansprache, die eigentlich als Fünf-Minuten-Grußwort an die Parteiversammlung geplant war, in eine mitreißende Rede, die ihn zum politischen Shootingstar machte. »Sarko«, der kleine dunkelhaarige Sohn eines ungarischen Einwanderers, hat mehrere Ministerien geleitet und nie verheimlicht, dass er Präsident werden wollte. Seine direkte Art und sein offensichtlicher Ehrgeiz haben ihm den Ruf eingetragen, ein Politiker nach amerikanischem Vorbild zu sein.

Im Jahre 1996 heiratete er seine zweite Frau Cécilia, 48, ein ehemaliges Model, Tochter eines russischen Emigranten und einer spanischen Mutter. Die große, glamouröse Cécilia wurde zu Sarkozys wichtigster Beraterin und ständiger Begleiterin. Während sein Stern am politischen Himmel aufging, machte er kein Geheimnis aus seiner Abhängigkeit vom Rat seiner Frau, die ein eigenes Büro direkt neben seinem hatte. Ein Regierungsberater, der mit beiden an Konferenzen teilnahm, erzählte mir, Sarkozy habe oft Cécilias Gesichtsausdruck beobachtet, um zu sehen, ob sie ihm zustimmte. Ihre Ehe wurde zu einem Teil seines öffentlichen Profils. Er entschloss sich zu dem ungewöhnlichen Schritt, für *Paris Match* beim morgendlichen Lauftraining mit Cécilia und beim Fußballspiel mit seinem Sohn Louis zu posieren. Diese Fotoserien verstärkten den Eindruck, dass das Paar den Kennedys nacheiferte.

Weil Sarkozy sein Eheleben öffentlich gemacht hatte, betrachteten es einige französische Medien nicht als unfair, im Mai 2005 darauf hinzuweisen, dass Cécilia nicht mehr ständig an seiner Seite war. Gegenüber einem französischen Fernsehmoderator räumte Sarkozy ein, dass sie einige Probleme zu bewältigen hätten. Es gab Gerüchte, Cécilia habe eine Affäre, und kurz darauf bestätigte ein Mitglied der Familie, dass sich das Paar getrennt hatte. Im August 2005 veröffentlichte *Paris Match* dann jene Fotos, die Cécilia in Begleitung von Richard Attias, 49, zeigten, dem Inhaber einer französischen Event-Agentur, die Sarkozys »Krönung« zum Parteichef organisiert hatte. Auf einem der *Paris-Match*-Fotos ist zu sehen, wie Attias und Cécila auf Manhattans Upper East Side etwas begutachten, das wie das Exposé eines Appartements aussieht.

Auf einem anderen halten sie Händchen an einem Tisch vor dem L'Esplanade im Herzen von Paris, einem Journalisten- und Politikertreffpunkt in der Nähe der Nationalversammlung. Das ist ein sehr öffentlicher Ort, den vor allem Leute aufsuchen, die etwas signalisieren wollen. Die Schlagzeile lautete: »Cécilia Sarkozy: Die Stunde der Entscheidung.«

Cécilia hatte sich sehr weit vom Drehbuch entfernt. Welche Politikerfrau verlässt das Boot in dem Augenblick, da ihr Ehemann eine reale Chance auf die Präsidentschaft hat? Und warum stellte sie ihre neue Beziehung ausgerechnet im L'Esplanade zur Schau? War sie wirklich bereit, ihre Chance, First Lady zu werden, für die Liebe zu opfern? Tout Paris war konsterniert. Könnte es sein, dass diese Affäre nur eine grandiose öffentliche Inszenierung war?

Ein gehörnter und offensichtlich verlassener Ehemann wich ebenfalls vom Drehbuch ab. Eine Woche nach Erscheinen der *Paris-Match*-Bilder veröffentlichte ein anderes Wochenmagazin Fotos eines traurig dreinschauenden Nicolas unter der Schlagzeile: »Gebrochen von der Ehekrise«. Im Innenteil der Zeitschrift war zu lesen, er habe abgenommen.

Die meisten Berichterstatter machten sich nicht einmal die Mühe, die ehebrecherische Vorgeschichte der Sarkozy-Ehe zu erwähnen, die man sich in Insider-Kreisen zuflüsterte. Diesem Klatsch zufolge verliebte sich Sarkozy 1984 in Cécilia, als er sie mit ihrem ersten Mann, dem Fernsehmoderator Jacques Martin traute. Damals war Sarkozy Bürgermeister des vornehmen Pariser Vorortes Neuilly-sur-Seine und noch mit seiner ersten Frau verheiratet, mit der er zwei erwachsene Kinder hat.

Auch Sarkozy wurde offensichtlich nicht auf wundersame Weise monogam, nachdem er Cécilia geheiratet hatte. »Jeder wusste, dass auch er viele Affären hatte«, erzählte mir der Regierungsberater. Der Unterschied ist, dass »alle anderen

147

Ehefrauen – Madame Chirac, Madame Mitterrand, Madame Giscard d'Estaing – blieben, obwohl ihre Männer Affären hatten.« Eine von Sarkozys früheren Eroberungen soll die jüngere Tochter von Jacques Chirac gewesen sein – ein weiterer Grund für die Spannungen zwischen den beiden politischen Rivalen.

Laut der Gerüchte, die in Paris kursierten, verliebte sich Cécilia in Attias, nachdem sie mit Sarkozys anderen Beratern wegen der Strategie seiner Präsidentschaftskampagne aneinandergeraten war. Der *Nouvel Observateur* berichtete später, Cécilia habe just in dem Moment, da sie sich politisch an den Rand gedrängt fühlte, einen anonymen Brief erhalten, in welchem die »Daten, Namen und Orte« von Sarkozys außerehelichen Eroberungen aufgelistet waren. »In normalen Zeiten hätte Cécilia den Brief zweifellos in den Papierkorb geworfen« und als Intrige gegen ihren Ehemann abgetan, schrieb die Zeitschrift. Doch nun nährte er ihre Unzufriedenheit. Kurz darauf sagte sie zu einem Reporter, sie würde nicht in die »Schablone« einer First Lady passen. »Ich bin nicht politisch korrekt. Ich laufe in Jeans, Cargo-Hosen und Cowboy-Stiefeln herum.« Bald darauf verließ sie Paris, um Attias auf einer Konferenz zu treffen, die er in Petra, Jordanien, organisiert hatte und an der unter anderen auch Bill Clinton teilnahm. Später folgte sie Attias nach New York.

In Paris versuchte Sarkozy inzwischen, Cécilia eifersüchtig zu machen. Er ließ sich offensichtlich auf eine Affäre mit einer attraktiven Journalistin der Zeitschrift *Le Figaro* ein, die eine kritische Biografie über Jacques Chirac veröffentlicht hatte. Die beiden wurden beim gemeinsamen Lebensmitteleinkauf gesehen und Sarkozy stellte sie seinem engeren Freundeskreis vor.

Aber das war nur eine Randgeschichte – vielleicht, weil es so vorhersagbar war. Für die französischen Medien war das eigentliche Drama Cécilias unerwartete Lebensentscheidung. Kein französisches Blatt stellte moralische Überlegungen über den gegenseitigen Betrug der Sarkozys an. Anstatt nun eine Entschuldigung nach amerikanischem Muster zu inszenieren, wies Sarkozy die Presse sogar in die Schranken und brachte einen französischen Verleger dazu, eine kurz vor der Veröffentlichung stehende Biografie seiner Frau mit dem passenden Titel »Cécilia Sarkozy: Zwischen Herz und Vernunft« einzustampfen. Außerdem wurde berichtet, er habe einer französischen Zeitung, die den Namen der *Figaro*-Journalistin veröffentlicht hatte, mit einer Klage gedroht. Der Chefredakteur von *Paris Match* musste wegen der Veröffentlichung der Fotos von Cécilia und Attias seinen Hut nehmen.

Im Januar erfuhr die französische Öffentlichkeit, dass sich die Sarkozys versöhnt hatten, als sich das Paar für 15 Minuten im L'Esplanade blicken ließ, wo die Fernsehkameras schon warteten. Im Spätsommer posierten die beiden Arm in Arm an einem Strand auf Zypern. *Gala,* ein anderes französisches Hochglanzmagazin, veröffentlichte unter dem Titel »Der Sommer der Vergebung« mehrere Fotos, die die beiden in Marokko unter einem Baum liegend zeigten. Im Artikel wurde geschildert, wie Sarkozy »inkognito« nach New York geflogen war, um Cécilia zu überreden, zu ihm zurückzukehren. Der *Nouvel Observateur* spekulierte, Cécilia habe ihren Mann wohl aufgrund einer »verspäteten Pubertätskrise« verlassen. Mit diesem Happy End waren die Sarkozys wieder im Rahmen des Drehbuchs, als ein politisches Paar unter vielen, das sich wahrscheinlich gelegentlich wieder betrügen würde.

Aber das Happy End war nicht von Dauer. Während der heißen Phase der Präsidentschaftskampagne ihres Mannes im Jahre 2007 verschwand Cécilia von der Bildfläche und tauchte auch nicht wieder auf, um ihre Stimme abzugeben. Sie war eine unzuverlässige First Lady und Nicolas musste viele

Staatsempfänge allein bestreiten. Fünf Monate nach Sarkozys Amtsübernahme bestätigte ein Regierungssprecher, was ohnehin schon jeder wusste: Das erste Paar des Staates hatte sich scheiden lassen. In einem Interview mit einer französischen Zeitung bestätigte Cécilia, dass sie eine Affäre hatte, und appellierte im Hinblick auf ihre Scheidung an den gesunden Menschenverstand der Franzosen. »Was mir passiert ist, ist schon Millionen von Menschen passiert: Eines Tages findest du nicht mehr deinen Platz innerhalb der Beziehung. Die Beziehung ist nicht mehr das Wesentliche in deinem Leben.«

Das sexuelle Skript, aus dem Cécilia Sarkozy ausbrach, wurde von ihrer Vorgängerin als First Lady, Bernadette Chirac, fast buchstabengetreu eingehalten. Anders als Cécilia entstammt Bernadette einer französischen Adelsfamilie, und mit ihren 73 Jahren ist sie praktisch zwei Generationen älter. Aber Bernadettes Ansichten über außerehelichen Sex, die wir aus ihren Memoiren kennen, weisen darauf hin, dass sich sogar die Aristokratie verändert.

Im Herbst 2001, dem Jahr vor den Präsidentschaftswahlen, als Chirac eine zweite Amtszeit anstrebte, veröffentlichte sein ehemaliger Chauffeur ein Enthüllungsbuch mit sämtlichen Einzelheiten über Chiracs Affären mit Parteigenossinnen, Schauspielerinnen und Sekretärinnen. Laut Aussage dieses Chauffeurs, den Chirac erst kurz zuvor entlassen hatte, war der Präsident für die schiere Geschwindigkeit seiner Seitensprünge bekannt (»drei Minuten einschließlich der Dusche danach«, witzelten Angehörige seines Stabes). Der Chauffeur schrieb, Chirac habe Mitterrand um dessen Ruf als großer Verführer beneidet und sich zum Ziel gesetzt, jede Frau ins Bett zu bekommen, die auch der verstorbene Präsident schon verführt hatte. Bernadette, so der Chauffeur, war eine eifersüchtige Frau, die am Fenster auf ihren Gatten wartete.

Chiracs Berater befürchteten offensichtlich, dass diese Berichte über die Seitensprünge Chiracs ihrer Kampagne schaden würden und sie wollten die politische Rechte mit Bernadettes Religiosität und ihrer Ablehnung der Abtreibung ausstechen. Also veröffentlichte Frankreichs First Lady kurz vor dem Erscheinen des Enthüllungsbuches ein 228 Seiten starkes Interview mit dem Titel *Conversation*. Darin gibt Bernadette zu, unter der Untreue ihres Mannes gelitten und daran gedacht zu haben, ihn deswegen zu verlassen. Aber dann macht sie eine typisch französische Kehrtwende und gibt ihm nicht wirklich die Schuld an seinen Eskapaden. »Er ist ein gut aussehender Mann und sehr verführerisch, sehr vital. Die Mädels sind verrückt danach ... Aber ja, natürlich war ich eifersüchtig ... Mein Mann hatte Glück, dass ich ein sehr vernünftiges Mädchen war. Aber ich war manchmal eifersüchtig. Sogar sehr! Er war ein sehr gut aussehender Junge. Und beherrschte die Magie der Worte. Frauen sind dafür sehr empfänglich ... Man findet das in allen Berufsgruppen. Ein großartiger Chirurg, ein großartiger Arzt, ein Minister. Das ist menschlich. Aber man muss dennoch widerstehen.«

Auch sie beschrieb Untreue als eines der normalen Probleme in einer langen Beziehung. »Das Leben ist kein langer, ruhiger Fluss«, sagt sie. »Doch wenn man beschließt, gemeinsam ein Haus zu bauen, dann ist das Ergebnis meiner Ansicht nach durch nichts zu erschüttern. Darin zeigt sich meiner Meinung nach die Schönheit der Ehe.

Die Konvention verlangt es, dass man in einer solchen Situation eine Fassade aufrechterhält und die Schläge einsteckt ... Was meine Schwiegereltern betrifft ... bei meiner Hochzeit sagte meine Schwiegermutter zu mir: ›Vor allem keine Scheidung in dieser Familie.‹«

Obwohl *Conversation* vier Jahre vor der Affäre Sarkozy erschien, scheint es auf Frauen wie Cécilia gemünzt zu sein.

»Es gibt etwas, das mich seit einiger Zeit beschäftigt. Das sind die vielen verheirateten Frauen, die an ihrem Arbeitsplatz einem anderen Mann begegnen. Plötzlich nehmen sie am eigenen Mann alle Mängel der Welt wahr und voilà, auf Wiedersehen, sie gehen einfach ... Ich finde das höchst seltsam. Aber auch das ist keine Wertung, sondern nur eine Beobachtung.

Man muss den Mut haben zu sagen: ›Es gibt auch schlechte Zeiten.‹ In welchem Leben gibt es die nicht? ... Auf jeden Fall habe ich [Chirac] oft gewarnt: ›An dem Tag, als Napoleon Josephine verließ, verlor er alles.‹«

Obwohl sie für traditionelle Werte warb, gewann Bernadette mit ihrer Beichte das moderne Medienspiel. *Conversation* wurde im ersten Monat nach der Veröffentlichung 200 000 Mal verkauft. Der Verleger des Buches erklärte *Le Monde:* »Wirklich interessant sind eigentlich nur die Bücher aus dem inneren Kreis, die einen Blick hinter die Kulissen erlauben.« Und Präsident Chirac gewann natürlich die Wahl.

Es ist etwas Wahres an der im Ausland verbreiteten Klischeevorstellung, dass Franzosen wie Chirac Ehebruch leicht nehmen, dass er für sie eine der kleinen Freuden des Lebens ist – wie Crème Brûlée. Zumindest können die Franzosen ihre Affären mehr genießen als die Amerikaner. Und sie glauben nicht an das amerikanische Ideal der absoluten Ehrlichkeit innerhalb der Ehe.

Andererseits entsprechen die meisten Franzosen und Französinnen wiederum nicht den gängigen Klischees. Es zeigt sich, dass die große Mehrheit – diejenigen, die nicht Präsident sind – durchaus an Treue glaubt. Sie brechen nicht ununterbrochen die Ehe. Aber es gibt ein nicht allzu weit entferntes Land, in dem ein Großteil der Bevölkerung ohne die geringsten Schuldgefühle genau das tut. Dieses Land heißt Russland.

Russland: Affären gehören natürlich dazu

Ich bin schon so daran gewöhnt, dass meine französischen GesprächspartnerInnen bei der bloßen Erwähnung von außerehelichen Affären einen Rückzieher machen, dass ich nach meiner Ankunft in Moskau zögere, das Thema direkt anzusprechen. Stattdessen erzähle ich an einem meiner ersten Tage in Russland einer Familientherapeutin, ich würde wissenschaftliche Daten über »die Ehe« sammeln und gebe erst allmählich zu, dass ich hauptsächlich an Affären interessiert bin.

Doch schon bald stelle ich fest, dass meine Schamhaftigkeit völlig überflüssig ist. Als ich das erste Mal das Wort »Untreue« erwähne, hebt die Psychologin interessiert den Kopf.

»Solche Beziehungen sind heutzutage ein Muss. Sie sind obligatorisch«, sagt sie mit einem plötzlichen Anflug von Autorität in der Stimme.

Macht sie Witze? Weil ich sicher bin, dass es sich um ein Missverständnis handeln muss, frage ich sie über die Dolmetscherin, ob sie meint, dass *außereheliche Affären* obligatorisch seien.

Die Psychologin zuckt nicht mit der Wimper. »Ich denke, es ist klug«, antwortet sie. Um ihre Sichtweise zu untermauern, erzählt sie mir, dass sie im Laufe ihrer 15-jährigen Ehe eine ganze Reihe von Affären hatte, in letzter Zeit wegen Arbeitsüberlastung aber ein wenig kürzer treten musste. Sie bittet mich, ihren vollen Namen zu nennen – Svetlana Artemova –, den sie mir in den Laptop tippt, um sicherzugehen, dass er richtig geschrieben ist.

Ich habe schon mit Therapeuten gesprochen, die der Ansicht waren, dass Affären eine Beziehung stärker machen können, aber nie waren mir welche begegnet, die behaupteten, außereheliche Affären seien ein wesentlicher Bestandteil einer glücklichen Ehe – sozusagen *obligatorisch*. War das vielleicht nur die krause Theorie einer russischen Irrenärztin? Meine Dolmetscherin Anna beteuert, dass Artemova eine hoch angesehene Psychologin mit einer florierenden Praxis ist. Anna, die geschieden ist und einen erwachsenen Sohn hat, fügt noch hinzu, dass sie Artemovas Standpunkt teilt und überhaupt nicht außergewöhnlich findet.

Moskau wirkt auf mich wie die perfekte Kulisse für alle möglichen Arten von Übergriffen. Da sind zunächst einmal die Lichtverhältnisse, die an einen düsteren Krimi erinnern. Im November ist es bereits so dunkel, dass sich mein Blitzlicht schon nachmittags auslöst. Abends ist alles noch viel unheimlicher: Verkaufsstände, an denen alkoholische Getränke feilgeboten werden, sind die einzigen Lichtquellen in den Wohnstraßen.

Bereits nach ein oder zwei Tagen beschleicht mich auf den Fahrten zu meinen Interviewpartnern das unangenehme Gefühl, dass eine Menge Leute unterwegs sind, die etwas im Schilde führen – schon wegen kleiner Geldbeträge. Als Ausländerin bin ich zweifellos ein leichtes Opfer. Nirgendwo sonst bin ich einem derart gnadenlosen Opportunismus begegnet. Die Frauen, die die U-Bahn-Tickets verkaufen, geben mir routinemäßig zu wenig Geld heraus. Wenn ich mich beschwere, zucken sie nur mit den Achseln und reichen mir das restliche Kleingeld. Der Fahrer eines Taxis erklärt mir, die Fahrt zu meinem Hotel koste 15 US-Dollar, und als sich herausstellt, dass das Hotel nur vier Blocks entfernt ist, ist er nicht bereit, noch einmal darüber zu verhandeln und weigert sich, mein Gepäck wieder herauszugeben, bevor ich ihm nicht die 15 Dollar gebe.

Hier ist jeder Unternehmer. Um ein inoffizielles Taxi zu bekommen, muss ich einfach nur den Arm heben und gewöhnliche Moskauer Autofahrer halten an, um mit mir einen Preis auszuhandeln. Es ist jedenfalls ratsam, sich anzuschnallen. Auf Moskaus Straßen ist es so gefährlich, dass Fußgänger große Kreuzungen sogar bei grüner Ampel im Laufschritt überqueren. Die Bürgersteige sind allerdings nicht viel sicherer. Nachts torkeln Gruppen von betrunkenen jungen Männern herum und morgens begegnen mir Männer mit frischen Verletzungen im Gesicht – die sie sich wahrscheinlich bei Schlägereien zugezogen haben oder weil sie im Rausch gestürzt sind. Ich starre sie an, aber außer mir schaut niemand zweimal hin.

Die allgemeine Verzweiflung hat durchaus Gründe. Die meisten Moskauer verdienen umgerechnet höchstens ein paar Hundert Dollar im Monat und trotzdem ist Moskau so teuer, dass ich beschließe, in einer Jugendherberge zu übernachten. Alkohol ist ebenso wie die allgemein schlechte Gesundheitsversorgung ein großer Killer. Ein Freund, der in einer Rechtsanwaltskanzlei arbeitet, erzählte mir, die Empfangsdame hätte ein Notfall-Set für Herzattacken in der Schreibtischschublade. Hinzu kommen die äußeren Bedrohungen. Ein Engländer berichtete, kurz nach seiner Ankunft habe sein Vermieter vorbeigeschaut, um ihm »Schutz« anzubieten.

Moskau hat eine neue Mittelschicht, der aber nur ein Bruchteil der Bevölkerung angehört. Ärzte und Universitätsprofessoren erklären mir, dass sie nicht dazugehören, weil sie sich weder ein Auto noch einen Restaurantbesuch leisten können.

Sie leben mit ihren Frauen, Kindern und Schwiegereltern in kleinen Wohnungen. Und sie haben nicht die Hoffnung, dass sich ihre Situation verbessert, wie vielleicht viele Menschen in Amerika. Wie zu »Sowjetzeiten« wohnen die meisten Menschen im »neuen Russland« ihr Leben lang in derselben Wohnung. Vor diesem trostlosen Hintergrund überrascht es nicht, dass Russen und Russinnen die eine oder andere Affäre haben, um sich ein wenig aufzuheitern. Aber ich bin trotzdem schockiert, dass es so viele sind. Es gab zwar nie eine zuverlässige landesweite Studie zum Sexualverhalten, aber die St. Petersburger Umfrage von 1996 ergab, dass etwa die Hälfte der Männer und ein Viertel der Frauen während ihrer gegenwärtigen Ehe mindestes eine Affäre hatten. Das bedeutet, dass die Rate über die gesamte Lebenszeit gesehen – die weitere Ehen einschließt – noch höher sein muss. Die Stadtbevölkerung Russlands scheint untreuer zu sein als die Menschen aller anderen Industrienationen.

Zumindest behaupten sie es. Da Ehebruch von der russischen Gesellschaft so wenig sanktioniert wird, hege ich den Verdacht, dass sogar Männer, die nicht fremdgehen, es behaupten, um gut dazustehen. In einer im Jahre 1994 durchgeführten Verhaltensstudie sagten nahezu 40% der Russen, Affären seien »überhaupt nicht« falsch oder »nur manchmal« falsch. Nur 6% der Amerikaner antworteten ähnlich. Tatsächlich war die Akzeptanz von Ehebruch in Russland höher als in allen anderen der zwei Dutzend Länder, die an der Studie teilnahmen. Und es ist das erste von mir besuchte Land, in dem die Leute sogar mit ihrer Untreue prahlen.

Ist diese ganze Fremdgeherei – die reale oder angebliche – ein Problem für die Russen? Wären sie besser dran, wenn sie nicht mit den Ehefrauen ihrer Nachbarn ins Bett hüpfen würden? Ich bin im mutmaßlichen Epizentrum des außerehelichen Sex innerhalb der industrialisierten Welt angekommen, um herauszufinden, warum die Russen so oft Ehebruch begehen und wie sie damit zurechtkommen.

Wenn ich nach den sexuellen Gepflogenheiten in Sowjetzeiten frage, wiederholen fast alle Russen den nationalen Witz:»In der Sowjetunion gab es keinen Sex.« In den 30er- und 40er-Jahren des 20. Jahrhunderts schaffte die Regierung unter Stalin jegliche Sexualerziehung ab und machte es praktisch allen Leuten, sogar den Gynäkologen, unmöglich, an Bücher über dieses Thema heranzukommen. Parteifunktionäre verboten praktisch jede öffentliche Diskussion über Sex und ließen auch nicht zu, dass sich die wissenschaftliche Forschung damit beschäftigte. Schulen lehrten die Tugenden reiner Freundschaft und forderten die Bürger auf, ihre sexuellen Energien in den Aufbau des Staates zu lenken. Nach Ansicht des Sexualforschers Igor Kon betrachtete die Regierung Sexualität als Bedrohung, weil Sex einer der wenigen Bereiche war, die sie nicht unter Kontrolle hatten.»Nicht der physische sexuelle Akt an sich stellt eine Gefahr für den Totalitarismus dar, sondern die individuelle leidenschaftliche Liebe«, schreibt Kon in seinem Buch *The Sexual Revolution in Russia*.

Natürlich existierte eine tiefe Kluft zwischen der offiziellen Rhetorik und dem tatsächlichen Verhalten der Menschen. Hochrangige Parteifunktionäre hielten ihre Geliebten auf Staatskosten aus, beschafften sich verbotene westliche Pornografie und waren hin und wieder Gastgeber einer Orgie. Ein Kulturminister unter Nikita Chruschtschow flog mit einem ganzen Harem junger Schauspielerinnen auf. Als der spätere Sowjetführer Leonid Breschnew am Anfang seiner Karriere nach Kasachstan versetzt wurde, nahm er offensichtlich mehrere Geliebte mit.

In den 1960-er Jahren konnte jeder, der einen Ehepartner des

Ehebruchs verdächtigte, seinem örtlichen Parteivorsteher Meldung machen. Die Partei berief dann eine Versammlung ein, und jeder, der des Ehebruchs für »schuldig« befunden wurde, konnte aus der Partei ausgeschlossen werden und damit jede Chance auf eine bessere Arbeitsstelle verlieren. Die Parteifunktionäre tolerierten nach eigenem Gutdünken ein gewisses Maß an wissenschaftlicher Diskussion über Sex. Kon erinnert sich, dass sich einer seiner Studenten beim örtlichen Parteichef eine Umfrage über jugendliches Sexualverhalten genehmigen lassen wollte. Der Parteichef verbot ihm, die Frage »Wie viele Sexualpartner hatten Sie bisher?« in den Fragenkatalog aufzunehmen und fragte den Studenten: »Was soll das bedeuten? Ich persönlich teile mein Leben mit meiner Frau.« Doch es war allgemein bekannt, dass er persönlich sein Leben auch mit »einer Reihe von Balletttänzerinnen des Kirow Theaters teilte«.

Fremdgehen wurde auch durch viele ganz konkrete Hürden erschwert. Frauen, die fremdgingen, riskierten Schwanger-schaft und Abtreibung, wobei letztere die verbreitetste Form der Geburtenkontrolle war. Ältere Leute erzählen mir aller-dings, das größte Problem habe darin bestanden, einen Ort zu finden, an dem man sich mit seinem oder seiner Geliebten treffen konnte. Unverheiratete durften kein Hotelzimmer mieten (vor allem nicht in der eigenen Stadt) und die öffent-lichen Parkanlagen wurden von der Polizei kontrolliert. Zu Hause war es ganz unmöglich: Viele Leute teilten nicht nur mit Kindern und Schwiegereltern die Wohnung, son-dern lebten in kommunalen Wohnungen, wo sie Küche und Bad gemeinsam mit anderen Familien benutzen muss-ten. »Wir werden auf dem Flur geboren, wir lieben uns auf dem Flur und wir sterben auf dem Flur«, sagte ein Moskauer Bildhauer in den 1970er-Jahren zu dem Schriftsteller Mark Popovsky.

Dennoch nahmen die Menschen in Russland einiges auf sich, um trotz der nahezu allgegenwärtigen Überwachung durch die Partei und des tristen Alltags ein paar Freiheiten genießen zu können. Der Moskau-St.Petersburg-Express wurde »Hotel auf Rädern« genannt, weil sich Paare Privatabteile mieten konnten. Freunde borgten sich gegenseitig Wohnungsschlüssel aus. Marina, eine 46-jährige Zahnärztin aus Moskau, wirkt nicht gerade wie eine Dissidentin. Sie sehnt sich noch heute nach der beruflichen Sicherheit zurück, die sie in Sowjetzeiten hatte. Aber in den 1980er-Jahren hatte sie eine mehrjährige Affäre mit einem KGB-Agenten und beide riskierten damit ihre Jobs und ihre Ehen. Oft trafen sie sich im Appartement einer ihrer besten Freundinnen, die tagsüber normalerweise nicht zu Hause war. Warum ging sie dieses Risiko ein? »Vielleicht gerade, weil es ein so schlimmer Verstoß gegen die Regeln war«, antwortet sie mir. Außerdem taten viele ihrer Bekannten dasselbe. Sie liefen ihr mit ihren Geliebten in den inoffiziellen Salons über den Weg, die damals Künstlertreffpunkte waren und als sichere Orte galten. »Ich wusste es wirklich von vielen Leuten, aber es wurde kaum darüber gesprochen«, sagt sie. »Wissen Sie, das Wort ›Sex‹ klang damals nach Prostitution. Aber alle dachten an Sex.«

Artyom Troitsky, der Herausgeber des russischen *Playboy*-Magazins präzisiert diese Aussage ein bisschen. »Sex war das Letzte, was uns blieb und was sie uns nicht nehmen konnten, und deshalb haben wir es so oft gemacht. Jeder hatte Affären mit jedem. Moskau war die erotischste Stadt der Welt«, erzählte er Dirk Sauer, einem in Moskau lebenden holländischen Medienmogul und Kolumnisten.

Die Sowjetbürger waren natürlich auch gewohnt zu lügen. »Wir tun so, als würden wir arbeiten, und sie tun so, als würden sie uns bezahlen«, lautete die inoffizielle Parole. Lügen waren so wichtig fürs Überleben, dass man sie irgendwann

fast als etwas Gutes betrachtete. Es gab keinerlei moralische
Bedenken. Der ebenfalls von Sauer zitierte Sexualforscher
Sergei Agarkov erklärt:»In Russland sind wir so daran
gewöhnt, einander zu betrügen. Das kommunistische System
hat dafür gesorgt. Der Staat hat seine Bürger betrogen. Kein
Wunder, dass Männer und Frauen einander ebenfalls betrogen haben.« Da die Sowjetregierungen alle religiösen Strö-
mungen unterdrückten, konnten die Kirchen dem nichts ent-
gegensetzen.

Aber es gab auch viele Menschen, die tatsächlich die puritanischen Gebote des Staates befolgten. Mitte der 1970er-Jahre
reiste der Sexualwissenschaftler Lev Sheglov kreuz und quer
durch die Sowjetunion. Unter dem Deckmantel von Pro-
grammen mit Titeln wie»Probleme und Potenzial der modernen Familie« oder»Harmonie zwischen Ehepartnern« hielt er
Vorträge über Sexualität. Ich treffe mich mit Sheglov in seiner
behaglichen Wohnung in St. Petersburg, wo er heute das
renommierte Institut für Sexualität und Psychologie leitet.
»In den 1960er-Jahren wäre es unmöglich gewesen, aber ab
Mitte der Siebziger zeigte das System allmählich Abnutzungs-
erscheinungen. Es hatte keinen Lebenswillen mehr«, sagt er.
Die Vortragssäle, Fabrikhallen und örtlichen»Kulturpaläste«,
in denen er sprach, waren stets bis auf den letzten Platz
besetzt.»Es war die einzige Möglichkeit, sich über Sexualität
zu informieren. Das war damals ein exotisches Thema«, erinnert er sich. Sheglov war vorsichtig und vermied es, Russland mit dem Westen zu vergleichen oder über Sex außerhalb
des Familienverbands zu sprechen. Manchmal waren Partei-
spitzel unter den Zuhörern. Trotzdem waren seine Vorträge
recht unterhaltsame Veranstaltungen. Meistens standen ein
paar alte Leute auf und riefen, er solle sich schämen. In der
übrigen Zeit kicherte die Hälfte des Publikums wie die Schul-
kinder, während die andere Hälfte mit gespannter Aufmerk-

samkeit auf seine nächsten Ausführungen wartete. Sheglov erinnert sich daran, dass ihm eine Frau in einer Provinzstadt erzählte, sie habe ihren Freund bei der Polizei angezeigt, nachdem er sie um Fellatio gebeten hatte. Sie wollte von Sheglov wissen, ob sie seiner Meinung nach richtig gehandelt hatte.

»Ich versuchte ihr zu erklären, dass sie damit das ganze Leben dieses Mannes ruinieren könne«, erinnert er sich und fügt hinzu: »Mir war klar, dass die Leute durch die Gesellschaft, in der sie aufgewachsen waren, so geworden waren. Man kann diese Frau nicht einfach als Idiotin abstempeln.«

Als die Sowjetunion im Jahre 1991 auseinanderbrach, drängte die Sexualität mit Macht an die Oberfläche. Russland verwandelte sich von einem Ort, an dem man kaum über Sex reden konnte, in einen, wo er zur Ware wurde. Plötzlich konnten sich die Russen so viel Pornografie anschauen, wie sie wollten, ungestraft Hotelzimmer mieten und Prostituierte über Zeitungsannoncen finden. Es fand weder eine intelligente Diskussion über Sexualität statt, noch gab es Sexualkunde in den Schulen. Aber überall gab es Gelegenheit zum Sex.

Vielen Menschen fiel es schwer, sich an die neuen Verhältnisse anzupassen. 1992, als eine der ersten russischen Seifenopern auf Sendung ging, weigerte sich eine der Hauptdarstellerinnen den Satz zu sagen: »Ich will mit dir ins Bett gehen.« Die Szene musste umgeschrieben werden. Ein in derselben Serie mitwirkender Schauspieler war so aufgebracht darüber, dass seine Filmfigur eine außereheliche Affäre hatte, dass er sich mit einem Autounfall aus dem Drehbuch herausschreiben lassen wollte. In letzter Minute erinnerte er sich jedoch an seinen Gehaltsscheck und beschloss, die Rolle weiterhin zu spielen.

Die gesellschaftlichen Spielregeln änderten sich rasch. Sexuelle Beziehungen waren nicht länger eine Möglichkeit, der Realität des Alltags zu entfliehen, sondern wurden für junge Frauen zum schnellsten Weg »nach oben«. Menschen, die diesen Wandel miterlebten, erzählen mir, es sei innerhalb weniger Jahre oder vielleicht sogar weniger Monate völlig akzeptabel geworden, 19-Jährige am Arm von sehr viel älteren Männern zu sehen. Vielleicht wünschten sich das nicht alle Russen für ihre eigenen Töchter, aber die neue kapitalistische Logik war nur schwer zu widerlegen. Die Scheidungsrate stieg sprunghaft an, als die Menschen zunehmend aus Ehen »ausstiegen«, in denen sie seit ihren frühen Zwanzigern festgesessen hatten.

Da Russen jetzt plötzlich auswandern konnten, bot sich durch ausländische Männer eine weitere Möglichkeit, zu einem gewissen Wohlstand zu kommen. Liebe wurde austauschbar. Ein Amerikaner, der in Moskau Englisch unterrichtete, erzählt mir, dass sich eine junge Frau während einer Unterrichtsstunde daran erinnert hatte, wie ihre Freundin Maria einen Amerikaner geheiratet, ein Kind von ihm bekommen hatte und sich dann scheiden ließ. Maria lebt heute in Amerika vom Unterhalt, den ihr Ex-Mann für sie und das Kind zahlen muss. Während der anschließenden Diskussion lobten die Klassenkameradinnen der Erzählerin Maria für ihre »Schlauheit«, während sie den amerikanischen Ehemann hart kritisierten, weil er sich von ihr derart hatte hereinlegen lassen.

Ob man in dieser »neugeborenen« Gesellschaft zur neuen Mittelschicht gehörte oder »abgehängt« wurde, war teilweise auch Glückssache. Menschen, die in der Moskauer Innenstadt lebten, besaßen plötzlich wertvolle Grundstücke in Toplage. Andere machten reiche Beute mit privatisierten Unternehmen und Staatsbetrieben. Diejenigen, die – oft durch halblegale Transaktionen – das Meiste an sich rissen, wurden für alle anderen zum Vorbild. Diese »Oligarchen«, denen gleichzeitig Ablehnung und Bewunderung entgegenschlug, entledigten sich ihrer Ehefrauen aus der Sowjetära und gingen Beziehungen mit jüngeren Frauen ein oder hielten sich einen Harem aus wunderhübschen Prostituierten. Ihre bacchantischen Poolpartys waren in der Stadt bald legendär.

Natürlich konnten nicht alle einen Oligarchen ins Bett bekommen, aber es gab ja noch die Restaurantbesitzer, Werbemanager, Bauunternehmer und Mitarbeiter von Mobilfunkunternehmen, die gut aussehenden jungen Frauen eine Abkürzung zum guten Leben boten. Ich treffe mich mit einigen dieser Frauen, von denen eine perfekter aussieht als die andere. Viele begannen ihre Laufbahn als Sekretärinnen (in den Stellenanzeigen für Sekretärinnen wird oft ausdrücklich erwähnt, dass die Bewerberinnen attraktiv sein müssen). Die hübscheste von allen ist Elena, eine gertenschlanke 28-Jährige mit straffer Haut und blauen Katzenaugen. 1992 verließ sie mit 16 Jahren das Provinznest, in dem sie bis dahin gelebt hatte, und zog zu einer Tante an den Stadtrand von St. Petersburg. Bald arbeitete sie als Sekretärin in einer Firma für Computer-Zubehör und es dauerte nicht lange, bis der 40-jährige Eigentümer sie in seinem Auto zur Arbeit mitnahm und anbot, ihr sein Appartement in der Innenstadt zu vermieten.

Als er ihr vorschlug, mit ihm zusammenzuziehen, bestand das einzige Hindernis in seiner Frau und seinem 16-jährigen Sohn. Seine Frau war seit einem Unfall von der Taille abwärts gelähmt, also hatte er, wie Elena erklärt, natürlich sowieso vorgehabt, sie irgendwann zu verlassen. Aber Elena bestand darauf, dass er die Sache beschleunigte, denn sie war kein Mädchen, das mit einem verheirateten Mann zusammenleben würde. Außerdem war Elena schwanger.

»Es war eine sehr tragische Situation«, erzählt sie mir jetzt und sieht dabei wunderbar wehmütig aus. »Ich möchte nicht wie ein schlechter Mensch dastehen ... Ich war natürlich sehr aufgewühlt. Diese Frau tat mir leid. Weibliche Solidarität ist mir durchaus wichtig.« Ihre feministischen Anwandlungen konnten die wirtschaftlichen Vorteile des neuen Russland allerdings nicht aufwiegen. Der Firmenchef servierte seine behinderte Frau ab und heiratete Elena.

Geld ist die große Trennungslinie im neuen Russland. Wie Emil Draitser in seinem Buch *Making War, Not Love* beschreibt, handeln Ehebruch-Witze der 1990er-Jahre von unglücklichen Ehemännern, die ihre Frauen nicht daran hindern können, sie mit reicheren Männern zu betrügen.

Ein Mann geht zum Arzt: »Wissen Sie, Herr Doktor, jedes Mal, wenn ich meine Frau mit einem Liebhaber erwische, trinke ich eine Tasse Espresso.« »Warum sind Sie also zu mir gekommen?« »Ich befürchte, dass ich zu viel Koffein zu mir nehme.«

In einem anderen Witz ist ein Ehemann in einer ähnlich unglücklichen Lage:

»Kannst du dir das vorstellen? Ich komme von der Arbeit nach Hause und erwische meine Frau mit einem Schweden im Bett.« »Und was hast du zu ihm gesagt?« »Was kann ich denn schon zu ihm sagen? Ich kann doch kein Schwedisch.«

Die russische Obsession mit Sex und Geld in Verbindung mit dem Mangel an wissenschaftlichen Daten über Sex musste wahrscheinlich zwangsläufig zur Gründung einer Einrichtung wie dem St. Petersburger Institut für Sexologie führen. Im Werbeprospekt wird behauptet, das Institut betreibe wissenschaftliche Sexualforschung auf der Grundlage des »Überlieferten Wissens slawischer Koitis« (die Bezeichnung ist vom russischen Wort für Koitus abgeleitet.) Die Leiterin des Instituts, eine ehemalige Philosophin namens Neonilla Samukhina, versichert mir per E-Mail, Affären seien eines ihrer Fachgebiete.

Ich muss einige Wochen warten und viele E-Mails schreiben, bis ich einen Termin bekomme, aber bei meiner Ankunft im Institut stelle ich fest, dass es anscheinend nur aus einem einzigen mit Neonlampen beleuchteten Raum besteht. Samukhina, eine stämmige, stark geschminkte Frau, und der Sexologe des Instituts, ein dünner, streng dreinblickender Mann in einem schwarzen Anzug, sitzen hinter einem langen Tisch, auf dem viele kleine Fruchtbarkeitsstatuen stehen. An der Wand über ihren Köpfen hängt etwas, das auf den ersten Blick wie ein abstraktes rosafarbenes Ölgemälde aussieht, sich aber bei näherem Hinsehen als dreidimensionale Darstellung einer Vagina entpuppt.

Unser Gespräch dauert ungefähr zwei Stunden. Danach habe ich immer noch keine Vorstellung davon, worum es bei der Arbeit des Instituts eigentlich geht. Seine eigentliche Mission scheint darin zu bestehen, die Russen dazu zu bringen, Sexualität ernster zu nehmen – ohne Gekicher – und » sie als kulturelles Phänomen zu begreifen«. Samukhina beschreibt die verschiedenen Abteilungen des Instituts, von denen sie die meisten leitet. Die Dokumentationsabteilung ist besonders kurios: Samukhina reicht mir ein großformatiges Hardcover mit Abbildungen von braun gebrannten nackten Paaren, die an verschiedenen Orten in der Natur Sex haben. (Die Kapitelüberschriften lauten unter anderem »Auf dem Boden«, »Im Wald« und »Am Strand«.) Die Begleittexte beschreiben die Handlungen in Worten, bei denen ich die Luft anhalte.

Die vielversprechendste Abteilung des Instituts scheint mir der »Beratungszweig« zu sein. Samukhina bietet Beratung für

Unternehmen zum Thema »Sexuelle Belästigung« an. Ziel der Beratung ist allerdings nicht, Manager davon abzubringen, ihre Angestellten zu belästigen, vielmehr sollen Sekretärinnen davor gewarnt werden, dass man irgendwann sexuelle Dienste von ihnen verlangen könnte. Samukhina rät den Betroffenen, die Firma zu wechseln, falls sie nicht mit den Chef schlafen wollen, denn es gibt keinerlei rechtlichen Schutz.

Es stellt sich heraus, dass Samukhinas Sachkenntnis in Bezug auf Affären ziemlich oberflächlich ist. Ihre wichtigste Erkenntnis ist die, dass Fremdgehen nicht nur mit Sex zu tun hat, sondern auf tiefere Probleme innerhalb einer Beziehung hinweist. In Russland gibt es folgenden Spruch: »Wenn etwas gut ist, schaut man sich nicht nach etwas Besserem um«, sagt sie.

Die hohen Ehebruchzahlen in Russland sind zum Teil auch darauf zurückzuführen, dass es so wenige Männer gibt. Seit den 1980er-Jahren ist die Lebenserwartung russischer Männer von 65 auf 58 Jahre gesunken. Sie sterben durch Alkohol, Zigaretten, Arbeits- und Autounfälle. Im Alter von 65 Jahren kommen auf 100 russische Frauen nur noch 46 Männer (im Vergleich zu 72 in den USA).

Dieses demographische Ungleichgewicht wirkt sich natürlich auf das Liebesleben aus. In Moskau treffe ich mich mit einer gut situierten alleinstehenden Frau in den Vierzigern zum Mittagessen. Wenn sie nicht mit verheirateten Männern ausginge, so erzählt sie mir, hätte sie kaum jemanden, mit dem sie sich verabreden könnte. Sie kennt wirklich keine einzige alleinstehende Frau, die sich nicht mit verheirateten Männern trifft. Und keine versucht es zu verheimlichen. Für russische Frauen in den Dreißigern oder Vierzigern (ganz zu schweigen von den älteren) ist ein Mann, der weder verheiratet noch Alkoholiker ist, so selten wie ein Fabergé-Ei.

Die Männer prahlen mit ihrem demographischen Vorteil. Ein Psychologe namens Alexei Zinger beschreibt den Verhaltenskodex: »Am Samstagabend kommt er vielleicht nicht nach Hause. Er sagt zu seiner Frau: ›Ruf mich nicht an, ich bin mit Freunden zusammen. Wenn du anrufst, störst du uns.‹« In Amerika wäre das ein Grund, wie besessen die Handynummer des Ehemanns zu wählen oder ihn von einem Detektiv beschatten zu lassen. Russische Frauen müssen, so Zinger, dieses Verhalten hinnehmen, weil er für sie, ihre Kinder und die ganze Familie sorgt. Sie braucht einen starken Mann, aber ein starker Mann kann auch mal für ein oder zwei Nächte verschwinden.

Was das in der Realität bedeutet, wird mir klar, als ich in der Moskauer Wohnung einer Soziologin zum Interviewtermin erscheine und am Ende viel länger mit ihrer charmanten 18-jährigen Tochter Katya spreche. Katya ist groß und dünn, trägt einen Pagenschnitt und drückt sich ziemlich altklug auf Englisch aus. Sie wirkt lebhaft und selbstbewusst, insbesondere als sie mir beschreibt, was sie von einem zukünftigen Ehemann erwartet: Er darf nicht trinken und sie nicht schlagen. Sie sagt, sie könne sich glücklich schätzen, wenn sie so jemanden fände. Nur noch wenige Jahre trennen sie vom durchschnittlichen Heiratsalter. Obwohl sie sich ab und zu mit Männern trifft, ist bisher noch kein vielversprechender Kandidat am Horizont aufgetaucht. Die Jungs ihrer Altersklasse sind »sehr brutal und trinken«. Die wenigen Ernsthaften sind mehr an ihrer Karriere als an einer Beziehung interessiert und stehen unter hohem Konkurrenzdruck. Katya ist so entzückend, dass ich ihr Mut machen will, indem ich ihr sage, dass der Richtige schon kommen wird. Aber wenn man sich die Zahlen anschaut, ist das ziemlich unwahrscheinlich. Und sollte sie wirklich jemanden finden, den sie akzeptieren kann, wäre Treue fast zu viel verlangt. »Natürlich würde ich mir wünschen, dass mein Mann treu ist, und ich werde es auch sein, aber ich weiß nicht … es hängt von der Situation ab. Wenn wir eine gute Beziehung als Elternpaar haben, Kinder haben und er dann nebenbei jemanden hat und ich nebenbei jemanden habe, ist es in Ordnung … damit das Kind in einer Familie mit beiden Elternteilen aufwachsen kann.«

Auf der anderen Seite dieser demographischen Trennungslinie stehen Männer wie Sascha, 54. In einem anderen Umfeld wäre Sascha wahrscheinlich nicht unbedingt konkurrenzfähig. Er ist knapp über 1,50 m, hat kurze Beine und schiebt eine dicke Wampe vor sich her. Als Schauspieler eines Moskauer Theaterensembles spielt er gewöhnlich den Typen, der die Schöne anschmachtet, aber keine Chance gegen den gut aussehenden Helden hat.

Doch im wirklichen Leben scheint Sascha ein Schwerenöter zu sein. Ich treffe mich mit ihm zwei Stunden vor Vorstellungsbeginn in seiner vollgestopften Garderobe. Es ist die Premiere eines Stückes über eine Schiffsbesatzung, die auf einer Insel voller nackter Frauen strandet. Als ich ihn nach Affären frage, fällt sein Blick sofort auf die rote Ledercouch in der Ecke. »Es ist schon merkwürdig, dass sie sich alle hier abspielten«, sagt er. Anscheinend mache ich einen skeptischen Eindruck, denn er steht auf, um es mir zu demonstrieren. »Schauen Sie, man kann diese Kissen abnehmen und die Couch ausziehen …«

Saschas Frau arbeitete in der Requisite, aber das war für ihn kein Hinderungsgrund. Einmal, so erzählt er, sei er in eine Besprechung gegangen und hätte festgestellt, dass er bereits mit allen drei anwesenden Frauen geschlafen hatte. »Und dann kommt eine vierte herein!«, ruft er mit einer theatralischen Geste aus. »Das ist ein wundervolles Gefühl, die Erfüllung – alle sind eine große Familie!« Seine Ehe war nicht so wundervoll. Nach der Geburt seines Sohnes ging Sascha plötzlich sehr oft zum Tennisspielen. »Sie sagte dann immer: ›Wohin gehst du schon wieder mit deinem Tennisschläger? Ich muss hier beim Baby bleiben!‹« Sie ließen sich scheiden.

Vor Kurzem hat Sascha wieder geheiratet. Seine neue Frau ist Balletttänzerin und 20 Jahre alt – ungefähr so alt wie sein Sohn. Bisher war er ihr treu, aber das könnte bald vorbei sein. »Ich denke darüber nach, denn es liegt in der Natur des Mannes«, erzählt er mir. »Wir denken immer, mit dieser wird es anders sein, aber in Wirklichkeit ist es dasselbe.« Er zitiert den berühmten russischen Dichter Alexander Puschkin. Meine Dolmetscherin übersetzt die letzte Zeile ungefähr so: »Wir wollen nur diese verbotene Frucht, ohne die das Paradies kein Paradies für uns ist.« Sascha lächelt schelmisch und zitiert noch ein beliebtes russisches Sprichwort, das im Wesentlichen bestätigt, dass er aufgrund der extremen demografischen Schieflage nie wirklich erwachsen werden muss. »Ein kleiner Hund bleibt bis ins Alter ein Welpe.«

Demografische Zahlen und wirtschaftliche Bedingungen reichen nicht aus, um den hier so weitverbreiteten Hang zur Untreue zu erklären. Ein Aspekt ist sicher, dass Russen sich nicht besonders über Lügen aufregen – ein Phänomen, das ich schon in Frankreich beobachten konnte. Während meines Aufenthalts in Moskau bringt die russische *Cosmopolitan,* die auflagenstärkste Zeitschrift Russlands, eine Titelstory, in der die Frauen Tipps bekommen, wie sie ihr Verhältnis mit ihrem Liebhaber vor ihrem Ehemann verbergen können. Die Autorin rät den Leserinnen, sich ein fiktives Hobby zuzulegen (sie schlägt die Mitgliedschaft in der nicht existierenden »Gesellschaft für globale Erderwärmung« vor), nur allmählich auf Reizwäsche umzusteigen, damit der Ehemann keinen Verdacht schöpft, und zu versuchen, »nicht allzu glücklich auszusehen. Wenn Sie bisher nie unter der Dusche gesungen haben, dann fangen Sie jetzt nicht damit an.« Moralische Fragen werden nicht erörtert. Die Autorin des Artikels kommt zu dem Schluss, dass Ehefrauen durch einen Liebhaber schlanker, glücklicher und selbstbewusster werden.

Heutzutage bieten sich in Russland ganz neue Möglichkeiten zum Fremdgehen. Ehepaare leben in so beengten Verhältnissen, dass es nicht ungewöhnlich ist, anstatt mit dem Partner mit einer Gruppe von Freunden in den Urlaub zu fahren. Diese Pausen von der Ehe bilden die perfekte Kulisse für sogenannte römische Affären, die »Frag-nicht-sag-nichts-Urlaubsromanzen«, die an ägyptischen Stränden und in Ferienanlagen am Schwarzen Meer beginnen und enden. Römische Affären sind nicht skandalös und auch kein Hinweis auf eine Ehekrise zu Hause, sondern nur eine Gelegenheit, etwas Stress abzubauen.

Der wichtigste Punkt scheint aber die allgemein akzeptierte Vorstellung zu sein, dass Männer ihre Libido nicht kontrollieren können. Überall auf der Welt habe ich das Argument gehört, Männer (und manchmal auch Frauen) seien von Natur aus nicht monogam. Aber in Amerika und Europa erwartet man von ihnen, dass sie den Impuls zum Fremdgehen unterdrücken. In Russland dürfen sich die polyamourösen Triebe dagegen austoben. Frauen erzählen mir, dass sie, auch wenn ihnen ein treuer Ehemann lieber wäre, Treue nicht wirklich erwarten. Und die Tatsache, dass so viel betrogen wird, scheint die Vorstellung zu nähren, dass man nichts dagegen tun kann.

Ich erfahre, dass sich manche Ehemänner außerhalb der Großstädte noch nicht einmal die Mühe machen, ihre Affären geheim zu halten. Die einzige Gelegenheit, das zu überprüfen, ergibt sich, als ich Wladimir treffe, der aus einem Dorf im Landesinneren stammt. Wladimir sieht aus wie ein alternder

Marlboro-Mann, mit breiten Schultern, tiefen Furchen in den Wangen, und einem hängenden graumelierten Schnurrbart. Er und zwei seiner Söhne waren in den vergangenen Wochen damit beschäftigt, die Datscha meiner Dolmetscherin Anna zu renovieren. Ihre Fingernägel sind noch schwarz, als ich mich mit ihnen am Moskauer Bahnhof treffe, von wo aus sie in Kürze ihre Heimreise antreten werden.

Es ist reiner Zufall, dass ich Wladimir interviewen kann, und mir wird klar, wie unwahrscheinlich es normalerweise ist, dass zwei Menschen aus so unterschiedlichen Welten miteinander über Sex sprechen. Die Unterhaltung beginnt etwas gequält. Meine Fragen scheinen Wladimir zu verwirren. Zunächst bekomme ich die Basisinformation: Er ist seit 37 Jahren verheiratet und hat fünf Kinder. Dann steige ich voll ein: »Hast du eine Freundin?«

»Nein«.

Pause. »*Hattest* du je eine Freundin?«

Eine weitere Pause. »Ja«.

Dann ist es lange still, während Wladimir in eine Wurst beißt. (Anna hatte zu mir gesagt, er würde bestimmt nach einer Flasche Wodka verlangen, aber er wollte bloß ein Abendessen.) Wir warten beide darauf, dass er fortfährt. »Es war in meinem Dorf; vor zehn Jahren. Alle dort wissen es. Sie wohnt immer noch da.«

Ich fasse kurz zusammen: Seine Geliebte war eine geschiedene Frau, die als Buchhalterin auf der von Wladimir geleiteten Kolchose arbeitete. Die beiden begegneten sich bei einem Kolchosenfest. Sie war sehr »temperamentvoll«, eine Eigenschaft, die er bewundert. Er sagt, sie hätten sich täglich zum Sex in ihrem Haus getroffen. Nach zweieinhalb Jahren beendete er die Affäre ohne großes »Aufhebens«, indem er ihr sagte, sie solle sich jemand anderen suchen. Ach ja, seine Frau wusste wahrscheinlich von Anfang an Bescheid.

Wie Amerikaner scheinen auch Russen der Ansicht zu sein, Ehepartner sollten keinerlei Geheimnisse voreinander haben. Aber während damit in Amerika eine eher harmlose emotionale Offenheit und Nähe gemeint ist, bedeutet es in Russland oft das schonungslose Aufdecken harter Fakten. »Ich sagte ihr sofort, dass ich eine Geliebte habe, und sie sagte kein Wort. Es gefiel ihr natürlich nicht, aber sie sagte überhaupt nichts dazu«, erklärt er. »Warum sollte ich es geheim halten? Später hätte sie es vielleicht von jemand anderem erfahren und das ist nicht gut. Dann hätte es größere Probleme gegeben.«

Die Buchhalterin war auch nicht die erste, wie Wladimir einräumt. »Ich hatte eine Geliebte in Kasachstan und eine in der Ukraine«, sagt er und wirkt nun ein bisschen entspannter. In Kasachstan, wo er in den 1980er-Jahren arbeitete, gab es tatsächlich viele Frauen. Und es stellt sich heraus, dass er nicht nur fünf Kinder hat. Er ist außerdem Vater von Zwillingen, die er mit einer verheirateten Frau in Kasachstan zeugte. Seine Frau weiß von diesen Kindern, aber seine anderen Kinder, einschließlich der beiden Söhne, die gerade mit ihrem Abendessen im Bahnhofsrestaurant fertig sind, haben keine Ahnung davon.

Einmal hatte auch seine Frau einen Liebhaber. Wladimir sagt, er habe es leicht genommen. »Was vom Schicksal vorherbestimmt ist, muss geschehen«, erklärt er. Wladimir hat sich zu mir herübergelehnt und wir grinsen uns an. Zu meiner Überraschung stelle ich fest, dass wir miteinander flirten. Wenn er seine schiefen Zähne nicht zeigt, besitzt er einen gewissen rustikalen Charme. Affären sind seine Art, sich zu entspannen, sagt er. Und es gibt noch einen anderen Grund dafür: »Wenn eine Frau einen darum bittet, muss man es tun. Man kann nicht Nein sagen.« Das ist offensichtlich eine Zeile aus einem bekannten russischen Lied. Wie würde er seine Ehe im Großen und Ganzen beurteilen? »37 Jahre ohne Probleme.

Denn eine Geliebte ist eine Geliebte und eine Ehefrau ist für immer.«

Es überrascht mich, dass sich Wladimir eine »temperamentvolle« Geliebte wünscht. Als ich das einem russischen Bekannten gegenüber erwähne, kichert er wissend und erklärt, er habe auch gerne Frauen mit »Pfeffer«. Verträgliche Frauen seien zu langweilig. Michele Berdy, eine Amerikanerin, die seit fast drei Jahrzehnten in Moskau lebt und für die *Moscow Times* eine Kolumne über Sprachen schreibt, erzählt mir, sie habe sich unter anderem deshalb von ihrem russischen Mann scheiden lassen, weil sie seine Erwartungen in Bezug auf dramatische Konfrontationen nicht erfüllen konnte. »Emotionale Beziehungen mit vielen Höhen und Tiefen werden als etwas Gutes angesehen … Es macht ihnen Spaß, verrückt zu spielen. Sie wollen einen Tobsuchtsanfall kriegen und schreien: ›Verlasse meine Wohnung!‹ Sie wollen, dass man ihnen ein Ultimatum stellt. Sie wollen Dramen. Und sie wollen, dass man sie im Zaum hält.«

Kein Russe erzählt mir, er würde fremdgehen, um ein Drama zu erleben. Sie sagen, dass sie sich nach einer leidenschaftlichen Romanze mit Herzklopfen und Kleider-vom-Leibreißen sehnen. Man erzählt mir von einem Mann, der einen ganzen Fliederbaum auf die Treppe seiner Angebeteten stellte. Angesichts der harten Alltagsrealität in Russland ist diese märchenhafte Leidenschaft vielleicht nur in außerehelichen Affären lebbar. »In Russland heißt es: ›Eine gute Liebesaffäre stabilisiert eine Familie‹«, sagt Nicolas, Ende 20, ein Handelsvertreter für Farben aus Saransk. »Denn durch neue Beziehungen lösen sich die ganzen Probleme innerhalb der Familie in Luft auf. Wenn man mit einer anderen Frau zusammen war, hat man Schuldgefühle gegenüber seiner Frau und fängt an, sie besser zu behandeln. Manchmal vermisse ich meine Frau und will wieder zu ihr.«

Anders als meine französischen GesprächspartnerInnen konnten sich die Russen nicht vorstellen, das Recht auf einen privaten Raum zu haben, wo sie tun und lassen können, was sie wollen – solange ihre Ehefrauen oder Männer nichts herausfinden. Hier gehören eine Ehefrau, die die Untreue entdeckt, und das anschließende Drama zum Drehbuch. Russland war außer Amerika das einzige Land, wo Männer mir erzählten, sie würden ihrer Frau die Untreue beichten, weil sie es nicht länger für sich behalten könnten. Das hatte den zusätzlichen Vorteil, dass man dem Drehbuch bis zur gewünschten Konfrontation folgen konnte. Aber anders als die Beichtenden in Amerika gehen die Russen nicht das Risiko ein, ihren Ehepartner zu verlieren oder jahrelang quälende »Heulgespräche« aushalten zu müssen. Das Heraufbeschwören des Dramas könnte ihrer Ehe sogar wieder ein bisschen Würze verleihen. Alle Versprechen, von nun an treu zu sein, sollen wahrscheinlich nur den dramatischen Effekt steigern. Nachdem Nicolas seiner Frau alles gebeichtet hatte, wartete er eine Weile ab und fing dann wieder an, sich mit seinen Freundinnen zu treffen. »Der größte Verrat ist der seelische Betrug, nicht der körperliche«, erklärt er. Man stelle sich ein ganzes Volk vor, das solche emotionalen Ausbrüche liebt. Darauf muss man erst einmal einen trinken.

Der einzige Mensch in Russland, der mir gegenüber zumindest leise moralische Zweifel äußert, ist Lev Sheglov, der Sexualwissenschaftler aus St. Petersburg. Er erzählt mir, dass er seinen Klienten rät, sich bei der Untreue, wie bei allen anderen Lastern, zu mäßigen. »Die Leute fragen mich, wie sie damit umgehen sollen, und ich antworte ihnen: ›Die Menschen haben den Alkohol und den Tabak wegen des Genusses erfunden, aber für manche sind diese Dinge zu einem schrecklichen Problem geworden. Außereheliche Affären sind eigentlich nichts Furchtbares oder Schreckliches, aber ein gesunder Mensch sollte nicht süchtig nach solchen Beziehungen sein.‹«

Sheglov meint, es wäre sicher ideal, überhaupt keine Affären zu haben. »Aber in der Realität sehen wir, dass das sehr, sehr selten ist. Vielleicht sollte man das wirklich anstreben. Aber es ist sehr unrealistisch.«

Wirklich? Wenn 50% der Männer fremdgehen, dann tun es die anderen 50% vermutlich nicht. Wo sind also diese fehlenden Männer? Ich kann sie nicht finden. Während meines gesamten Aufenthalts in Moskau begegne ich keinem einzigen Menschen, der zugibt, monogam zu sein. Zugegeben, ich habe Menschen ausgesucht, mit denen ich über außereheliche Sex sprechen kann. Aber ich habe dabei auch andere Leute getroffen und auch von ihnen hat keiner »gebeichtet«, monogam zu sein.

Doch, es gab einen. Er ist 25 Jahre alt, heißt Dolf und ist an der Moskauer Universität beschäftigt. Seit einem Jahr ist er mit einer Frau aus seiner Heimatstadt verheiratet. Wir essen zusammen zu Abend und er erklärt mir nach fünf Minuten, dass er seiner Frau treu ist. »Ich gehe nicht fremd, weil ich meine Frau zu sehr liebe und respektiere. Wenn ich es täte, wäre es schwierig, morgens aufzuwachen.« Es ist eine beeindruckende kleine Rede. Dolf hat in Amerika gelebt und betrachtet sich selbst als Republikaner. Anders als die meisten anderen Leute, die ich interviewt habe, weiß er, wie vehement Amerikaner Ehebruch ablehnen. Ich bekomme das Gefühl, dass er mir nach dem Mund redet.

Dieses Gefühl verstärkt sich, als die Kellnerin die Reste unseres Hauptgangs abräumt und Dolf beim dritten Drink angelangt ist. Er beschreibt die vielen Affären, die er mit verheirateten Frauen hatte, bevor er selbst heiratete. Da war diese Frau aus Sibirien, die in einem Kiosk am Straßenrand arbeitete. An einem bitterkalten Abend bat sie ihn auf einen Wodka herein und sie hatten Sex neben dem Gasofen. Dann war da noch diese übergewichtige Amerikanerin, die sich in ihn verliebt hatte. Es könnte sein, dass er sie bald wiedersieht. Er erwähnt, dass »Blasen« bei einer russischen Prostituierten ungefähr 7 Dollar kostet und Geschlechtsverkehr etwa 18 Dollar. Zwischen diesen Bemerkungen macht Dolf kleine Pausen, in denen er wiederholt seine Treue beteuert. »Aber vielleicht gehe ich in einer Stunde fremd«, sagt er diesmal und versucht, meinen Blick festzuhalten. Es gibt einen kleinen Aufstand über die Frage, wer von uns beiden das Abendessen bezahlen sollte. Er behauptet, russische Männer würden niemals erlauben, dass eine Frau bezahlt, aber irgendwie geht es dann doch so aus, dass ich der Kellnerin meine Kreditkarte in die Hand drücke. Dolf fragt mich, in welchem Hotel ich übernachte und besteht darauf, dass es günstiger sei, wenn wir uns ein Taxi teilen. Ich stimme nur zu, weil ich nachts nicht gerne allein durch Moskau fahren möchte. Auf dem Rücksitz des Taxis erklärt er zum letzten Mal, dass er seiner Frau treu ist, und lässt sich zu mir herübersinken. Als wir vor der Jugendherberge halten, springe ich aus dem Auto und hechte ins Haus – allein.

Nach zwei langen Wochen in Russland wird mir klar, dass ich wahrscheinlich der einzige Mensch im Land bin, der sich Gedanken über Untreue macht oder der Meinung ist, sie könnte ein gesellschaftliches Problem sein. Es gibt so viele schlimmere Dinge: die unzähligen Todesfälle durch Gewaltkriminalität und Autounfälle, eine wahre Explosion der Aids-Infektionen, ein bedrohlicher Bevölkerungsrückgang und der hier allgegenwärtige Alkoholismus. Neben diesen Problemen wirkt Ehebruch fast niedlich. Schließlich geht es dabei um Vergnügen und manchmal sogar Liebe. Die meisten Russen, mit denen ich sprach, waren so gestresst von ihren finanziellen Problemen und kleinen Wohnungen, dass sie Affären als willkommene Ablenkung betrachteten. Untreue war für sie höchstens ein Laster wie das Rauchen. Es liegt mir fern, ihnen dieses kleine Vergnügen zu missgönnen.

Natürlich verursacht Ehebruch Probleme in den betroffenen Ehen. Wie den Menschen in anderen Ländern tut es auch den Russen weh, wenn sie von ihrem Partner betrogen werden, und ganz besonders, wenn sie wegen einer anderen Person verlassen werden. Aber weil die russischen Frauen ohnehin davon ausgehen, dass ihre Männer zumindest kürzere Techtelmechtel haben, sind die durch diese Affären entstandenen kleinen Risse leichter zu kitten. Eine Moskauerin erzählte mir, fremdgehende Ehemänner leisteten Wiedergutmachung, indem sie mit ihrer Ehefrau eine Reise machen – vorzugsweise ins Ausland. Wovon sich Amerikaner manchmal erst nach Jahren erholen, kann in Russland während einer Pauschalreise in Ordnung gebracht werden.

Russen sind genauso romantisch wie Amerikaner. Aber ihre Märchenromanzen sind mit vielen Problemen verbunden und sie haben in der Regel kein Happy End. Für Russen ist Liebesglück etwas Flüchtiges. Das amerikanische Ideal des verheirateten Paares, das glücklich und treu bis ins hohe Alter zusammenlebt, existiert hier nicht, weil die meisten russischen Männer vor ihren »besten Jahren« sterben.

Als Nächstes besuche ich ein Land, in dem alles ganz anders ist: Wo die Männer fast zwei Jahrzehnte länger leben als in Russland, aber viele dieser Männer die Romantik fast völlig aus ihrem Leben verbannt haben. Oft teilen Paare dort nicht einmal das Bett miteinander. Die nächste Station meiner Weltreise auf der Spur der Untreue ist Japan. Ich will herausfinden, ob es dort überhaupt Sex gibt.

Japan: Man schläft einfach
nicht zusammen ...

Ich befinde mich in der Bettenabteilung des gigantischen Einkaufszentrums Tokyu (*depaato* auf Japanisch), das über dem noch gigantischeren Shibuya-Bahnhof im Herzen von Tokio thront. Man stelle sich Bloomingdales über der Central Station vor.

Während ich zwischen den Stapeln von pastellfarbenen Futons umherschlendere, nähert sich ein Verkäufer. Er trägt einen schwarzen Kittel, auf dem die englischen Wörter *Home Show* eingestickt sind. Zu meinem Entzücken hat er in Neuseeland studiert und spricht auf eine heitere, wenn auch ein bisschen abgehackte Weise englisch.

Ich weise den Bettenverkäufer, der sich inzwischen als Herr Toru vorgestellt hat, auf etwas hin, das eigentlich nicht zu übersehen ist: Es gibt nur Einzelfutons. Das Kaufhaus führt, wie er mir sagt, auch Betten im westlichen Stil, aber auch die sind alle nur für eine Person (die Sorte, die bei uns in Amerika »Twin-Bed« genannt und meistens für Kinder benutzt wird.) Aber wären nicht auch Doppelbetten praktisch? Kuschelt sich in diesem Land niemand zum Einschlafen aneinander?

Toru runzelt die Stirn und senkt den Kopf auf diese typisch japanische Weise, die andeuten soll: »Leider muss ich ihnen jetzt etwas Unangenehmes sagen.« Er erklärt mir also, dass Doppelbetten nur auf Bestellung erhältlich sind, dass aber, soweit ihm bekannt ist, bisher noch kein Japaner eines bestellt hat. Nur Ausländer wie ich kauften solche Betten. »Sie arbeiten alle in der Botschaft oder so«, fügt er noch hinzu.

Japan ist das Land der Einzelbetten. Vielleicht schieben japanische Paare ihre Futons abends zusammen. Oder der eine kriecht ins Einzelbett des anderen, wie es meine Großeltern taten. Aber sie teilen offensichtlich nie dieselbe Matratze.

Hat das etwas zu bedeuten? Es liegt mir fern, Japans sexuelle Gewohnheiten in die Fetisch-Ecke zu rücken, wie es viele Ausländer tun. Ich konnte das beobachten, als ich während meines dreijährigen Japanischstudiums ein Semester in Osaka verbrachte. Damals hatte ich sogar einen japanischen Freund namens Yuji, der Cowboyhüte trug und dem es gefiel, dass sich mein Name auf »Kamera« reimt. Leider war Yuji damals nicht verheiratet, sonst hätte ich ihn in diese Studie aufnehmen können. Es scheint in Japan keinerlei Sexualstatistiken zu geben.

Ich vereinbare wie besessen Interviewtermine, arrangiere Gespräche mit vielen ganz gewöhnlichen Menschen, setze mich mit Experten der Regierung sowie führenden Soziologen und Wissenschaftlern zusammen, verabrede mich mit Scheidungsanwälten und Psychologen und stelle eigens Forschungsassistentinnen an, die für mich nach Statistiken und Artikeln über Affären fahnden sollen.

Ich will das Mysterium des Einzelfutons ergründen, und wenn ich dafür bis in japanische Schlafzimmer vordringen muss. Haben japanische Ehepaare regelmäßig Sex miteinander? Oder leben sie im Zölibat? Oder zerwühlen sie, wie ich vermute, die Laken mit anderen Leuten?

Ich mache mich mit einer unerfahrenen Dolmetscherin namens Maiko auf den Weg, die beim Wort »Sex« jedes Mal zu kichern anfängt und trotzdem den horrenden Stundensatz von 20 Dollar berechnet. Unsere erste Verabredung führt uns in die Praxis einer »Eheberaterin« in einem schicken Tokioter Wohnviertel, wo die Zweige der Bäume malerisch über niedrige Holzzäune herabhängen. Ich stelle mir vor, wie die Kinder in diesen weitläufigen Häusern zur Tür rennen, wenn ihre Väter von der Arbeit kommen und mit der Aktentasche in der Hand »*Tadaima!*« rufen – eine Begrüßung, die wörtlich übersetzt »Ich bin zurück!« bedeutet.

Nachdem Maiko und ich Pantöffelchen angezogen haben, betreten wir einen klinisch sauberen Raum, um mit Hiromi Ikeuchi zu sprechen. Ikeuchi ist eine heitere kleine Frau Mitte 40 mit einem perfekt zurechtgezupften Bob und frisch geschminkten roten Lippen. Bereits nach wenigen Minuten erzählt sie uns, dass sie geschieden ist. Das ist tatsächlich ihr Aushängeschild. »Ich mag Scheidungen! Ich liebe Scheidungen!«, sagt sie. Es stellt sich heraus, dass sie eigentlich keine Eheberaterin, sondern Expertin für Scheidungen ist. Auf der Broschüre, die sie uns in die Hand drückt, steht »Tokyo Family Lab – Research Section« (Tokioter Familienlabor – Forschungsabteilung), was die klinische Atmosphäre erklärt.

Auf einer weißen Tafel zeichnet sie ein Familiensystem, bei dem die Figuren der Ehefrau und des Ehemanns durch eine rote Linie voneinander getrennt sind. Der Ehemann ist das Haupt oder der Vorstand des japanischen Haushalts, genannt *Ie*. Wenn eine Frau heiratet, wird sie zum Anhängsel des *Ie* ihres Mannes und ihr Status verändert sich. Aus einer »Frau« wird eine »Ehefrau«. Ikeuchi zeichnet noch ein paar rote Pfeile, die demonstrieren sollen, dass die Kinder des Paares in den *Ie* ihres Vaters hineingeboren werden, während ihre Mutter immer auf der anderen Seite der roten Trennungslinie bleibt. Niemand schreibt Liebeslieder über den *Ie*. Das Ganze hat mehr mit Eigentum und Verpflichtung denn mit Liebe zu tun. *Ie* ist das Gegenteil der amerikanischen Ehe, bei der die Paare miteinander kommunizieren und an »der Beziehung« arbeiten wollen. Ikeuchi erklärt, dass manche älteren japanischen Ehemänner ihre Frauen noch nicht einmal beim Vornamen nennen, sondern mit einer barschen Form des »Du« ansprechen. Sogar jüngere Ehepaare sagen nach der Geburt des ersten Kindes »Mutter« und »Vater« (oder ein bisschen moderner *Mama* und *Papa*) zueinander.

Und dann diese Einzelbetten: »Mutter« legt ihren Futon ins Babyzimmer und schläft dort bis zum 5. oder 6. Lebensjahr des Kindes (ihr Mann ersetzt sie im Elternschlafzimmer üblicherweise durch eine große Stereoanlage und einen Flachbildfernseher). Selbst jüngere Paare, die das formelle *Ie*-System altmodisch finden, halten dennoch an einigen seiner Rituale fest. Kuscheln? Wo denken Sie hin?

Ich sage zu Ikeuchi, dass nichts von alledem besonders sexy klingt. Sie stimmt zu. Deshalb nennt man es ja auch »sexlose Ehe«, sagt sie. Sexlose Ehe? Ist das nicht ein Widerspruch in sich? Nicht in Japan, so erfahre ich. Der Begriff »sexlose Ehe« (oder die Abkürzung »*sexress*«) bezieht sich in Japan auf Ehepaare, die – besonders nach der Geburt des ersten Kindes – nur sehr wenig oder überhaupt keinen Sex miteinander haben. Es ist eine Art Syndrom, das junge Ehepaare in den Zwanzigern oder Dreißigern befällt und jahrelang oder sogar für immer andauern kann, ohne dass das Paar »das Problem« jemals anspricht. Hiromi weiß nicht genau, wie viele japanische Ehen »sexlos« sind, vermutet aber, dass dieses Phänomen sehr weit verbreitet ist. Sie gibt den *Ie*-Oberhäuptern die Schuld, von denen manche seltsamerweise stolz auf ihre keusche Ehe sind. »Es gibt Männer, die der Ansicht sind, man solle Sex und Arbeit nicht mit nach Hause bringen«, erklärt Ikeuchi.

Damit ist der erste Teil des Rätsels gelöst. Zu Hause gibt es nicht viel Sex. Aber findet er irgendwo anders statt? Oder bin ich auf eine sexuelle Kultur ohne Sex gestoßen?

Meine Suche nach dem in der »sexlosen Ehe« fehlenden Sex führt mich in den Konferenzraum eines mittelgroßen Tokioter Bauunternehmens. Ich habe meine Kontaktperson in der Firma gefragt, ob ich mit einigen der dort beschäftigten Männer sprechen könnte. Plötzlich habe ich die Qual der Wahl: Fünf Männer in den Dreißigern und Vierzigern sind bereit, mit mir über ihre Ehen zu sprechen – und zwar alle gleichzeitig.

Wie Ikeuchi sprechen sie lieber über Scheidungen als über die Ehe. Während sie im Raum umhergehen und sich vorstellen, erfahre ich, dass sie alle geschieden sind und dass die Ehe in allen Fällen von der Frau beendet wurde. (In Japan reichen meistens die Frauen die Scheidung ein). Als ich nach den Gründen frage, bieten mir die Männer einfache Erklärungen an: Die Frau kam nicht mit den Schwiegereltern aus oder hatte nur noch Interesse an den Kindern. Ich frage mich, was sie mir verschweigen. Schließlich bekennt einer der Männer, ein 40-jähriger Fachmann aus der Qualitätskontrolle namens Mamoru, er sei völlig überrascht gewesen, als seine Frau ihm nach zweijähriger Ehe, die er als glücklich empfand, ein »grünes Papier« für die Scheidung in die Hand gedrückt habe.

»Sie sagte: ›Dein Name bitte, unterschreibe bitte hier‹«, erinnert sich Mamoru, der die übliche Uniform des *Salaryman* (männlicher Angestellter renommierter japanischer Unternehmen, A. d. Ü.) trägt: blauer Anzug, weißes Hemd, blaugestreifte Krawatte. Ein Jahr lang bewahrte er das grüne Formular auf, ohne es zu unterschreiben, aber er fragte seine Frau auch nicht, warum sie sich scheiden lassen wollte. Tatsächlich sprachen sie in jenem Jahr überhaupt nicht miteinander, obwohl sie zusammenlebten.

Eine Trennung ohne ein einziges Gespräch ist für mich noch unvorstellbarer als eine Ehe ohne Sex. Aber Mamoru meint, er habe befürchtet, Beziehungsgespräche mit seiner

Frau könnten für ihn noch unangenehmer sein als die Trennung von ihr. »Ich hatte Angst, nach dem Grund zu fragen. Ich hatte Angst, dass meine Persönlichkeit zerstört wird«, erklärt er.

Welcher Art ihre inneren Kämpfe auch sein mögen, *Salarymen* wie Mamoru sind nicht gerade dafür bekannt, sensibel oder sexy zu sein. Man stellt sie sich im Allgemeinen mit Bierfahne, vorzeitigem Bauch und in kratzigen Polyester-Anzügen vor. Angestellte von Mammutunternehmen wie Mitsubishi und Nomura gewinnen Prestige durch ihre Jobs, aber die meisten *Salarymen* haben zumindest nach dem gängigen Klischee keine Zeit, neben ihrer Arbeit andere Interessen zu entwickeln oder zu lernen, wie man Frauen hofiert.

Die *Salarymen,* die ich in Tokio treffe, haben eine der besten Infrastrukturen für Affären, die ich je gesehen habe. Sie verbringen viel Zeit mit Zechtouren unter ihresgleichen. James Farrer, ein Soziologe der Tokioter Sophia University, sagt zu mir: Wenn man in Amerika ohne seine Frau auf einer Party auftaucht, heißt es sofort: ›Warum ist deine Frau nicht hier?‹ Sie zu Hause zu lassen ist eine Beleidigung für deine Frau und deine Ehe. Hier betrachtet man es dagegen als deplatziert und unangemessen, seine Frau zu vielen gesellschaftlichen Ereignissen mitzunehmen.«

Die Nähe und Offenheit, die amerikanische Ehen zusammenhalten sollen, werden von den wenigsten japanischen Ehepaaren angestrebt. Manche Männer erzählen mir, sie seien stolz darauf, dass sie selbst über erdrückende berufliche Probleme nie mit ihrer Frau sprechen. »Ich behandle meine Frau vorbildlich. Ich gebe ihr meine Liebe, aber ich spreche nie über meine Probleme. Ich bin stark für sie, ich bin ein perfekter Mann«, prahlt ein Ehemann in Tokio.

Yoko Itamoto, eine Heiratsvermittlerin, die staatlich subventionierte Feldforschung über die Ehe betreibt, sagt, Männer und Frauen entfernten sich in der Ehe oft so weit voneinander, dass Sex ihnen peinlich, weil zu intim sei. »Wir fangen an, Sex als etwas Schmutziges zu empfinden – die physische Nähe, die Körperflüssigkeiten, die Berührungen. Sowohl Männer als auch Frauen entwickeln diese Abwehrhaltung«, sagt Itamoto.

Dennoch müssen diese Ehemänner und -frauen Sehnsucht nach Nähe zu *irgendjemandem* haben. Aber zu wem? Die fünf geschiedenen Männer kommen bald auf die »Hostessen-Bars« zu sprechen, wo Geschäftsleute junge Frauen stundenweise dafür bezahlen, dass sie mit ihnen sprechen. Großstädte wie Tokio sind mit Hostessen-Bars übersät und in jeder Kleinstadt gibt es zumindest eine in der Nähe des Bahnhofs. Unternehmen begleichen die Rechnungen von exklusiven Clubs, in denen ihre leitenden Angestellten ihren Kunden Unterhaltung bieten.

»Ich unterhalte mich lieber mit einer Hostess als mit meiner Frau«, erzählt mir ein 42-jähriger Projektmanager, der zehn Jahre lang verheiratet war. »Zwischen japanischen Ehepartnern gibt es keine guten Gespräche. Sie sind nicht humorvoll. Aber Mädchen [Hostessen] sind witzig und verstehen es, gute Unterhaltungen zu führen.« Sich als Charmeur zu fühlen kommt allerdings nicht ganz billig. Zusätzlich zum Stundensatz muss ein Kunde häufig eine »Wahlgebühr« (wenn er dieselbe Hostess wünscht wie beim letzten Mal), eine »Karaoke-Gebühr«, eine »Sitzgebühr«, eine »Flaschengebühr« und eine »Imbissgebühr« bezahlen. (Die Tatsache, dass sich ausländische Männer meistens beschweren, wenn diese Extragebühren auf ihrer Rechnung auftauchen, ist einer der Gründe dafür, dass man Ausländer von solchen Clubs fernhält). Wenn die Unterhaltung unweigerlich ins Stocken gerät, holen die Hostessen ihr Handy hervor und zeigen den Kunden Fotos von ihren Haustieren. Nachdem der Kunde gegangen ist, programmieren die Frauen seinen Geburtstag und andere persönliche Einzelheiten ein, um sich beim nächsten Mal daran erinnern zu können.

Die Hostessen scheinen eine Kreuzung aus Callgirl und Therapeutin zu sein. Sie legen es darauf an, den Mann emotional an sich zu binden. In Japan gibt es keine nennenswerte psychoanalytische Kultur, aber in Hostessen-Bars öffnen sich die Männer und reden über ihre Ehefrauen und Familien. Eine Standardklage ist die über mangelnden Sex zu Hause. Sie ist auch eine nette Überleitung zum Hauptthema in den Hostessen-Clubs: Sex. Wenn die Nacht voranschreitet und die »Flaschengebühren« sich summieren, entwickeln sich aus den anfänglichen Anspielungen handfeste Unterhaltungen über Sex. Ein beliebter Trick besteht darin, den Hostessen neue Ausdrücke für sexuelle Handlungen beizubringen.

Aber der in den sexlosen Ehen fehlende Sex ist auch hier nicht zu finden. In Hostessen-Bars findet kaum Sex statt. Ein paar werben mit »*Touch-Times*« (Berührungszeiten), was bedeutet, dass die Kunden, wenn die Lichter ausgehen, die Brüste der Hostessen befummeln dürfen. Aber im Allgemeinen gilt, dass Sex schlecht fürs Geschäft ist. Die Höhe der Profite hängt nämlich davon ab, ob die Kunden immer wieder kommen, und die Hostessen haben festgestellt, dass viele Kunden das Interesse verlieren, nachdem sie mit ihnen geschlafen haben, sagt Joan Sinclair, die für ihr hervorragendes Buch *Pink Box: Inside Japan's Sex Clubs* japanische Fantasy-Sexclubs fotografiert hat.

Für richtigen Geschlechtsverkehr müssen die Kunden, die solche Clubs übrigens gerne in Gruppen aufsuchen, in einen der Sexclubs gehen. Und da gibt es eine große Auswahl. Im Tokioter Kabuki-cho-Viertel stapeln sich Sexclubs, so weit das Auge reicht, in Hochhäusern wie hell erleuchtete Legosteine (dazwischen liegen Nudelshops, in denen sich die Kunden

»danach« vermutlich stärken). In unmittelbarer Nähe findet man die berühmten japanischen »Liebeshotels«, wo Paare Zimmer mieten können, ohne einem Angestellten begegnen zu müssen. Die Hotels haben unterschiedliche Sätze für eine dreistündige »Ruhepause« und eine Übernachtung und werben mit einem Zimmerservice, zu dem Videospiele, Karaoke und Satelliten-Porno-Kanäle gehören.

Wie die Hostessen-Bars bieten die Sexclubs unterschiedliche »Dienstleistungen« an, die weit über die erotischen Tänze und Champagner-Separées amerikanischer Topless-Bars hinausgehen. Eine Variante, die sich »Fashion-Health« nennt, ist auf Massagen spezialisiert, die mit Oralsex enden. »Soapland Clubs« erlauben Geschlechtsverkehr. Es gibt Extragebühren für das Schlucken von Sperma, multiple Ejakulationen (die Standardgebühren beinhalten nur eine Ejakulation) und eine Sache, die *soku-shaku* genannt wird. Dabei unterlässt es der Kunde, vor dem Oralsex zu duschen (was anscheinend den Intimitätsfaktor erhöht). Wenn Kunden nicht sicher sind, um welche Art von Club es sich handelt, können sie einen der befrackten Rausschmeißer fragen, ob es ein *nuki ari* ist, ein Euphemismus, der wörtlich übersetzt »entkorken« heißt, in diesem Kontext aber »Kann ich hier ejakulieren?« bedeutet. (Bei ausländischen Männern wird diese Frage fast immer verneint.)

Eine besondere Variante der *Nuki-ari-Clubs* bedient die Vorlieben von *Salarymen,* deren sexuelle Fantasien vom täglichen Pendeln in öffentlichen Verkehrsmitteln beeinflusst sind. Stellen Sie sich vor, Sie steigen aus einer überfüllten U-Bahn aus und gehen in einen Sexclub, nur um dort ... die Attrappe eines überfüllten U-Bahn-Waggons vorzufinden. Aber in dieser U-Bahn dürfen Sie die hübschen Frauen befummeln. Zehn männliche Kunden und zehn Frauen steigen gleichzeitig in den *chikan-densha* (oder »Perversenzug«). (Wird eine Frau in einer echten U-Bahn betatscht, ruft sie »Chikan!«, um den Übeltäter bloßzustellen.) Es gibt auch Attrappen von Parks, Klassenzimmern und Restaurants, wo die Kunden mit Sicherheit auf ihre Kosten kommen und für die Verabredungen entschädigt werden, die sie nie hatten oder bei denen sie nie zum Zuge kamen. Wenn es in diesen Attrappen zwischen einem Kunden und seinem »Date« dann richtig zur Sache geht, ziehen sich die beiden in ein separates Zimmer zurück, wo eine Liste mit den angebotenen »Dienstleistungen« an der Wand hängt. Sinclair entdeckte erotische Teezeremonien, einen Ort namens »Mammut-Club« voller außergewöhnlich dicker nackter Mädchen und einen Club, in welchem die Frauen so tun, als seien sie, »die Ehefrau eines anderen Mannes«.

Es ist schwer zu sagen, wie viele »sexlose« Ehemänner Trost in Japans Sexindustrie finden. Ein Wirtschaftsexperte schätzt, dass japanische Sexunternehmen insgesamt jährlich etwa 20 Milliarden Dollar umsetzen, eine Summe, in der die einschlägigen DVDs, Magazine und die Internet-Pornografie noch gar nicht enthalten sind. Dieser Industriezweig ist so stark gewachsen, dass die Sexarbeiterinnen inzwischen sogar ihre eigene Gewerkschaft haben. Klar ist, dass in Japan ganz anders über Sex gesprochen wird. Die wenigsten amerikanischen Männer würden ihren Kollegen erzählen, dass sie Sex mit Prostituierten haben, die als Schulmädchen verkleidet sind. In Japan hat es ein Mann dagegen oft gar nicht nötig, so zu tun, als sei die eigene Ehe das Zentrum seines Sexuallebens. Sogar Männer, die die bizarrsten Sexclubs aufsuchen, werden nicht als pervers oder sexuell abartig betrachtet. Man sieht sie bloß als große Jungs, die ein bisschen Spaß haben wollen. Die Tatsache, dass die meisten dabei wahrscheinlich betrunken sind, gibt ihnen zusätzliche Rückendeckung. »Es ist ein Spiel«, sagt auch Masahiro Yamada, ein Soziologieprofessor der Tokioter Gakugei Universität.

Dieses Spiel verschafft Ehemännern eine Verschnaufpause von der Bürde, ein »starker« Mann sein zu müssen, der dem *Ie* vorsteht und die Last seines Jobs schultert. »Die Japaner nehmen Verpflichtungen sehr ernst«, erzählt mir ein Professor der Universität von Kyoto. »Bei uns ist das ehebrecherische Verhältnis frei von Verantwortung – darin liegt seine Attraktivität.«

Die japanischen Männer führen eine alte Tradition fort. Im 17. Jahrhundert wurden Prostituierte von den Shoguns in besonderen Stadtvierteln kaserniert – unter anderem, weil man sie dann leichter besteuern konnte. Die Meiji-Regierung, die Japan im späten 19. Jahrhundert allmählich für den Westen öffnete, wandelte diese Prostituiertenviertel in gut strukturierte Geschäftsviertel um. Während der folgenden 50 Jahre waren Besuche in Sexclubs im Wesentlichen staatlich genehmigt.

Erst im Jahre 1947 verbot die japanische Regierung bestimmte Aspekte der Prostitution wie beispielsweise Zuhälterei und die »öffentliche Aufforderung zur Unzucht«. Aber das neue Gesetz erlaubte es einem Mann und einer Frau dennoch, innerhalb eines Bordells eine private Vereinbarung über sexuelle Handlungen zu treffen. Dieses Hintertürchen wird auch heute noch gerne genutzt. Eigentlich gilt sogar nur vaginaler Geschlechtsverkehr als Prostitution. Clubs mit einer entsprechenden Lizenz können oralen und analen Sex verkaufen sowie alle anderen Praktiken, die nicht mit Geschlechtsverkehr verbunden sind. Wenn ein »Gesundheits-Lieferservice« einem Kunden eine Frau ins Haus liefert, beschließen die beiden technisch gesehen erst innerhalb des Hauses, was sie miteinander tun werden.

Ob solche Aktivitäten als Ehebruch gewertet werden, hängt davon ab, wen man fragt. Ich habe nirgendwo gehört, dass japanische Ehen aufgrund der Besuche des Ehemanns bei »Soap Ladies« scheitern. Ein Scheidungsanwalt erklärt mir, dass bezahlter Sex noch nicht einmal den juristischen Tatbestand des Ehebruchs oder *furin* erfüllt. Auch die Kunden solcher Clubs betrachten ihre Besuche offensichtlich nicht als *furin*. Mehr als einmal höre ich den Spruch: »Wenn du dafür bezahlst, ist es kein Ehebruch.«

Trotzdem ist es natürlich besser, der eigenen Frau nicht zu erzählen, dass man gerade von einer halb bekleideten »Krankenschwester« einen »Blowjob« bekommen oder den Abend damit zugebracht hat, mit einer Hostess über ihre Brüste zu sprechen. Aber die Männer sagen, ihre Frauen würden sie nicht fragen, wo sie waren. Unter Ehefrauen kursiert offenbar ebenfalls ein Spruch: »Solange er in Sicherheit ist, ist es gut, wenn er aus dem Haus ist.«

In Tokio erzählt mir eine Studentin im Aufbaustudium, die über außereheliche Beziehungen forscht, japanische Ehefrauen seien davon überzeugt, dass selbst der loyalste, vertrauenswürdigste und zuverlässigste Ehemann promisk ist. Was nicht heißt, dass das den Frauen gefällt. Sie sagt, die Ehefrauen fühlten sich von der Untreue ihrer Männer zutiefst verletzt, aber dieses Verhalten sei so eingefleischt, dass viele glauben, sie hätten nicht das Recht, sich zu beklagen.

Die Strategie »nicht fragen, nichts sagen« beginnt allerdings in einigen Kreisen der urbanen Mittelklasse allmählich zu bröckeln. Einer der geschiedenen Männer am Konferenztisch des Bauunternehmens, ein 39-Jähriger mit beginnender Glatze namens Satoshi, erzählt mir, seine Frau habe nach einer seiner Geschäftsreisen seine Aktentasche durchsucht und den Werbezettel eines Callgirls aus Sendai gefunden, einer zwei Autostunden nördlich von Tokio gelegenen Küstenstadt. Er sagt, seine Frau, mit der er damals seit zehn Jahren verheiratet war, habe die Sache falsch verstanden. Das Callgirl war für ihn niemand Besonderes. Er hatte schon viele solcher Frauen gehabt! Seine Frau verstand nicht, dass es nur ein Spiel war. »Ich empfinde nichts für diese Frauen, die ich bezahle. Das ist eine trockene Beziehung – wie eine Geschäftsbeziehung«, erzählt er mir.

Seine Frau schien weniger unter der Untreue zu leiden als eifersüchtig auf die Freiheit ihres Mannes zu sein. Nachdem sie den Werbezettel gefunden hatte, schloss sie in ihrem Sportklub neue Freundschaften und begann mit dem Sporttauchen. Es dauerte nicht lange, bis auch Satoshi das »grüne Papier« in der Hand hielt. »Wenn Frauen anfangen zu denken, ihre eigenen Interessen haben und ihr eigenes Leben führen, wird es schwierig, immer miteinander auszukommen«, erklärt er.

Satoshi ist wieder verheiratet und behauptet, er habe gelernt, seine Familie über seinen Job zu stellen. Jetzt würde er doch sicher nicht mehr zu einem Callgirl gehen, oder?

»Nein!«, sagt er mit Nachdruck. Und dann schaut er, während die Blicke seiner Kollegen auf ihn gerichtet sind, zur Zimmerdecke und sagt: »Aber morgen fahre ich nach Hokkaido … zum Spielen.«

Und was ist mit den Frauen? Haben sie auch außereheliche Sex? Midori, eine reizende 40-Jährige mit Alabasterhaut und einer Farrah-Fawcett-Frisur, scheint eine Scheidungskandidatin zu sein. Seit ihrem 27. Lebensjahr hatte sie keinen Sex mehr mit ihrem Mann. Sie reden auch nicht viel miteinander. (»Er ist der Typ, der abends trinkt und dann einschläft«, sagt sie). Da ihr Mann in seiner Familie der älteste Sohn ist, leben die beiden bei seinen Eltern. Er ist Verkäufer und nicht besonders stark oder einfallsreich. (»Würden mein Mann und ich ohne alles auf einer einsamen Insel ausgesetzt, wäre ich diejenige, die Fischen ginge«.) Inzwischen fühlt sie sich eher wie seine Mutter, eine Einschätzung, die ich von mehreren Frauen hörte.

Und trotzdem ist Midori nach eigener Aussage mit ihrer Ehe zufrieden. In einem eleganten Café in der Nähe eines Tokioter Bahnhofs nennt sie mir den Grund: Sie hat einen Liebhaber. »Man kann gleichzeitig auf unterschiedliche Art und Weise lieben. Mit meinem Mann ist es Familienliebe. Mit *ihm* ist es die andere Art von Liebe«, sagt sie.

Von ihrem Mann erwartet sie keine romantische Zuneigung. »Mütter und Söhne schlafen nicht miteinander«, erklärt sie.

Midoris Ehemann geht davon aus, dass sie die ganzen Jahre keusch gelebt hat. In Wirklichkeit geht sie mit ihrem Liebhaber einmal im Monat in ein Liebeshotel. Aber das ist noch nicht einmal das Beste an der Affäre. Sie *reden* miteinander. Ihr Liebhaber erzählt ihr von der Puppenherstellung – seiner zweiten Karriere. Das fasziniert Midori. Er ist einer der wenigen Menschen, die den Mut hatten, ihre Karriere in einem großen Unternehmen aufzugeben, um ihren Traum zu leben. Auf der einsamen Insel »wäre er derjenige [der Fischen gehen würde] … er ist der Überlebenskünstler und mein Ehemann wäre das verwöhnte reiche Kind«.

Midori hat manikürte Fingernägel und trägt einen gut sitzenden schwarzen Blazer, den man kaum vom Gehalt eines Puppenmachers bezahlen könnte. Als sie mit 23 Jahren heiratete, suchte sie vor allem jemanden, der eines Tages für ihre geschiedene Mutter sorgen würde. Ihr Mann sagte: »›Du kannst dich auf mich verlassen‹. Ich nahm ihm das Versprechen ab, nicht nur für mich, sondern auch für meine Mutter zu sorgen.«

Weil Midoris Liebhaber mit ihr über seine Gefühle spricht, begann sie zu verstehen, was in ihrem Ehemann vorgehen muss. »Es hört sich vielleicht seltsam an, aber weil ich mich auf diese Affäre eingelassen habe, kann ich meinen Mann heute mehr respektieren«, sagt sie.

Man sagte mir, Japaner litten nicht unter der jüdisch-christlichen Vorstellung von Sünde. (Weniger als 1% der Japaner sind Christen. Die meisten praktizieren eine Mischung aus Shintoismus und Buddhismus.) Doch ich glaube das nicht wirklich, bis ich Midori frage, ob sie sich schuldig fühle, weil sie außerehelichen Sex hat. Ihr verwirrter Gesichtsausdruck zeigt mir, dass sie meine Frage nicht verstanden hat. Doch als ich sie wiederhole, schaut sie mich immer noch verständnislos an. Sie hat Untreue noch nie mit Schuld in Verbindung gebracht.

Der emotionale Einsatz wird allerdings höher, wenn eine Frau ihren Ehemann wegen eines anderen verlässt. Einer meiner Gesprächspartner erzählte mir, seine Frau habe sich so dafür geschämt, dass sie ihren ersten Mann wegen ihm verließ, dass sie sich selbst bestrafte, indem sie sich weigerte, ihre Tochter je wiederzusehen. Mein Interviewpartner erzählte mir das bei unserem Gespräch über seine eigenen Affären.

Midori, die nicht die Absicht hat, ihren Mann zu verlassen, hat ein sehr starkes Gefühl für Anstand. Sie bleibt ihrem Ehemann gegenüber loyal, indem sie die Affäre geheim hält und darauf achtet, dass sie nicht mit ihren häuslichen Pflichten kollidiert. Ihr Mann war nicht so diskret. Vor acht Jahren fand Midori in seinem Auto eine Brieftasche, die er geschenkt bekommen hatte. Er gab zu, dass sie von seiner Geliebten war. Midori war außer sich. Nicht, weil er sie betrogen hatte, sondern weil er zugelassen hatte, dass sie es herausfand. »Er hat die Regeln missachtet. Denn wenn du eine Affäre hast, musst du dafür sorgen, dass es der andere nicht erfährt. Was auch passiert, man sollte nicht zulassen, dass es der andere herausfindet«, sagt sie. Midoris Arrangement wird einleuchtender, nachdem ich »Wintersonate« gesehen habe, eine koreanische Seifenoper, die während meines Aufenthalts in Japan zur beliebtesten Fernsehsendung wurde. Als der Star von Wintersonate auf Tokios internationalen Flughafen Narita eintraf, wurde der 31-Jährige mit dem unvorteilhaft orange gefärbten Haar fast von einer Meute seiner größten Fans erdrückt: japanischen Frauen mittleren Alters. Später wurden neun Frauen in dem Gerangel vor seinem Hotel verletzt.

In der Serie geht es um eine Frau Ende 20, die zufällig ihren Schatz aus Highschool-Zeiten wiedertrifft, den sie für tot hielt. Es gibt einige Verwicklungen: Der frühere Geliebte (in Japan »Yon-Sama« genannt) hat sein Gedächtnis verloren, er ist möglicherweise der Halbbruder der Frau und sie ist mit seinem ehemals besten Freund verlobt. Aber der wichtigste emotionale Aspekt der Geschichte ist, dass sich ihre Liebe in den zehn Jahren, während sie ihn für tot hielt, perfekt konserviert hat und dass sie vielleicht nicht einmal jetzt Erfüllung findet. Um das zu vermitteln, machen alle Schauspieler bei den Nahaufnahmen ein Gesicht, als hätten sie Schmerzen aufgrund einer Verstopfung. Das Ganze kommt so subtil herüber wie ein schlechtes Schlager-Video.

»Wintersonate« traf den Nerv einer Frauengeneration, die in den magereren Nachkriegsjahren jene Arbeiter heiratete, die schließlich ein Wirtschaftswunder auf die Beine stellten. Diese Frauen zogen in das *Ie* des Ehemanns und stellten keine Fragen, wenn er abends um elf erschöpft nach Hause kam und morgens um sieben wieder verschwand. Vielleicht hatten sie selbst einen Schatz aus Highschool-Zeiten, aber sie opferten die Leidenschaft für eine arrangierte oder zumindest »angemessene« Ehe.

Solche Verbindungen wurden nicht als »sexlose Ehen« bezeichnet, denn die Paare erwarteten von vornherein nicht viel von ihrer sexuellen Beziehung. Die wenigsten dieser Ehen hatten etwas mit Romantik zu tun. »Wintersonate« bringt bei den weiblichen Fans eine Saite zum Klingen, weil Frauen dieses Alters immer noch von Romantik (und Sex) träumen – aber offensichtlich nicht mit ihren Ehemännern (die, wenn sie endlich in Rente gehen, manchmal *sodai-gomi* oder »großer Haufen Müll« genannt werden). Die Männer ihrer Träume – wie Yon-sama – würden nicht nur »nicht auf dem Sofa sitzen und Getränkebestellungen durch die Wohnung bellen«, sondern wären vielleicht sogar nie zu Hause. Und das wäre in Ordnung. Für diese Frauen besteht das Vergnügen an einem Märchenprinz nicht darin, ihn zu haben, sondern sich nach ihm zu sehnen. »Man weiß nie, ob sie zusammenkommen«, erklärt Tamako, eine 58-jährige geschiedene Frau, die in Tokio lebt. Tamako ist untersetzt, hat kurzes Haar und ein ansteckendes Grinsen. Sie besitzt einen Universitätsabschluss und hat – ungewöhnlich für japanische Frauen ihrer Generation – einen guten Job als Beraterin für japanische Bauern. Tamako findet den Yon-sama-Rummel ein bisschen bescheuert und behauptet, sie könne nicht für einen Schauspieler schwärmen, der so alt ist wie ihr Sohn. Aber beim Sonntagnachmittagskaffee in Tokio gibt Tamako zu, dass sie die Folge des vergangenen Abends aufgezeichnet und heute morgen vor unserem Treffen angeschaut hat. Ich habe sie mir im Hotel ebenfalls angesehen und kann mir nicht verkneifen, Yon-samas monotonen Gesichtsausdruck und die unglaubwürdige Handlung der Sendung zu bemängeln. (In einer weiteren Wendung wurden Yon-sama von seiner Mutter neue Erinnerungen eingeimpft, in denen seine Highschool-Freundin nicht vorkommt.)

Doch an solchen Kleinigkeiten stört sich Tamako nicht. »Es geht nur um dieses Gefühl, das ich nachempfinden kann. Die Geschichte selbst ist nicht so wichtig«, sagt sie. »70- und 80-jährige Frauen erinnern sich daran, wie sie jung und verliebt waren.« Tatsächlich erlebt Tamako im wirklichen Leben

195

selbst eine Art »Wintersonate« – mit dem Unterschied, dass das Objekt ihrer Sehnsucht im gleichen Alter wie sie und verheiratet ist. Sie beschreibt ihn als einen »gewöhnlichen *ojisan*«, einen Mann mittleren Alters. Sie arbeiten in derselben Branche und begegneten sich vor 20 Jahren zum ersten Mal. Aber ihre Romanze begann erst vor fünf Jahren.

Der Mann sieht nicht besonders gut aus und wird wahrscheinlich eines Tages der »große Haufen Müll« einer anderen sein. Was ihn für Tamako so reizvoll macht ist, dass er praktisch unerreichbar ist. Für beide ist die Beziehung mehr ein »Schmachten« als ein reales Verhältnis. Weil er etwa eine Autostunde von Tokio entfernt lebt und viel reist, treffen sie sich nur zweimal im Jahr. In der Zwischenzeit flirten sie per E-Mail und SMS miteinander. (Tamako wartet immer drei Tage ab, bevor sie seine E-Mails beantwortet, aber er antwortet immer am selben Tag, wie sie stolz erzählt.) Dieser Austausch scheint ihr mehr zu bedeuten als die gelegentlichen Verabredungen in einem Hotel.

Es macht ihr nichts aus, dass ihr Freund wahrscheinlich noch ein paar andere »besondere« Freundinnen hat. (Einmal bedankte er sich für Kekse, die sie ihm nie geschickt hatte.) Sie findet das immer noch besser, als einen Ehemann zu haben wie den, von dem sie sich vor zehn Jahren scheiden ließ. »Ich mag dieses Gefühl, in jemanden verliebt zu sein«, sagt sie. »Viele meiner Freundinnen – besonders Studienfreundinnen – leben allein. Aber alle haben Beziehungen ... einen Freund. Ich weiß nichts über die Einzelheiten ihrer Beziehungen. Sie sagen einfach: ›Es gibt einen Mann in meinem Leben.‹ Ich sage das auch.«

Die Vernarrtheit in ein Liebesobjekt, das man vielleicht nie besitzen wird, wie in Wintersonate, ist tief in Japans sexueller Kultur verwurzelt. Ian Buruma, ein Autor britisch-holländischer Abstammung, sagt, »Traurigkeit« und »Sehnsucht«

seien die beiden Wörter, die sowohl in der klassischen japanischen Literatur als auch in den modernen japanischen Popsongs am häufigsten vorkommen. Er erkennt darin auch Japans Variante der »Groschenliteratur«. »In der westlichen Literatur liest man nicht so oft, dass jemand vor Sehnsucht Tränen vergießt. Es ist nicht so, dass dieses Gefühl nicht existiert, aber es wird nicht so theatralisch ausgedrückt – oder anders gesagt, was im Englischen theatralisch klingt, ist im Japanischen völlig normal.«

Noch »vollkommener« als eine in der Vergangenheit erstarrte Liebesaffäre ist eine, die tragisch endet, bevor sie überhaupt begonnen hat (»Wintersonate« hat von beidem etwas). Die extreme Variante ist die, bei der die Liebenden Doppelselbstmord begehen. Im heutigen Japan lässt man sich eher scheiden. Aber die Romantik des Doppelselbstmords wird in der Kunst immer wieder thematisiert. Die japanischen Theaterstücke aus der Edo-Zeit (17. bis Mitte 19. Jahrhundert), die heute noch aufgeführt werden, waren vom Doppelselbstmord geradezu besessen. Das war die Zeit, so Buruma, »in der die Liebe so oft tragisch endete, weil Liebe in der japanischen Gesellschaft keinen Platz hatte. Die Ehe hatte nichts mit romantischer Liebe zu tun.«

Eine Ehe, die diesem extrem romantischen Bild entspricht, ist in kaum einer Kultur vorstellbar. Wenn die Akteure aus jener Zeit vor die Entscheidung gestellt werden, sich zwischen ihrer außerehelichen Liebschaft und ihren familiären Verpflichtungen zu entscheiden, wählen sie in der Regel den Freitod mit ihrem oder ihrer Geliebten. Der Moment ihres doppelten Selbstmords ist der romantische Höhepunkt dieser Geschichten. In *Sonezaki Shinju,* einem der berühmtesten Bunraku-Puppenspiele aus der Edo-Zeit, schlägt eine Kurtisane ihrem Geliebten vor, sich vor dem gemeinsamen Selbstmord in einem Wald mit der Schärpe ihres Kimonos aneinanderzubinden, damit sie »im Tode schön aussehen«.

Dieses Märchen klingt auch noch bei zeitgenössischen Autoren nach. Einer der Bestseller des Jahres 1997 war der japanische Roman *A Lost Paradise* über zwei ehebrecherische Liebende, die nicht nur an der Unmöglichkeit der Erfüllung ihrer Liebe verzweifeln, sondern auch an der Gewissheit, dass ihre Liebe, selbst wenn sie zusammenkommen, schließlich ihre Makellosigkeit einbüßen wird. Um das zu verhindern, begehen sie Doppelselbstmord beim Liebesakt (sozusagen »auf dem Höhepunkt« ihrer Beziehung). Wie geplant findet die Polizei ihre Körper erst, nachdem die Verwesung eingesetzt hat und das Paar nicht mehr getrennt werden kann.

Doch die Zeiten ändern sich auch in Japan. Vor ein paar Jahren gingen sogenannte »Narita-Scheidungen« (nach dem Tokioter Flughafen Narita) durch die Presse. Frauen stellten auf ihrer Hochzeitsreise fest, dass sie sich mit ihren frisch angetrauten Ehemännern derart langweilten, dass sie diesen bei der Rückkehr noch am Flughafen den Laufpass gaben.

Den modernen Bräuten genügt es nicht mehr, sich vor Sehnsucht zu verzehren. Sie ziehen es vor, »Richtig-san« kennenzulernen und zu heiraten. Und sie wollen sexuelle Exklusivität in der Ehe. Als ich bei Ayako, einer smarten 26-Jährigen, die mit ihrem Freund zusammenlebt, den Spruch »Wenn man dafür bezahlt, ist es kein Ehebruch« ausprobiere, antwortet sie mir per E-Mail: »Wer hat das zu dir gesagt? Es müssen Männer gewesen sein, die meiner Meinung nach keine Ahnung haben, was eine Frau fühlt!« Gefühle sind für die Frauen aus Ayakos Generation von großer Bedeutung. Wenn ich Frauen zwischen 20 und 30 frage, was sie sich von einem Partner wünschen, steht fast immer auch *tayori ni naru* auf der Liste – jemand, auf den sie sich verlassen können. Ein Mann, der *tayori ni naru* ist, kann durchaus bei Mitsubishi arbeiten. Er verfügt definitiv über ein nettes Einkommen und steht dem Haushalt vor. Aber er ist ein *Salaryman* mit Seele – selbstbewusst und emotional zugänglich. Die Frauen betrachten die Ehe immer noch als eine Art Eltern-Kind-Beziehung, aber bei dieser neueren Variante dürfen sie das Kind sein. Sie stellen sich vor, dass ihre *Tayori-ni-naru*-Partner ihnen geduldig zuhören, wenn sie ihnen von ihren Problemen erzählen und ihnen dann kluge Ratschläge geben. »Jemand, der dich unterstützen kann ... nicht nur finanziell, sondern der dich auffangen kann, wenn du deprimiert oder verwirrt oder in Schwierigkeiten bist«, erklärt Ayako. »So jemand ist wirklich schwer zu finden«, fügt sie noch hinzu.

Das Problem besteht darin, dass japanische Frauen anspruchsvoller geworden sind, die meisten Männer aber nicht mit diesen Ansprüchen Schritt halten können. Emi, 30, Assistentin der Geschäftsleitung eines französischen Modehauses in Tokio, steht Männern, die behaupten, sie würden im Haushalt helfen, skeptisch gegenüber. »Vor der Ehe, ja. Aber nach der Hochzeit erwartet er, dass seine Frau ihn versorgt«, sagt sie. »Einige meiner Freundinnen haben sich bei mir schon über ihre Ehemänner beklagt.« Die Liebesheirat gilt als Ideal, aber als eine japanische Zeitschrift im Rahmen einer Umfrage von geschiedenen 20- und 30-Jährigen wissen wollte, warum sie geheiratet hatten, antwortete ein Drittel mit *nantonaku* – ohne besonderen Grund.

Anstatt sich festzulegen, schieben inzwischen viele japanische Frauen den Zeitpunkt der Heirat hinaus. Im Jahre 2000 waren 25% der Japanerinnen zwischen 30 und 34 Jahren noch unverheiratet – im Vergleich zu 7% im Jahre 1975, sagt Makoto Atoh, Leiter des staatlichen Instituts für Soziale Studien (der sich bei mir darüber beklagt, dass seine eigene, 30 Jahre alte Tochter gerade ihrem Freund den Laufpass gab). Finanziell sind Japanerinnen heute viel unabhängiger als jene Frauen, die in den Jahrzehnten nach dem Krieg volljährig wurden. Und sie sind vom Westen beeinflusst: Sie besitzen englische Universitätsabschlüsse und alle sechs Serien von *Sex and the City* auf DVD. Sie wollen nicht mit den Ehemännern zusammenleben, die in Japan auf dem Markt sind.

Andere Frauen wiederum versuchen ihrer Ehe »Starthilfe« zu geben. Atsuko Okano, eine Tokioter Unternehmerin, leitet eine Art Flirtschule für *Salarymen* und ihre Ehefrauen. Von allen in dieser Branche tätigen Personen, die ich außerhalb der Vereinigten Staaten getroffen habe, kommt sie dem amerikanischen »Ehebruch-Guru« am nächsten. Okano, die mehrere Ratgeber (einschließlich *Another Person Called »My Husband«*) geschrieben hat, behauptet, im Laufe der vergangenen 13 Jahre über 4000 Menschen in ihrer Privatpraxis behandelt zu haben. Etwa 50% ihrer Klientinnen lebten in sexlosen Ehen und die meisten versuchten einen fremdgehenden Partner zurückzuerobern.

Okano, die 49 Jahre alt und geschieden ist, erwähnt ungefragt, dass sie zur Zeit mit drei Partnern »jongliert«: einem herzallerliebsten alleinstehenden Mann in Kyoto, der auf Verlangen lange Massagen gibt, einem zwölf Jahre jüngeren »Playboy«, den sie einst während seiner Scheidung beriet, und einem 53-Jährigen, von dem sie mit Bedauern sagt: »Er sieht gut aus, er ist stark, er ist intelligent, er hat Geld. Aber leider hat er auch eine Frau.«

Okano ist zu dem Schluss gekommen, dass sowohl Ehemänner als auch Ehefrauen fremdgehen, weil sie sich Nähe, Entspannung und Spaß, gegenseitige Unterstützung und Sex wünschen. Ihr Trick besteht darin, ihnen beizubringen, all diese Dinge voneinander zu bekommen. Zu keinem Zeitpunkt sollen die Ehepartner miteinander oder mit einem Therapeuten Gespräche über ihre Ehe führen. Okano holt eine andere Art von Expertinnen zu Hilfe: Frauen aus Japans Sexindustrie. Okano spricht über ihre Callgirl-Beraterinnen, als handele es sich um ein Team von McKinsey & Company. Wer könnte besser wissen als diese Frauen, wie man Männer verwöhnt und ihnen beibringt, was ihre Ehefrauen wollen?

Wenn die Männer zum »Training« kommen, bringen die »Soap-Ladies« ihnen bei, dass ihre Frauen den »Sex auf die Schnelle«, den die Männer von den Sexclubs gewöhnt sind, nicht wirklich genießen. Außerdem zeigen sie ihnen, wie man stimmungsvolle Beleuchtung, Kerzen und Komplimente einsetzt. »Frauen legen normalerweise Wert auf das Ambiente und das Vorspiel. Sie wollen nicht sofort ›zur Sache kommen‹. Das wissen die wenigsten Männer«, erklärt Okano.

Die Ehefrauen erhalten eine Runderneuerung im Eliza-Doolittle-Stil, bei der zunächst einmal Schlabber-T-Shirts und Oma-Unterwäsche entsorgt werden. Die Soap-Ladies machen mit den Ehefrauen Visualisierungsübungen, bei denen die »Profis« beschreiben, was in den Sexclubs abläuft. Sie bringen den Gattinnen bei, die Beine übereinanderzuschlagen und sich ihren Ehemännern gegenüber kokett zu verhalten. Es ist ein Paradigmenwechsel: Anstatt aus der Küche »Hallo« zu rufen, wenn ihr Mann nach Hause kommt, lernt sie, ihn mit einer Umarmung mit Ganzkörperkontakt zu begrüßen (und ihn dabei vielleicht zu ermutigen, ihren Hintern zu befummeln.)

Die »Profis« machen sie nicht mit Sextechniken vertraut, sondern mit dem Prozess, der zum Sex führt. Okano bietet ein Dreimonatsprogramm (zum Preis von etwa 2500 $) für die gewöhnlichen Fälle an und ein Sechsmonatsprogramm (für etwa 4200 $) für Fälle, »bei denen die Frau nicht hübsch ist«. Die wöchentlichen Sitzungen werden durch Telefonberatung ergänzt. Ruft eine Frau aufgebracht an, um zu berichten, dass ihr Mann zu seiner Geliebten gegangen ist, rät Okano ihr, ruhig zu bleiben. »Du bekommst später noch Gelegenheit zur Rache. Lächle. Werde in seiner Gegenwart nicht wütend, sonst wird er dich noch weniger mögen.« Während dieser ganzen Zeit spricht das Ehepaar nicht über die Angelegenheit.

Mit neuer Unterwäsche ist es allerdings nicht getan, wenn sich der Mann ernsthaft verliebt hat. In diesem Fall muss die Ehefrau unbedingt vermeiden zu konkurrieren, so Okano. Stattdessen kommt hier Okanos Waffe »Beschämung« zum Einsatz. Sie rät der Ehefrau, den Chef des Mannes auf ihre Seite zu ziehen. Dazu soll sie diskret ein Treffen mit ihm vereinbaren, um eine »geschäftliche Angelegenheit« zu besprechen und ihm ein teures Geschenk mitbringen. (»Japaner sind in einer schwachen Position, wenn sie etwas geschenkt bekommen«, erklärt Okano). Wenn die Ehefrau dem Chef von der Geliebten ihres Mannes erzählt, soll sie nicht das Unmoralische des Betrugs herausstellen, sondern die Tatsache, dass er seine Familienpflichten vernachlässigt. Ist der Chef verständnisvoll oder will er verhindern, dass die Situation aus dem Ruder läuft, wird er auf seinen Angestellten Druck ausüben, um ihn dazu zu bringen, seine Freundin fallen zu lassen.

Sollte das nicht fruchten, greift Okano zu drastischeren Mitteln der Beschämung. Sie schreibt den Eltern der Geliebten einen anonymen Brief und eröffnet ihnen, dass ihre Tochter mit einem verheirateten Mann schläft. Nachdem man den Eltern ein bisschen Zeit gegeben hat, die Nachricht zu verdauen, plant Okano einen Hinterhalt. Sie, die Ehefrau und eine ihrer Freundinnen verstecken sich in der Nähe des Elternhauses der Geliebten und warten – manchmal stundenlang – auf die Heimkehr der Eltern. Dann gehen sie zur Haustür, nennen den Grund ihres Besuchs und bitten, hereinkommen zu dürfen. Gewöhnlich findet dann im Wohnzimmer der Eltern eine Besprechung statt, bei der die Ehefrau sehr emotional für ihre Ehe und ihre Kinder eintritt. In fast allen Fällen sind die Eltern einverstanden, mit ihrer Tochter zu sprechen, um sie dazu zu bewegen, die Beziehung aufzugeben.

Meine letzte Station auf der Reise durch das Land der sexlosen Ehen ist in gewissem Sinne der Anfang: eine japanische Kuppel-Party. Es ist die peinlichste Veranstaltung, an der ich je teilgenommen habe. 80 Leute, etwa ebenso viele Männer wie Frauen, gehen in einem großen Ballsaal umher. Die Frauen haben größtenteils Sommerkleider an, während die Männer Krawatten und schlecht sitzende Jacketts tragen. Ein Spruchband über ihren Köpfen informiert darüber, dass dies eine Sommer-Spezial-Party ist. Jede/r hat etwa 63 $ Eintritt bezahlt und die meisten sehen so aus, als würden sie es bereits bereuen. Ein vergnügter Conferencier hat ihnen gesagt, dass sie sich miteinander bekannt machen sollen, aber sie steuern stattdessen schnurstracks die Schlange an, wo man fürs Bier anstehen muss.

Es ist fast unmöglich, sich vorzustellen, dass diese Menschen je soweit kommen könnten, miteinander Sex zu haben. Sie sind kaum in der Lage, einander anzuschauen. Die Organisatorin der Party schätzt, dass die Veranstaltung vielleicht eine Ehe hervorbringen könnte, korrigiert ihre Schätzung dann aber nach unten.

Ich gehe auf ein paar Leute zu – einerseits, weil ich sie interviewen will, und andererseits, weil sie so verzweifelt aussehen. Fumiko, 38, ist dünn, hat schwarzes Haar und vorstehende Zähne. Sie arbeitet als Krankenhaussekretärin, möchte ihren Job allerdings gerne aufgeben, wenn sie heiratet. Ich frage sie, was sie sich von einem Mann wünscht und hoffe, dass sie sagt »Sinn für Humor« oder »Saisonkarten für das Yomyuri Baseball-Team«. Aber sie sagt: »Einen Mann, auf den ich mich verlassen kann.«

»Ist es wahr, dass sich die Leute in Amerika einfach so auf den ersten Blick verlieben?«, fragt sie mich. Dann lehnt sie sich zu mir herüber und flüstert: »Haben Sie schon einmal jemanden übers Internet gesucht?« Ich gehe weiter zu Sato, 36, weil er ein süßes Gesicht hat und einer der wenigen Männer ist, die keine Krawatte tragen. Er erklärt, dass er den größten Teil seiner Zeit in seinem Elektronikladen verbringt und deshalb wenig Gelegenheit hat, Frauen kennenzulernen. Seine Ansprüche an eine Ehefrau sind denn auch recht bescheiden: Er sucht eine, die »nicht nervös ist«. Doch in dieser Menge könnte das bereits eine hohe Anforderung sein.

In der Hoffnung, ein bisschen ermutigend zu wirken, nähere ich mich Junko, einer 33-jährigen Bibliothekarin in einem geblümten Kleid. Sie steht allein am Rande des Geschehens und wirkt recht entspannt. Sie hat gerade einen Mann abblitzen lassen, der ihr ein Bier brachte. Er erschien ihr zu schwach. »Japanische Männer sind nicht aggressiv genug«, sagt sie. Auch für sie ist es ein Problem, potenzielle Partner kennenzulernen. In der Bücherei arbeiten nur zwei Männer und beide sind so alt wie ihr Vater. Trotz der vielen anwesenden Interessenten lässt sie den Blick ohne Hoffnung durch den Ballsaal schweifen. »Heute schaue ich mich um, aber ich sehe niemanden, der in Frage käme. Sie waren nicht unbedingt schlecht, aber ich suche ein bisschen mehr.« Fast möchte ich zu ihr sagen: »Kopf hoch! Such dir einfach einen aus und heirate ihn. Dein Liebhaber wartet schon an der nächsten Ecke.«

Den Sex, an dem es in den sexlosen Ehen mangelt, habe ich fast nirgendwo gefunden. Es ist durchaus möglich, dass Japaner weniger Sex haben als alle anderen Leute, von denen in diesem Buch die Rede ist. Sie haben nicht viel Sex in der Ehe, Männer haben auch in den Sexclubs wenig Sex und sogar viele japanische Affären scheinen irgendwie virtuell zu sein, eher ein Schmachten als echter Sex.

Ich vermute, dass japanische Männer Sex vermissen. Japanische Frauen tun das jedenfalls. Treue ist ihnen nicht unbedingt das Wichtigste. Aber wie Frauen in aller Welt sehnen sie sich nach romantischen, sexuell erfüllenden Ehen. Und da nicht alle japanischen Männer diese Vorstellung teilen, bleiben immer mehr Frauen unverheiratet.

Man kann diesen unglücklichen *Salarymen* kaum die Schuld geben. Wenn Sex erst einmal in eine Fantasiewelt entrückt oder zur bezahlten Entspannungsmethode geworden ist, ist es schwer für die Frauen – mit ihrem morgendlichen Mundgeruch und ihren emotionalen Wünschen – damit zu konkurrieren. Stellen sie sich vor, Sie würden abends mit Ihren Arbeitskollegen Sushi vom Körper einer nackten jungen Frau essen und kämen dann nach Hause zu ihrer Ehefrau, die vielleicht ein paar Hähnchenschnitzel für Sie im Ofen warm hält. Das Sushi gewinnt immer. Aber heutzutage beschließt die Gattin vielleicht, dass dies das letzte aufgewärmte Hähnchenschnitzel war, und lässt sich scheiden.

Es gibt noch ein weiteres, völlig anderes Land, wo Männer Schäferstündchen mit anderen Frauen routinemäßig als Entspannungsmethode praktizieren. Aber in Südafrika baumelt ein höheres Preisschild an der Untreue als in den fantastischsten japanischen Sexclubs. Aufgrund der Verbreitung von Aids ist der Preis für das Fremdgehen oft genug der Tod.

Südafrika: Eine (Ehe-)Frau reicht nicht

So weit sie zurückdenken können, sind die medizinischen Fachkräfte in einem südafrikanischen Township namens Alexandra mit einem Phänomen konfrontiert, das sie scherzhaft »Alex-Syndrom« nennen. Arme schwarze Männer, von denen manche die 65 bereits überschritten haben, suchen eine Klinik auf und klagen über »Impotenz«. Aber wie sich herausstellt, bedeutet impotent in diesem Fall, dass die Männer nur ein bis zwei Mal pro Nacht zum Sex in der Lage sind. »Sie sind verzweifelt, völlig außer sich«, erzählt mir ein Psychologe, der an der dortigen Klinik arbeitete. »Weil sie eine Ehefrau *und* eine Freundin haben. Sie waren bei der Freundin, müssen dann zu ihrer Frau zurück und können vielleicht nur einmal.«

Doch das Problem ist keineswegs auf ein Township beschränkt. Männer in Schwarzafrika scheinen außerehelichen Sex so häufig zu praktizieren, dass selbst russische Männer als prüde erscheinen. In Mosambik, dessen Hauptstadt Maputo etwa 480 Kilometer von Johannesburg entfernt liegt, gaben in einer 2003 durchgeführten Studie 29% der mit einer Partnerin zusammenlebenden oder verheirateten Männer an, dass sie im Jahr vor der Befragung mehrere Sexualpartnerinnen hatten – sieben Mal so viele wie in Frankreich oder den USA.

Unter normalen Umständen könnte man darüber streiten, ob es moralisch vertretbar ist, das Vertrauen des Partners/der Partnerin routinemäßig zu missbrauchen, neben der eigenen

Frau noch andere Frauen zu schwängern und Sex gegen Geld oder Vergünstigungen einzutauschen. Aber in Südafrika sind die Umstände nicht normal. Einer von fünf Erwachsenen ist mit HIV infiziert, jenem Virus, das die Immunschwäche Aids auslöst. Inzwischen sind über eine Million Südafrikaner an durch Aids verursachten Erkrankungen gestorben. Während ich dies schreibe, ist das Virus für viele Menschen ein Todesurteil mit Aufschub. Nur ein Bruchteil der HIV-Infizierten hat Zugang zu den gegen Retroviren wirksamen Medikamenten, die ihr Leben retten könnten.

Angesichts dieser Tatsachen ist das Fremdgehen von einem unanständigen Hobby zu einer tödlichen Praxis geworden. Untreue ist hier wie eine extrem effiziente Schnellstraße, über die sich HIV in der Bevölkerung verbreitet. Wenn die Leute gleichzeitig mehrere Sexualpartner haben, kann der Erreger auf viele Partner überspringen, wenn er am ansteckendsten ist (das ist kurz nach der Infektion). 1990 wurde in südafrikanischen Geburtskliniken weniger als eine von 100 Frauen positiv getestet. Im Jahre 2000 war bereits eine von vier Frauen HIV-positiv.

»Ist der Durchseuchungsgrad innerhalb einer Gemeinde hoch, wird Untreue zur Zeitbombe«, sagt Allison Russell, die Leiterin der Palliativ-Station im Chris Hani Baragwanath Hospital von Soweto, der größten Südafrikas.

Bei einem der üblichen Szenarien steckt sich ein Mann bei seiner Geliebten an und kommt dann nach Hause, wo er wiederum seine Frau ansteckt. Deren Kinder nehmen das Virus bei der Geburt oder durch das Trinken infizierter Muttermilch auf. Wenn die Eltern Glück haben, leben sie noch zehn Jahre. Aber oft kommt der Tod schon viel früher.

Warum aber gehen Südafrikaner angesichts dieses makabren Szenarios dennoch das Risiko der Untreue ein? Sind nicht der Überlebenswille und der Wunsch, die eigene Familie zu schützen, viel ursprünglicher und stärker als das Verlangen nach Sex mit vielen verschiedenen Menschen?

Wenn Sie noch nie um die Welt gereist sind, um Menschen zum Thema Ehebruch zu befragen, können Sie vielleicht nicht ganz verstehen, wie erleichtert ich war, als ich folgende E-Mail von Isak »Sakkie« Niehaus, einem Anthropologen der University of Pretoria, erhielt. Sie kam ein paar Wochen vor meiner Reise nach Südafrika bei mir an:

»Hallo Pamela,
bei mir sind Sie an der richtigen Adresse. Außereheliche Be-
ziehungen und Aids sind mein Fachgebiet. Ich habe eine Menge
darüber geschrieben … Kontaktieren Sie mich gleich nach Ihrer
Ankunft.«

Selbstverständlich mache ich mich nach meiner Ankunft in Johannesburg sofort auf den Weg zu Sakkies Büro. Pretoria ist ungefähr eine Autostunde von Johannesburg entfernt. Während der Apartheid studierten an der University of Pretoria fast nur Weiße, aber jetzt ist die Studentenschaft zu 40% schwarz und erstaunlich integriert. An einem wolkenlosen Sommertag stehen Gruppen von weißen und schwarzen Studenten auf den Grünflächen des Hauptplatzes vor dem Universitätsgebäude plaudernd und lachend beisammen, als posierten sie für ein Werbefoto.

Sakkie hat einen rötlichen Bart und eine sonore Stimme, die häufig in ein Lachen übergeht, das tief aus seinem Bauch zu kommen scheint. Als ich ihm erzähle, dass meine Taxifahrt 60 Dollar gekostet hat, kichert er und sagt, das sei der Preis, den ein südafrikanischer Mann üblicherweise den Eltern seiner zukünftigen Braut bezahle. In Anbetracht meiner sehr eingeschränkten Kochkünste überlege ich, ob es nicht klüger gewesen wäre, das Interview sausen zu lassen und mir eine Frau zu kaufen.

Statistiken über Untreue können die häufig wechselnden Beziehungen der Südafrikaner nicht wirklich erfassen. Aber Sakkie hat sie in der »sexuellen Biografie« seiner ehemaligen wissenschaftlichen Hilfskraft dokumentiert, eines charmanten 38-jährigen Schwarzen namens Ace, der in einem nördlich von Pretoria gelegenen ländlichen Bezirk namens Bushbuckridge lebt. Hätte Ace versucht, in Boston oder Stockholm so zu leben wie hier, wäre er als gemeiner Schuft betrachtet worden oder sogar mit dem Gesetz in Konflikt geraten. Aber in Südafrika ist seine Geschichte typisch für jemanden, der ein bisschen Geld und eine Menge Charme hat.

Es ist interessant, die wichtigsten Stationen seines Lebens zu betrachten, denn dabei wird deutlich, dass die Änderung des Sexualverhaltens eine Änderung des gesamten Lebensstils voraussetzen würde. Ace legt so richtig los, als er mit 19 auswärts die Highschool besucht. Er unterhält Beziehungen zu fünf Frauen. Als eine von ihnen schwanger wird, leugnet er die Vaterschaft und flüchtet in seine Heimatstadt. Dort lässt er sich mit zwei weiteren Frauen ein: Helen und Iris. Iris wird ebenfalls schwanger. Ace gibt ihren Eltern eine Anzahlung von 37 $ auf den Brautpreis. Es folgt eine kurze Phase der Treue – wahrscheinlich die einzige Zeit in seinem Leben, in der er so etwas wie eine monogame Beziehung führt. Doch nach ein paar Monaten bekommt er einen Job als Minenarbeiter außerhalb der Stadt. Mit seiner Beziehung geht es schnell bergab. Während Ace auswärts arbeitet, wird Iris vom Pastor ihrer Kirchengemeinde schwanger. Sie lässt das Kind abtreiben. Ace erfährt davon und schlägt sie. Iris verlässt Ace und kehrt mit dem gemeinsamen Sohn zu ihren Eltern zurück.

Die Geschichte geht weiter wie eine mexikanische Seifenoper. Wieder allein, kommt Ace noch einmal mit Helen zusammen, die inzwischen einen nigerianischen Arzt geheiratet hat. Dann nimmt er seine Arbeit im Bergwerk wieder auf und schläft mit Prostituierten, bis er einer relativ gut situierten Geschiedenen namens Lindiwe begegnet, die ihr drittes Kind erwartet. Ace hat inzwischen seinen Job verloren. Er gibt zu, dass die Liebe zu Lindiwe nur gespielt ist, damit sie ihm Geld gibt und Bier kauft. Schließlich schlagen ihn ein paar Freunde von Lindiwes Ex-Mann zusammen und verletzen ihn schwer. Zu diesem Zeitpunkt ist Ace erst 23 Jahre alt (und damit im mittleren Alter, denn südafrikanische Männer haben eine Lebenserwartung von ca. 43 Jahren).

Dann begegnet Ace einer Frau, die als Gelegenheitsprostituierte arbeitet und zeugt mit ihr drei weitere Kinder (bei zweien zweifelt er die Vaterschaft an). Als er sie mit anderen Männern erwischt (was hier nicht besonders ungewöhnlich ist), schlägt er sie und beendet die Beziehung. Er tut sich mit einer anderen Frau zusammen, die als Verkäuferin in einem Bekleidungsgeschäft arbeitet, aber er findet bald heraus, dass sie außerdem die Geliebte eines wohlhabenden Mannes ist, der noch zwei Ehefrauen hat. Das lässt seine Gefühle erkalten.

Selbst für einen Mann wie Ace ist dieses Beziehungskarussell zu viel. Er sagt, er sehne sich eigentlich nur noch nach Iris, der Mutter seines zweiten Kindes, da sie ihm – abgesehen von dem kleinen Zwischenfall mit dem Pastor – stets treu war. Aber als er sie wiederfindet, liegt sie im Sterben. Nach ihrer Flucht vor Ace hatte sie einen wohlhabenden Mann geheiratet, der sich bei einer seiner Freundinnen mit dem HIV-Virus angesteckt hatte. Er starb ebenfalls.

Es ist durchaus vorstellbar, dass Menschen ihr Sexualverhalten ändern, wenn sie mit einer tödlichen Krankheit konfrontiert werden. Die Homosexuellen haben das getan. Im Juli 1981 diagnostizierten Ärzte in New York und Los Angeles bei 41 homosexuellen Männern eine seltene und tödlich verlaufende Krebs-erkrankung. In allen Fällen handelte es sich um »homosexuel-le Männer mit häufig wechselnden Sexualpartnern, von denen manche bis zu viermal wöchentlich zehn Sexualkontakte pro Nacht hatten«. Einige der neun in Los Angeles erkrankten Männer gaben an, vor nicht allzu langer Zeit in New York gewe-sen zu sein. Diese Männer hatten das urbane Homosexuellen-ideal ausgelebt. John Manuel Andriote erklärt in seinem Buch *Victory Deferred: How AIDS Changed Gay Life in America:* »Homosexuell zu sein bedeutete in den 1970er-Jahren heiße Männer, coole Drogen, kochende Discos und jede Menge Sex.« Im Laufe der folgenden drei Jahre bildeten sich Interessen-gruppen von Homosexuellen, sogenannte *Gay-Communities,* die den wachsenden medizinischen Informationspool über die Krankheit nutzten, um Empfehlungen zu ihrer Ver-meidung weiterzugeben. Im Jahre 1984 gab die Gay Men's Health Crisis, eine Homosexuellen-Vereinigung in New York, ihre ersten Safer-Sex-Richtlinien heraus. Homosexuellen-Organisationen in westlichen Ländern forderten die Männer eindringlich auf, weniger Sexualpartner zu haben, Kondome und Gleitmittel beim Analsex zu benutzen. Im Jahre 1985 begann das Gesundheitsamt von New York mit der Schlie-ßung von Saunen, die den Homosexuellen als Treffpunkte für unverbindliche Sexualkontakte gedient hatten. Da sich die Homosexuellen hauptsächlich in den Großstädten zusam-mengeschlossen hatten, erlebten viele homosexuelle Männer, wie ihre Freunde an Aids dahinsiechten und starben.

In westlichen Homosexuellen-Gruppen änderten sich die sexuellen Verhaltensregeln. Prominente Homosexuelle pran-gerten Promiskuität an. Männer, die die neuen Safer-Sex-Re-geln missachteten, gingen das Risiko ein, aus einer Gemein-schaft ausgeschlossen zu werden, die für manche der einzige Ort gewesen war, an dem sie sich je wirklich akzeptiert gefühlt hatten. So entwickelten homosexuelle Männer schließlich eine Art Selbstkontrolle. »Verhaltensänderung wird weniger dadurch bewirkt, dass Individuen beschließen, sich zu ändern, als durch die Änderung von Verhaltensregeln und Werten innerhalb von Gemeinschaften«, schreibt der australische Aids-Aktivist Adam Carr. Er weist auf eine australische Studie von 1990 hin, die deutlich gezeigt hatte, dass Männer umso mehr auf Safer Sex achteten, je stärker sie sich mit ihrer »Gay-Community« verbunden fühlten. Einzelgänger oder Männer, die am Rande der Gemeinschaft standen – und somit kaum dem Gruppendruck ausgesetzt waren –, hatten das höchste Ansteckungsrisiko. All das führte dazu, dass homosexuelle Männer in Amerika zwischen 1984 und 1988 die Anzahl ihrer Sexualkontakte mit Zufallsbekanntschaften um 30% reduzierten, wie die Wirtschaftswissenschaftlerin Emily Oster von der University of Chicago errechnete. Das konnte dem HIV-Virus natürlich nicht Einhalt gebieten, aber es verlangsamte seine Verbreitung unter homosexuellen Männern.

Eine ähnliche Entwicklung wurde bei heterosexuellen Männern in Uganda beobachtet. Laut einer Studie, die im Rahmen des weltweiten Anti-Aids-Programms durchgeführt wurde, sank der Prozentsatz der ugandischen Männer, die angaben, in den zwölf Monaten vor der Befragung mindestens einen unverbindlichen Sexualkontakt gehabt zu haben, von 35% auf 15%. Bei den Frauen sank der Prozentsatz von 16% auf 6%. Wie bei den amerikanischen Homosexuellen in den 1980ern »ist die Vermeidung riskanter Sexualpraktiken [in Uganda] zur allgemein akzeptierten Norm geworden«, erklären die Autoren eines Forschungsberichtes.

Die Einwohner Ugandas hatten Zugang zu denselben Informationen über Aids wie die Menschen in anderen afrikanischen Ländern, aber ihre Verhaltensänderung war anscheinend hauptsächlich darauf zurückzuführen, *wie* sie diese Informationen erhalten hatten. Die meisten Ugander erfuhren von der Krankheit über »persönliche Informationskanäle« – Freunde, Pastoren, Kollegen und Mitschüler. Das heißt, die Menschen in Uganda verbreiteten die Safer-Sex-Botschaft untereinander, so wie es die Homosexuellen westlicher Länder getan hatten. »In Uganda war die glaubwürdige Vermittlung von Warnungen und Ratschlägen bei Diskussionen und in sozialen Netzwerken auf fruchtbaren Boden gefallen«, schreiben die Forscher Rand Stoneburner und Daniel Low-Beer.

»Insbesondere in Südafrika herrscht ein beklemmendes Schweigen in Bezug auf dieses Thema. Es ist mit Schamgefühlen besetzt oder inakzeptabel oder löst paranoide emotionale Reaktionen aus«, sagt Brent Wolff, ein in Entebbe, Uganda, tätiger Epidemiologe. »Wobei die Betroffenen auch in Uganda keinesfalls frei von Stigmatisierung sind. Aber man darf HIV erwähnen, ohne dass die Leute denken, man sei Teil einer internationalen Verschwörung oder würde das Land in ein schlechtes Licht rücken.«

In Uganda kündigte der Gesundheitsminister frühzeitig an, dass das Land eine schwere Gesundheitskrise zu bewältigen habe und Ende der 1980er-Jahre unterstützte Ugandas Staatspräsident eine offene Kampagne gegen Aids, mit der die Bürger eindringlich aufgefordert wurden »mit Vorsicht zu lieben« und das »Grasen« zu lassen – beides Umschreibungen für den Verzicht auf wahllosen Sex. (Das bedeutete nicht unbedingt, monogam zu leben, denn in Uganda ist Polygamie erlaubt). Überall hingen Poster mit der Warnung: AIDS BEDEUTET DEN SICHEREN TOD! NIMM DICH IN ACHT! Auch die örtlichen Kirchengemeinden griffen diese Botschaft auf und verbreiteten sie.

Uganda hatte sogar seinen eigenen Rock Hudson. (Der amerikanische Filmstar hatte seine Aids-Erkrankung im Jahre 1985 öffentlich gemacht und dadurch dazu beigetragen, das Tabu in Amerika zu brechen.) Vor seinem Tod im Jahre 1989 schrieb der ugandische Sänger Philly Lutaaya Lieder über seinen Kampf gegen Aids und reiste kreuz und quer durchs Land, um in Schulen und Kirchen zu sprechen. Sein Lied »Allein und voller Angst« wird noch heute von ugandischen Radiosendern gespielt.

In Südafrika mangelt es nicht an Informationen über HIV. Das Thema »Safer Sex« ist in Rundfunk und Fernsehen ständig präsent. In den Toiletten der Universitäten hängen Automaten mit kostenlosen Kondomen. Menschen aus allen Gesellschaftsschichten können die Regeln herunterbeten wie Bibelsprüche: Benutze stets ein Kondom oder praktiziere Sex ausschließlich mit einem Partner, der dir ebenfalls treu ist. In Johannesburg werden die Menschen in öffentlichen Anzeigen gebeten, vorsichtig zu fahren, denn ihr Blut könnte sich, wenn sie einen HIV-positiven Fußgänger anfahren, am Unfallort mit dem des Infizierten vermischen.

Doch trotz all dieser Warnungen scheinen die Südafrikaner nicht treuer geworden zu sein. Die Leute betrügen weiterhin ihre Partner, obwohl sie wissen, dass es tödlich sein könnte. Dieses Verhalten widerspricht allem, was ich bisher als menschliche Logik und Selbsterhaltungstrieb betrachtet habe. Im Jahr 2000 stellten Wissenschaftler im Rahmen einer Untersuchung fest, dass die Einwohner einer Stadt sich nach einem zweijährigen HIV-Aufklärungsprogramm mit fast ebenso hoher Wahrscheinlichkeit auf »fortgesetzte Sexualkontakte mit Zufallsbekanntschaften« einließen wie zuvor. Obwohl sie inzwischen praktisch Experten für Aids sind, gaben nur ein Drittel der Männer und ein Viertel der Frauen in einem Township an, mit ihren wechselnden Sexualpartnern Kondome zu benutzen. (In einer wissenschaftlichen Zeitschrift erschien ein Forschungsbericht über ein Township mit dem Titel: »Ich glaube, dass Kondome gut sind, aber aai, ich hasse diese Dinger.«)

Die Wirtschaftswissenschaftlerin Emily Oster überprüfte die Daten, die zwischen 1997 und 2002 – jenem Zeitraum, in dem sich die Informationen über Aids rasch verbreiteten – in neun anderen afrikanischen Ländern erhoben worden waren. Dabei entdeckte sie, dass der Prozentsatz der Männer, die außerehelichen Sex hatten, nur leicht gesunken war, während sich der Prozentsatz der Frauen leicht erhöht hatte. Auf alle Erwachsenen bezogen war die Wahrscheinlichkeit, dass Männer in den vergangenen zwölf Monaten mehr als einen Sexualpartner gehabt hatten, genauso hoch wie eh und je und bei den Frauen war sie nur unwesentlich niedriger.

Obwohl alle die Regeln kennen ist es ein offenes Geheimnis, dass viele sie missachten. Der Anthropologe Jonathan Stadler erzählte mir, dass die Bewohner der Region, in welcher er seine Feldstudien durchgeführt hatte, häufig Witze über die westliche ABC-Strategie der Aids-Bekämpfung (»*Abstinence*«, »*Be faithful*«, »*use Condoms*«) machten. Sie sagten, es fehle noch ein D für »*Death*«. Und niemand habe sich besonders aufgeregt, so Stadler, als sich herausstellte, dass der »Mann des Jahres« einer Anti-Aids-Aktivistengruppe junger Menschen während seiner Regentschaft ein halbes Dutzend Frauen geschwängert hatte.

Obwohl all das für Südafrikaner anscheinend normal war, konnte ich es dennoch kaum fassen. Wie kann es sein, dass Menschen für ein flüchtiges Vergnügen einen qualvollen Tod in Kauf nehmen? Um dieser Frage auf den Grund zu gehen, machte ich mich auf den Weg zu einer Farm in der Provinz Mpumalanga, die etwa zwei Autostunden östlich von Johannesburg liegt. Der Besitzer nimmt mich in einem seiner Lastwagen mit. Von der offiziellen Farmgrenze bis zum Büro, das irgendwo im Zentrum liegt, fährt man noch einmal gute

25 Minuten. Um uns herum Mais- und Kartoffelfelder, so weit das Auge reicht. Man hat das Gefühl, weit weg von allem zu sein. Auf der Farm leben etwa 120 Familien, aber ihre Häuser und die Schule für die Kinder liegen so weit voneinander entfernt, dass sie versuchen müssen, von einem der Farmlastwagen mitgenommen zu werden – oder sie müssen zu Fuß weite Strecken am Straßenrand zurücklegen. Ein paar Mal im Jahr kommen Saisonarbeiter auf die Farm, um bei der Ernte zu helfen. Auf diesem Weg ist Aids wahrscheinlich hierhergekommen.

Obwohl niemand Buch über die Todesfälle führt, scheint hier jeder von Aids betroffen zu sein. Der Erste, der mir auf der Farm begegnet, ist Peter, 45, der seit zehn Jahren hier arbeitet und mit seiner Frau und seinen Kindern zusammenlebt. Peter ist dünn. Eine lange Narbe verläuft quer über sein Gesicht und eine schäbige Weste verleiht ihm das Aussehen eines properen Landstreichers. Er erzählt mir, dass sein 22-jähriger Sohn vor zwei Jahren starb und im Jahr davor eine seiner Freundinnen. Insgesamt weiß er von 25 Personen, die auf der Farm an Aids starben – die meisten innerhalb der vergangenen fünf Jahre. Ich erfahre auch, dass manche Männer ihre Symptome mit einem Mittel aus Kaffee, Knoblauch, Olivenöl, Chicoree und Bremsflüssigkeit behandeln.

Trotz allem wird Aids noch immer nicht als Tatsache akzeptiert. »Viele Leute glauben nicht daran«, sagt er. Auf den Totenscheinen werden moralisch unverfängliche Todesursachen wie Tuberkulose eingetragen. Aber jeder hier weiß natürlich, dass das normalerweise ein Codewort für Aids ist.

Peter beteuert, dass er sein Sexualverhalten aufgrund dessen, was er um sich herum sah, geändert hat, aber diese Änderungen entsprechen mehr der lokalen Mundpropaganda als den im Rundfunk verbreiteten Safer-Sex-Regeln. So ist er seiner Frau beispielsweise immer noch nicht treu. Aber das müsse er auch nicht, meint er. Die Prostituierten auf der Farm bestünden ja inzwischen darauf, dass die Männer Kondome benutzen. Und »bei den Freundinnen steckt man sich eigentlich nicht mit Aids an, denn sie sind monogam. Ein Mann holt sich Aids eher bei den Huren«, sagt er. Als ich ihn darauf hinweise, dass eine seiner Freundinnen an Aids gestorben ist, versichert er mir, dass er sich nicht noch mal »verarschen« lässt. »Man merkt es an ihrem Verhalten, wenn sie mit anderen Männern zusammen ist. Wenn man sie besuchen will und ist sie nicht zu Hause, weiß man gleich, was los ist«.

Selbst diese einfachen Regeln zu befolgen, fällt Peter schwer. Er erzählt von manchen Nächten im *shebeen*, einer Art inoffiziellen Bar, wo er auch ungeschützten Sex mit Prostituierten hat. »Wenn wir wütend sind, sind uns [Kondome] egal«, sagt er. »Es gibt so viele Prostituierte, die einem Mann auf dem Kopf 'rumtanzen, wenn er nicht klar denkt.« Die gegenwärtigen Tarife sind ca. 7 Dollar für eine »Runde« und 36 Dollar für die ganze Nacht. Es gibt auch einen Monatstarif von 72 Dollar, der den Kunden zu täglichen (oder nächtlichen) Besuchen berechtigt.

Die Grenze zwischen »Freundin« und »Prostituierter« ist verschwommen. Peter erzählt, dass ihn seine letzte Freundin wegen eines Mannes verließ, der ihr mehr Geld bot. Manche Farmarbeiterinnen seien »Freiberuflerinnen«, so Peter, die am Ende des Monats, wenn alle ihren Lohn erhalten, plötzlich zu Prostituierten würden. Für den Rest des Monats sind sie dann vielleicht jemandes Freundin.

Als ich mich auf der Farm umsehe, bekomme ich den Eindruck, dass sich seit der Abschaffung der Apartheid nicht viel geändert hat. Die Eigentümer sind weiß und die Arbeiter schwarz. Jabhi, ein fescher junger Mann, der sich mir als »Gesundheitsbeauftragter« vorstellt, erzählt, dass heute eine Beerdigung stattfindet, aber er weiß nicht, wer gestorben ist und warum. Soweit er weiß, hat noch kein Mensch auf der Farm je zugegeben, dass er Aids hat. Ich erwähne, dass ich gehört habe, dass das öffentliche Krankenhaus einer nahe gelegenen Stadt mit der Ausgabe von antiretroviralen Medikamenten begonnen hat. Jabhi hatte noch nichts davon gehört und will mehr darüber wissen.

Ich bin neugierig auf die »freiberuflichen« Prostituierten und Jabhi bietet mir an, mich zu einigen von ihnen zu fahren. Es ist gegen Mittag und die Sonne brennt gnadenlos herab. Nachdem wir ungefähr 15 Minuten lang schnurgerade durch ein abgeerntetes Maisfeld gefahren sind, werde ich ein bisschen nervös und schaue Jahbhi verstohlen von der Seite an. Wohin bringt er mich? Plötzlich taucht inmitten der Felder ein flacher Anhänger auf, der von einem Traktor gezogen wird. Darauf sitzen etwa zwei Dutzend junge Frauen, die den ganzen Vormittag über Mais geerntet haben. Sie sehen aus wie eine moderne Tanztruppe mit ihrem unglaublichen Mix aus schlecht zusammenpassenden Röcken, knappen Tops, Hüten und Handschuhen, mit denen sie sich vor der Sonne und den Maisstängeln schützen. Manche haben ihr Gesicht mit pinkfarbenem und gelbem Sunblocker bemalt, andere tragen grellbunte Kopftücher. Die Wirkung ist umwerfend. Sie sind hinreißend und fast alle lächeln. Als ich mich dem Hänger nähere, fangen alle gleichzeitig an, auf mich einzuschreien.

Jabhi und ich holen sechs der Frauen von der Ladefläche. Sie sprechen Zulu. Jabhi dolmetscht, und sie fangen an, mir von ihrem Liebesleben zu erzählen. Alle sind etwa Anfang 20. Bis auf eine haben alle einen Freund und keine benutzt Kondome mit ihm. »Ich vertraue meinem Partner. Er hat mir sein Wort gegeben und sagt mir die Wahrheit. Er belügt mich nie«, sagt eine 25-Jährige zu mir.

Und was ist mit anderen Männern? »Wenn ich eine Affäre nebenbei habe, benutze ich ein Kondom«, sagt sie.

Was meint sie mit »einer Affäre«? Ich frage die Frauen, ob sie sich je für Sex bezahlen lassen. Alle sind plötzlich still. Dann spricht eine Frau mit einem roten Kopftuch für die ganze Gruppe: »Während des Monats, nein. Am Ende des Monats, ja!« Alle fangen an zu kichern.

»Aber wir benutzen Kondome!«, flötet eine andere.

»Es geht uns schlecht!«, erzählt mir eine ebenfalls 25-jährige Frau. »Wenn wir Geld brauchen, müssen wir Sex einsetzen. Dann bekommt man Geld.« Sie sagt, dass sie ca. 115 Dollar für die Farmarbeit bekommen, aber eher 215 für ihren Lebensunterhalt bräuchten. Für ein zweistündiges Techtelmechtel kassieren sie etwa 29 Dollar. Das stimmt ungefähr mit den Preisen überein, die Peter genannt hat. Als ich frage, wo sie es machen, zeigen sie auf die Maisfelder. Allmählich begreife ich, dass sie das Geld nicht für Behandlungen im Schönheitssalon ausgeben, aber es geht auch nicht um die Lebensmittel. Die Mädchen arbeiten den ganzen Tag auf dem Feld. Sie wollen ein bisschen Spaß haben, ein bisschen mehr als den täglichen Existenzkampf. Eine der Frauen erzählt mir, sie träume davon, Mann und Kinder zu haben. Und eine andere ruft aus: »Ich möchte eine Ausbildung machen!« Sie sind voller Energie und neugierig und sie wollen sich schützen. »Erzähl uns über Aids!«, sagen sie und dann: »Erzähl uns von Amerika!«

Aber die Männer, die es sich leisten können, am Monatsende ihre Kunden zu sein, sind auch mit höchster Wahrscheinlichkeit HIV-positiv. (Die ärmsten Männer haben ein geringeres Risiko, weil keine mit ihnen schlafen will.) In einer Studie, die unter südafrikanischen Männern und Frauen zwischen 15 und 24 durchgeführt wurde, war die Wahrscheinlichkeit einer HIV-Infektion bei den Frauen viermal so hoch wie bei den Männern derselben Altersklasse. Frauen, die mit Männern schliefen, die nur ein paar Jahre älter waren als sie selbst, gingen das höchste Risiko ein. Es ist ein schmerzhaftes Paradox für eine arme Frau: Der Typ mit dem Auto und dem Job ist genau der, den sie meiden muss. Es ist kaum vorstellbar, dass Frauen irgendwo auf der Welt dieser Logik folgen. Ihr zweiter Fehler offenbart sich in dem Satz, den sie Jabhi und mir nachrufen, als sei er ein Glaubensbekenntnis:»Ich vertraue meinem Freund!«

Es will mir immer noch nicht in den Kopf: Die Leute halten an gefährlichen Sexualpraktiken fest, obwohl sie wissen, dass es sie und ihre Familien das Leben kosten kann. Aber vielleicht habe ich unterschätzt, wie wichtig romantische Beziehungen an einem Ort sind, der auch ohne Aids und Apartheid ziemlich trostlos ist. Liebe – ob innerhalb der Ehe oder in einer außerehelichen Beziehung – ist einer der wenigen Zufluchtsorte vor der Arbeitslosigkeit und Gewalt, unter denen die meisten Menschen hier zu leiden haben.

Im Vergleich zu den Südafrikanern hatten es die Homosexuellen in westlichen Ländern leicht. Sie beschlossen, auf One-Night-Stands zu verzichten und bei sexuellen Kontakten mit Personen, die sie kaum kannten, Kondome zu benutzen. Auch Südafrikaner benutzen bei einmaligen sexuellen Kontakten mit Prostituierten zunehmend Kondome. Aber in Südafrika zeigt sich das gefährlichste Verhalten innerhalb von Beziehungen, in denen die Menschen etwas füreinander empfinden, auch wenn sie nicht monogam sind. Das macht es viel schwieriger, auf einem Kondom zu bestehen.

»Man könnte sagen, dass die Dynamik menschlicher Beziehungen der Benutzung von Kondomen entgegensteht«, sagt Brent Wolff, der in Uganda tätige Epidemiologe. Jemanden aufzufordern, ein Kondom zu benutzen, heißt ja, dass man ihm nicht vertraut. Vertrauen ist aber die Voraussetzung für Liebe und Leidenschaft. Wolff sagt, es sei fast unmöglich, in irgendeinem Land Leute zu finden, die konsequent Kondome benutzen – selbst unter denjenigen, die schwören, es zu tun.

Dieser Konflikt scheint auch Khayelitsha heimzusuchen, eine Metropole aus dünnwandigen Hütten, direkt neben der

Schnellstraße, die von Kapstadt zum Flughafen führt. Die Bevölkerung des Townships stieg sprunghaft an, nachdem die wichtigsten Apartheidsgesetze im Juni 1991 aufgehoben wurden und Schwarze sich im Land plötzlich frei bewegen durften. Auf der Suche nach einem Job strömten Tausende aus der armen östlichen Kapregion in das Gebiet um Kapstadt. Viele fanden nie einen, wie man leicht an der Tatsache erkennen kann, dass ein Großteil der 750 000 Einwohner Khayelitshas noch immer bei Kerzenlicht in schäbigen Unterkünften haust. Eines der modernsten Gebäude in Khayelitsha ist die Entbindungsstation. Am Morgen meines Besuchs füllt sich ein Raum im Inneren der Station nach und nach mit Frauen und ihren Babys. Die Frauen plaudern auf Xhosa miteinander, einer Sprache mit vielen Klicklauten, die wie das Ticken einer alten Standuhr klingen. Keine der Frauen stillt ihr Baby. Alle nehmen an einem Förderprogramm, genannt *mothers2mothers* teil, dessen Initiator, der amerikanische Gynäkologe Mitchell Besser, HIV-positiven Schwangeren zeigen wollte, was sie für ihre Gesundheit und die ihrer Kinder tun können. Am Telefon sagt er zu mir: »Ich glaube, unser Ziel war Treue, und jetzt bewegen wir uns in Richtung ›sichere Untreue‹.«

Laut Pat Qolo, der Koordinatorin des Projekts, ist durchschnittlich eine von vier schwangeren Frauen, die diese Klinik aufsuchen, HIV-positiv. Aber natürlich ist nicht jeder Tag durchschnittlich. Anfang der Woche war die Hälfte der 30 getesteten Frauen positiv. »Aber es sind nie weniger als zehn pro Tag«, sagt Qolo.

Eine dieser Frauen ist Zukiswa, 32, die mit ihrem drei Monate alten Baby auf dem Arm in einer Ecke sitzt. Zukiswa ist stämmig, hat mädchenhafte Gesichtszüge und einen ruhigen, intelligenten Blick. Als sie ihrem Ehemann begegnete, war sie ein 16-jähriges Schulmädchen am östlichen Kap und er ein 36-jähriger Taxifahrer, der anbot, ihr Fahrstunden zu geben.

Sie sagt, sie habe sich nie »herumgetrieben«, wenn ihr Mann unterwegs war, und deshalb kann sie sich denken, bei wem sie sich das Virus geholt hat. »Weißt du, dein Mann schläft manchmal nicht zu Hause«, sagt sie. Er weiß, dass sie HIV-positiv ist, aber er weigert sich, sich testen zu lassen. Und obwohl er verspricht, nicht in die Shebeens zu gehen, tut er es trotzdem. Manche sind einfach nur armselige Hütten mit Lehmboden, wo in einer großen Wanne Bier gebraut wird und Prostituierte herumlungern. Sakkie beschreibt die Shebeens als Orte einer anderen Realität, wo die normalen Verhaltens-regeln aufgehoben sind. Zukiswas Mann drückt sich ähnlich aus. »Er sagt: ›Wenn du betrunken bist, ist dein Verstand nicht an dem beteiligt, was du tust, also kannst du alles tun.‹«

Das Baby des Paares wird nächste Woche auf HIV getestet. Wenn es positiv ist, wird sich Zukiswas Mann erst recht nicht testen lassen, denn solange sein Status unklar bleibt, kann man ihm nicht wirklich vorwerfen, seine Frau und sein Kind angesteckt zu haben. So kann er sogar außerhalb des Shebeen in einer anderen Realität leben, in der das Virus auf myste-riöse Weise in sein Haus gelangt ist.

Obwohl ihr Mann sie schwer enttäuscht hat, hat er in den Augen seiner Kumpels nichts Unrechtes getan. Hätte er aufgehört, ins Shebeen zu gehen, wäre er in ihren Augen ein Pantoffelheld. Zukiswa wirkt außergewöhnlich willensstark, aber ihre Auto-rität reicht nicht aus, um den Einfluss einer solchen Denkweise zu brechen. »Unsere Männer wollen sich nicht von Frauen sagen lassen, was sie tun oder lassen sollen. Das ist der Grund«, sagt sie. Pumza, die ein paar Stühle weiter sitzt, ist weniger geneigt, ihrem Freund die Schuld daran zu geben, dass sie HIV-posi-tiv ist. Sie schwärmt noch heute, wenn sie schildert, wie sie ihm auf einer Straße in Khayelitsha begegnete. »Er ging ein-fach die Straße entlang und er sah mich und fragte: ›Wo kann ich dich hinbringen?‹«, erinnert sie sich und grinst plötzlich wie ein Schulmädchen. »Oh, er war so ein netter Typ. Er war schön und er sprach langsam.«

Pumza, 26, hat kurze Haare, glänzende, schokoladenfarbene Haut und intensive braune Augen. Ich kann mir vorstellen, dass Männer wild darauf sind, an ihre Handynummer zu kommen. Aber zwei Jahre, nachdem ihr zukünftiger Freund sie auf der Straße angesprochen hatte, war er an Aids gestorben. Am Ende war er so dünn, dass Pumza manchmal nicht wusste, ob er in seinem Bett lag.

Pumza sagt, sie sei zuerst nicht sicher gewesen, wo sie sich mit HIV angesteckt hat. Vor diesem Freund hatte sie nämlich noch einen anderen. Vielleicht hatte sie die Krankheit von ihm? Dann erwähnt sie, dass letzte Woche eine Frau aus der Selbsthilfegruppe auf sie zugekommen war und ihr erzählt hatte, sie sei mit Pumzas verstorbenem Freund »gegangen«, lange bevor Pumza ihm begegnet sei. Diese Frau erfuhr 1995 von ihrer HIV-Infektion und teilte es damals ihrem Freund mit. Sie hatte Pumza öfter in Khayelitsha gesehen und wollte sie warnen. Nach der Selbsthilfegruppe sagte sie zu ihr: »Ich wusste ja noch nicht einmal, ob du schon mit diesem Typ ohne Kondom geschlafen hattest. Aber ich machte mir Gedanken über dich. Ich wusste, dass der Typ infiziert ist. Ich fragte mich, ob er dir gesagt hat, dass er positiv ist.«

Pumza kann diese neue Information nicht mit diesem romantischen Tag in Einklang bringen, an dem ein gut aussehender junger Mann sie um ihre Nummer bat. »Er war die ganze Zeit über positiv ... die ganze Zeit. Als er zu mir kam, wusste er, dass er positiv ist«, sagt sie wie zu sich selbst. Aber Pumza bringt es nicht fertig, ihm das vorzuwerfen, besonders, da sie ja noch um ihn trauert. So plötzlich wie diese Information zu ihr kam, scheint sie auch wieder von ihr abzufallen. »Ich habe es ihm vorgeworfen«, sagt sie plötzlich, »aber jetzt kann ich es nicht mehr tun, weil er gestorben ist.«

Wenn ich mit südafrikanischen Männern über Untreue spreche, erwähnen sie fast immer den König von Swasiland. Swasiland ist ein winziges Land zwischen Südafrika und Mosambik. Sein Herrscher, König Mswati der Dritte, ist der letzte absolute Monarch in Afrika und die Südafrikaner betrachten ihn als eine Art Supermann. Der 38-jährige König ist bekannt für seinen enormen sexuellen Appetit. Jedes Jahr sucht er sich aus Zehntausenden junger Frauen, die bei einem riesigen Fest »oben ohne« an ihm vorbei defilieren, eine neue Braut aus. Während meines Aufenthalts in Südafrika berichten die Lokalzeitungen, dass Mswati seinen gegenwärtigen Frauen zehn neue BMWs für 820 000 $ gekauft hat.

Swasiland ist nicht nur extrem arm, sondern auch das Land mit der weltweit höchsten Zahl an HIV-Infektionen. Laut *World Factbook* sind 39% der erwachsenen Einwohner von Swasiland HIV-positiv (im Vergleich zu etwa 22% der erwachsenen Südafrikaner). Für Männer beträgt die Lebenserwartung 32, für Frauen 33 Jahre. Man kann nur vermuten, auf welchen Wegen sich das Virus in der Bevölkerung verbreitet. Im Jahre 2000 verbot der König Schulmädchen das Tragen von Miniröcken, um sexuelle Beziehungen zwischen Schülerinnen und Lehrern zu unterbinden. Im darauffolgenden Jahr untersagte er den Mädchen unter 18 generell sexuelle Beziehungen, verstieß aber bald selbst gegen das Verbot, indem er eine 17-Jährige zu seiner neunten Frau machte (er erlegte sich selbst ein »Bußgeld« in Höhe einer Kuh auf).

König Mswati behauptet – und viele Südafrikaner scheinen es ebenfalls zu glauben –, dass er durch die Vielweiberei die allmählich in Vergessenheit geratenden regionalen Traditionen bewahrt. Ganz gewöhnliche südafrikanische Männer und Frauen erzählen mir, ihre Vorfahren seien ebenfalls polygam gewesen und die Männer hätten sich in der »guten alten Zeit« nicht herumgetrieben, weil sie genug Frauen hatten, um ihren sexuellen Appetit zu stillen. Heutzutage hätten Männer jedoch Geliebte, weil sie sich nur eine Frau leisten könnten.

Diese Aussagen scheinen auf einer Unkenntnis der historischen Fakten zu beruhen. Zwei Historiker der University of Witwatersrand in Johannesburg behaupten, dass Polygamie nie weitverbreitet war. Peter Delius und Clive Glaser schreiben, dass im vorkolonialen Südafrika nur eine kleine Minderheit – vor allem Häuptlinge und reiche Männer – Vielweiberei betrieben hätten. Und die Polygamie trug anscheinend auch wenig dazu bei, ihre außerehelichen Gelüste im Zaum zu halten, denn »außereheliche sexuelle Beziehungen waren genauso ›traditionell‹ wie die Polygamie selbst«.

Delius und Glaser erklären, dass außerehelicher Sex in den 1930er-Jahren häufiger wurde, als schwarze Paare lange Trennungen in Kauf nehmen mussten, damit die Männer in weit entfernten Bergwerken arbeiten konnten. Während der Abwesenheit der Männer führten die Frauen eine Art sexuellen Tauschhandel ein, bei dem es sowohl um Romantik und Kameradschaft als auch um Geld ging. Ein Chronist beschreibt die Verhältnisse in den Johannesburger Slums der 1930er-Jahre: »Nur wenige Frauen gaben zu, dass sie *nyatsi* (Hintertür-Ehemänner) hatten, aber alle Informanten bezeugten bereitwillig und ausdrücklich, dass ihre Nachbarinnen einen ›Schatz‹ hätten.«

Diese Praxis ist auch heute noch weitverbreitet; Männer, die einem Mädchen als Gegenleistung für sexuelle Dienste die Miete bezahlen, werden scherzhaft »Wohnungsminister« genannt. Andere, die für Schulgeld und Studiengebühren aufkommen, tragen den Spitznamen »Bildungsminister« – und dann gibt es natürlich noch den »Kommunikationsminister«, der die Handykarte der Frau auflädt. (Männer, die Lebensmittel kaufen, nennt man einfach ›Lunchboys‹). Helen Epstein, eine der führenden Autorinnen über Aids in Schwarzafrika, weist darauf hin, dass diese Geschenke nicht aus-schließlich eine Bezahlung für Sex sind. Sie sind auch ein greifbarer Liebesbeweis.

Einer derjenigen, die sich das leisten können, ist William, 47, der an einem Hochofen des Kapstädter Unternehmens SA Metal Group arbeitet, das ein innovatives innerbetrieb-liches Programm zur Behandlung Aids-kranker Mitarbeiter anbietet. Mit seinem drahtigen Körper, den hohen Wangen-knochen und seinen vorstehenden Zähnen erinnert William ein bisschen an einen verhutzelten Biber. Man hat ihn direkt vom Hochofen geholt und mir in einem klimatisierten Büro gegenübergesetzt, weil er einer der HIV-»Peer-Mentoren« des Unternehmens ist. Das bedeutet, dass er ein Vorbild für seine Kollegen sein soll. Aber während William völlig korrekt über die Benutzung von Kondomen spricht, ringt er sich noch nicht einmal zu einem Lippenbekenntnis für sexuelle Treue durch. »In unserer Kultur gehört es einfach dazu, eine Freundin außerhalb der Ehe zu haben, wenn man es will. Manchmal auch Kinder. Das ist in unserer Kultur kein Problem.«

Aber es ist ein Problem für seine Frau. »Ich habe es ihr nicht gesagt. Ich habe Angst, es ihr zu sagen«, räumt er ein. Stattdes-sen telefoniert er etwa zweimal pro Woche abends um acht und sagt dann zu seiner Frau, er würde die Nacht bei seinem »Bru-der« verbringen. Seine Frau hat noch nie hinter ihm her tele-foniert. Obwohl William heimlich agieren muss, ist er über-zeugt, dass das, was er tut, in Ordnung ist. Schließlich will seine Frau nicht jede Nacht Sex. Und wie viele Männer hier rührt er seine Frau nicht an, wenn sie schwanger ist oder stillt. »Wir Männer müssen mindestens eine in Reserve haben«, sagt er.

Dieselbe Botschaft kommt auch von höherer Stelle. Im Jahre 2006 sprach der Oberste Gerichtshof von Johannesburg den ehemaligen Vizepräsidenten Südafrikas, Jacob Zuma, von dem Vorwurf frei, eine 32-jährige Freundin der Familie in

einem Schlafzimmer seines Hauses in Johannesburg vergewaltigt zu haben. Obwohl der Richter befand, dass die sexuellen Handlungen in beiderseitigem Einvernehmen stattgefunden hatten, rügte er Zuma, weil dieser ungeschützten Sex
mit der Frau hatte, obwohl er wusste, dass sie eine HIV-posi-
tive Aids-Aktivistin war. Zuma, 63, ist auch der ehemalige
Vorsitzende des National Aids Council.

In seiner Zeugenaussage, die im ganzen Land mit Spannung
verfolgt wurde, erklärte der verheiratete Zuma, wie das passiert war: »Ich streichelte und küsste sie. Als ich ihre intimen
Körperteile berührte, war sie bereit.« Sie überlegten, ein Kondom zu benutzen, aber keiner von beiden hatte eins. Nach
eigener Aussage zögerte Zuma, aber die Frau habe energisch
klargemacht, dass er jetzt keinen Rückzieher machen könne,
berichtete die südafrikanische Zeitung *Mail & Guardian*.
»Und ich sagte mir, ›Ich bin in der Zulu-Kultur aufgewachsen
und weiß, dass man eine Frau besser nicht in dieser Situation
hängen lässt, weil sie einen sonst vielleicht sogar verhaften
lässt und behauptet, man habe sie vergewaltigt.‹«

Dann habe die Frau ihre Schenkel weit geöffnet, sie küssten
sich und hatten Geschlechtsverkehr. Zuma sagte aus, er habe
danach geduscht, in der Hoffnung, so die Gefahr einer Ansteckung zu verringern. Diese Vorgehensweise wurde vor Gericht von seinem Anwalt verteidigt.

In der Tageszeitung von Soweto stehen die Bekanntschaftsan-
zeigen direkt über den Todesanzeigen. Das wirkt wie ein gewoll-
ter Hinweis auf die Tatsache, dass die Liebe dem Tod so nahe
gerückt ist. Die Menschen beiderseits der Spalte scheinen miteinander zu kommunizieren. »Douglas M.« schreibt: »Ich bin
ein alleinstehender Mann, 25 Jahre alt, ohne Kinder, und suche
eine kinderlose Frau zwischen 18 und 23, die bereit ist, eine feste
Bindung einzugehen. Sie sollte gute Manieren haben und res-

pektvoll sein … Bitte antworte mit Bild auf Englisch, Zulu oder Shona.« Eine Frau namens Lydia kommt seiner Beschreibung sehr nahe: Sie ist 21, offensichtlich kinderlos und sieht auf dem Foto recht hübsch aus. Wenn Lydia nur nicht »am Samstag auf dem Avalon-Friedhof« beerdigt würde. Neben ihrer finden sich die Todesanzeigen von 17 anderen Menschen, die eigentlich in der anderen Rubrik stehen sollten: Die meisten sind in den dreißigern oder jünger. Ein milchgesichtiger Junge namens Modiko ist erst 19 Jahre alt. Auf keiner Anzeige wird die Todesursache angegeben. Wie kann das einfach so hingenommen werden? Die Wirtschaftswissenschaftlerin Emily Oster bezweifelt, dass alle Menschen überall in gleichem Maße darauf bedacht sind, ihr Leben zu retten. Sie ist der Ansicht, dass amerikanische Homosexuelle aus der Mittelschicht ihrem Leben einen höheren Stellenwert geben als arme Afrikaner, die weniger Geld und Lebensjahre zu verlieren haben, wenn sie sich mit Aids anstecken. Sie untersuchte das Verhalten beider Gruppen in der Zeit vor der Einführung antiretroviraler Medikamente.

Um dies ermitteln zu können, schuf sie ein Modell, das sie »Genormter Preis für einen Sexualpartner« nennt. Dieser steht für das Einkommen und die Lebensjahre, die es einen Menschen kostet, wenn er über einen Zeitraum von zwölf Monaten mehr als einen Sexualpartner hat. Sie rechnete aus, dass der »Preis« für einen neuen Sexualpartner – bei einer Steigerung der Aids-Rate um einen Prozentpunkt in afrikanischen Ländern – für Frauen 1569 $ und für Männer 853 $ beträgt. Die meisten Mittelschicht-Homosexuellen in ihrer Studie »kostet« ein zusätzlicher Sexualpartner etwa 5500 Dollar.

Oster verwendete Datenmaterial aus Benin, Burkina Faso, Äthiopien, Ghana, Kenia, Malawi, Mali, Namibia und Simbabwe. Südafrika, das reichste Land des Kontinents, war in ihrer Länderstudie nicht enthalten.

In Übereinstimmung mit ihrer Hypothese fand Oster heraus,

dass reichere Menschen mit einer längeren Lebenserwartung ihr Sexualverhalten stärker änderten als ärmere Menschen mit geringerer Lebenserwartung, ob sie nun Afrikaner oder amerikanische Homosexuelle waren. Diese Resultate deuten darauf hin, dass ein Mann in einem südafrikanischen Township-Shebeen zwei Dinge gegeneinander abwägt: das mit der Verführung der vor ihm stehenden hübschen Frau verbundene Risiko gegen seine Arbeitslosigkeit und die Tatsache, dass die meisten Männer in seinem Umfeld mit Anfang 40 sterben. Gibt man demselben Mann einen besser bezahlten Job und mehr Lebensjahre, sinkt die Wahrscheinlichkeit, dass er die Frau zu einem Schäferstündchen einlädt.

In Südafrika herrscht eine pessimistische Grundstimmung. Die Zahl der Eheschließungen ist drastisch gesunken. Der Anthropologe Jonathan Stadler erklärt, dass die Männer in dem von ihm untersuchten ländlichen Gebiet früher jahrelang für ihre Heirat sparten. Heute geben viele ihre Ersparnisse aus, um sich zwei Wochen lang in einer Bar zu vergnügen. Ich hatte erwartet, täglich Berichte über Aids auf den Titelseiten südafrikanischer Zeitungen zu sehen. Stellen Sie sich vor, 20% der amerikanischen Erwachsenen litten an einer tödlichen Krankheit und erhielten keine medizinische Versorgung! Aber die meisten Artikel über Aids fand ich unter »ferner liefen« im Innenteil der Zeitungen.

Doch keiner der Menschen, denen ich begegne, sagt, sein Schicksal sei ihm gleichgültig. Viele – wie Lucy, eine 32-jährige Putzfrau aus Johannesburg – haben panische Angst vor dem Sterben und wollen unbedingt so lange leben, dass sie ihre Kinder großziehen können. Aber die Allgegenwart des Todes hat auch einen abstumpfenden Effekt. Lucys Mann, Vater und Nichte starben an Aids. Als sie erfuhr, dass sie ebenfalls HIV-positiv ist, sagte sie nur: »Ja, ich weiß, ich habe es erwartet.« Als sie im neunten Monat schwanger war, hatte ihr

Mann sie gezwungen, auf dem Fußboden im Wohnzimmer zu schlafen, damit er sich mit einer anderen Frau im Schlafzimmer vergnügen konnte. Und als Lucy eine seiner Geliebten wegen seiner HIV-Infektion warnte, meinte diese nur, Lucy sei wohl eifersüchtig.

Lucy gibt sich auch selbst die Schuld an ihrer Ansteckung. Sie sagt, ihr Ehemann wäre wahrscheinlich kein »rennender Mann« geworden, wenn sie bereit gewesen wäre, »diese Sache« zu machen – womit sie Fellatio meint. Jedenfalls versteht Lucy sein Bedürfnis nach Sex mit verschiedenen Partnerinnen. Auch sie hatte eine außereheliche Beziehung zu einem ehemaligen »Boyfriend«, der ebenfalls verheiratet war. »Es ist nicht gut, immer nur Hühnerfleisch zu essen. Man muss auch mal abwechseln«, sagt sie.

Als ihr Mann krank wurde, erlebten sie ihre beste Zeit als Ehepaar. Er wurde endlich ruhiger und sie genossen ihr Zusammensein. Für die kurze Spanne einiger Monate gab es keine anderen Frauen. Dieser Frieden zerbrach, als er starb und seine Familie ihr vorwarf, ihn mit einem Liebestrank getötet zu haben. »Meine Schwiegermutter fragte: ›Warum bist du nicht krank? Ihr hättet zusammen krank werden müssen.‹«

Lucy ist von so vielen Verhaltensnormen umgeben, dass sie am Ende Zuflucht zur beruhigendsten nimmt: Eine Ehefrau sollte ihren Mann lieben und Menschen, die einander lieben, bringen sich nicht gegenseitig um. Wenn sie heute an ihren Mann denkt, spürt sie nichts als Sehnsucht. Sie erinnert sich daran, dass er immer donnerstags ein Hähnchen und einen Liter Cola kaufte und beides am Küchentisch verzehrte. »Können Sie sich vorstellen, dass ich all diese Dinge heute vermisse? Ich vermisse sogar seine Schritte, die sich wie die eines alten Mannes anhörten, wenn er vom Shebeen kam. Jetzt vermisse ich diese Schritte.« Sie verzeiht ihm, dass er sie betrogen hat. Sie verzeiht ihm, dass er sie mit HIV angesteckt hat. Sie verzeiht ihm, dass er starb und sie allein ließ. »Was er mir auch angetan hat, ich muss ihm vergeben, denn jetzt stellt Gott ihm die Fragen.«

Wenn AmerikanerInnen herausfinden, dass sie von ihrem Ehepartner belogen und betrogen wurden, bricht für sie eine Welt zusammen. Wie konnte mich ein Mensch, der mich liebt, überhaupt belügen? Sie verlieren jeden Halt und haben das Gefühl, dass nichts in ihrem Leben so ist, wie es schien. Diese Erfahrung ist verwirrend und schmerzhaft. Aber zumindest ist sie normalerweise nicht tödlich.

Auch Südafrikaner wollen gerne den Menschen vertrauen, die sie lieben. Sogar in einem Land, in dem Untreue allgegenwärtig ist, hoffen Frauen, dass ihre eigene kleine Welt von Betrug und Krankheit verschont bleibt. Und wenn nicht – wenn ihre Männer fremdgehen und Aids mit nach Hause bringen –, reagieren sie oft nicht rational, sondern romantisch. Diese Frauen stürzen nicht in ein inneres Chaos und fragen sich nicht, ob »ihr ganzes Leben auf einer Lüge aufgebaut war«. Sie betrachten ihre Beziehungen weiterhin durch die rosarote Brille. Wer will schon die Liebe aufgeben? Vor allem, wenn man gerade erfahren hat, dass man sterben wird.

Ich kam in Südafrika mit der Vorstellung an, Überleben sei für die Menschen das Wichtigste. Aber Krankheiten existieren in der Welt der Wissenschaft und der Ärzte. Die Angst vor dem Tod genügt oft nicht, um die Leute vom Fremdgehen abzuhalten. Frauen wie Lucy und Männern wie Ace scheinen Liebe, Sex und die Akzeptanz ihres Umfeldes mehr zu bedeuten. Was ist mit der Furcht vor Gott? Hält sie die Menschen vom Fremdgehen ab? Oder werden religiöse Menschen auch eher von ihren Freunden als von ihrem Gott beeinflusst? Um diese Frage zu beantworten, füge ich meinem Pass ein Paar Seiten hinzu (es ist kein Platz mehr für neue Visa und Stempel) und mache mich auf, um den Treuen in verschiedenen Ländern zu begegnen.

Gott im Schlafzimmer –
Wie halten es Gläubige mit der Treue?

Als Shlomo seiner zukünftigen Frau zum ersten Mal begegnete, warteten Mitglieder beider Familien draußen vor der Tür. Sie hatten den finanziellen und familiären Hintergrund der jeweils anderen Seite bereits gründlich durchleuchtet und nun lag es an den potenziellen Brautleuten, ob die beiden ihr Leben miteinander verbringen würden.

»Wir waren in einem Zimmer. Wir fragten einander nur: ›Wie viele Brüder hast du? Wie viele Schwestern?‹ Nach fünf Minuten kam ihr Vater herein und sagte: ›Nu?‹ … Mein Vater … ich bat ihn um weitere fünf Minuten. Dann sagte ich zu ihm: ›Es ist in Ordnung.‹«

Shlomo war achtzehneinhalb, und es war das erste Mal, dass er mit einem Mädchen allein war, das kein Familienmitglied war. »Ich wurde in der Jeschiwa unterrichtet. Man darf noch nicht einmal an Mädchen denken. Es ist eine Sünde.«

Nach der Hochzeitsfeier, die ein paar Monate später stattfand, begleiteten beide Elternpaare die Jungvermählten nach Hause. Die Mutter der Braut nahm ihre Tochter in der Küche beiseite und erzählte ihr von den Blumen und Bienen, während Shlomo im Wohnzimmer mit einem Freund der Familie ein ähnliches Gespräch führen musste. Shlomo sagt, der Mann hätte ihm erklärt: »Ich weiß nicht, wie viel du weißt … Ein Mann hat einen Penis zwischen den Beinen. Und sie hat das.« Er gab Shlomo ein paar Blätter mit präzisen Anleitungen zur Vorgehensweise. Er und seine Frau, die vom Küchengespräch noch unter Schock zu stehen schien, setzten sich zusammen, um die Vorschriften zu studieren. Sie lauteten unter anderem:

1. Das Paar soll alle Kleidungsstücke ablegen.
2. Wenn Shlomo zum ersten Mal in sie eindringt, wird er ihr Jungfernhäutchen zerreißen und sie wird bluten. Dadurch wird sie unrein. Wenn er sich also zurückzieht, darf er nicht noch einmal eindringen.
3. Da die Braut nun unrein ist, darf sich das Paar, nachdem sich Shlomo zurückgezogen hat, erst nach fünf bis sieben Tagen wieder berühren.

Das neuvermählte Paar brauchte einige Stunden, um alle Anweisungen durchzugehen. Als sie endlich so weit waren, ins Bett zu gehen, dämmerte schon der Morgen. Die Braut schwitzte vor Angst. Shlomo drang für ein paar Sekunden in sie ein, aber er war so befangen, dass er sich sofort wieder zurückzog – vielleicht, bevor er tief genug drinnen gewesen war. Weil beide unsicher waren, ob sie es richtig gemacht hatten, suchte Shlomo am selben Tag einen »hohen Rabbi« auf. Der Rabbi hörte sich Shlomos Geschichte an und führte dann zwei Finger der einen Hand durch den Kreis, den er mit dem Daumen und Zeigefinger der anderen Hand bildete. So versuchte er herauszufinden, wie tief Shlomo in seine Frau eingedrungen war und ob sein Penis im entscheidenden Moment »steif wie ein Finger« gewesen war. Shlomo bestätigte dies. »Er kam zu dem Schluss, dass es genug gewesen war«, erinnert sich der noch immer sichtlich erleichtert wirkende Shlomo. »Selbst wenn du nicht ganz eingedrungen bist, hast du es getan.«
Ultraorthodoxe Juden sind nicht die einzigen religiösen Leute, die beim Thema Sex nervös werden. 80% des islamischen Rechts beschäftigen sich mit der Ehe und dem Verhalten von

Frauen. Manchen Überlieferungen zufolge wurde die Spaltung der Muslime in Shiiten und Sunniten im 17. Jahrhundert durch einen Streit über die Frage ausgelöst, ob Aisha, die jüngste Frau des Propheten Mohammed, diesen betrogen hatte oder nur mit einem attraktiven jüngeren Mann auf einem Kamel geritten war.

Sowohl der Islam als auch das Judentum und das Christentum verurteilen Ehebruch aufs Schärfste. Die zehn Gebote verbieten ihn und beschwören die Gläubigen, nicht die Frau ihres Nächsten zu begehren. Jesus verlangte von seinen Anhängern, noch nicht einmal an außereheliche Sex zu denken. Er sagte, dass jeder, der eine Frau mit »Lust« anschaue, »im Herzen bereits Ehebruch mit ihr begangen habe.«

Aber keine der großen Religionen betrachtet es als selbstverständlich, dass sich ihre Mitglieder an das Ehebruchverbot halten. Ein katholischer Katechismus bestätigt, dass »Selbstbeherrschung *langwierige und harte Arbeit* [ist]. Man kann nie davon ausgehen, dass man sie ein für alle Mal erlangt hat. Man muss sich in allen Lebensphasen immer wieder darum bemühen.« Der Apostel Paulus bezeichnet Ehebruch als Rebellion des Fleisches gegen den Geist. Sowohl Muslime als auch Juden versuchen sich gegen Versuchungen zu wappnen, indem sie ihre Frauen bedecken und Geschlechtertrennung praktizieren.

Verhindert aber diese ganze dem außerehelichen Sex gewidmete Aufmerksamkeit, dass gläubige Menschen auf Abwege geraten? Gelingt es mithilfe von Geboten und Vorsichtsmaßnahmen die sexuellen Triebe der Menschen sicher in die Ehe zu lenken? Genügt die Furcht vor dem Zorn Gottes, um die Gläubigen treu werden zu lassen – oder zumindest treuer als die Ungläubigen? Statistiken können solche Fragen nicht ausreichend beantworten. Also beschließe ich, mich persönlich in die verschiedenen religiösen Gemeinschaften zu begeben, um mit Leuten zu sprechen, die mit den Widersprüchen zwischen den Forderungen der religiösen Gesetze und dem tatsächlichen Verhalten der Menschen in ihrer Umgebung zu kämpfen haben. Das ist keineswegs eine abschließende Beurteilung irgendeiner Religion, aber es zeigt, welcher Druck und welche Schwierigkeiten hier entstehen.

Meine erste Station ist Brooklyn, New York. Brooklyn ist eine Art Heiliges Land für die ultraorthodoxen Juden, genannt Chassidim, deren Sekten in jedem Wohnviertel dieses Stadtbezirks zu finden sind. Ein geschulter Beobachter kann die Anhänger der verschiedenen Richtungen anhand ihrer Hüte und der Länge ihrer *payos* genannten Ohrlocken unterscheiden. Die meisten Chassidim sprechen den jiddischen Dialekt des polnischen oder ungarischen Dorfes, aus dem ihre Vorfahren vor Generationen in die USA eingewandert sind. Anders als gewöhnliche ultraorthodoxe Juden wenden sich die Mitglieder einer chassidischen Sekte auch in allen Alltagsfragen an ihren »Rebbe«. Dieser entstammt oft einer Rabbiner-Dynastie, die sich ein oder zwei Jahrhunderte zurückverfolgen lässt.

Satmar ist eine der exotischsten chassidischen Sekten. Obwohl Tausende von Satmar-Mitgliedern nur eine kurze U-Bahn-Fahrt vom Times Square entfernt wohnen, könnten sie ebenso gut von einem anderen Stern kommen. Viele Satmar-Männer tragen die weißen Kniestrümpfe und flachen runden Hüte mit Pelzbesatz, die einst unter ungarischen Aristokraten en vogue waren. Verheiratete Frauen nehmen das Gebot der Zurückhaltung so ernst, dass sie sich die Köpfe rasieren und die Glatzen dann mit einer Perücke und einem Kopftuch bedecken. Manche Satmar beherrschen Englisch in Wort und Schrift nur ansatzweise und kommen auch in den Naturwissenschaften, in Mathematik und Geschichte kaum über das Wissen eines Sechstklässlers hinaus. Nur wenige besuchen ein College, denn chassidische Mütter wollen nicht, dass ihre Söhne Ärzte werden, sondern Religionsgelehrte. Frauen gelten im Alter von 21 bereits als so alt, dass man sie kaum noch unter die Haube bringen kann.

Unter chassidischen Eheleuten (und manchen anderen ultraorthodoxen Juden) herrscht die Sitte, dass Mann und Frau sich während der Menstruation der Frau und noch eine Woche danach nicht berühren, sich keine Dinge reichen und keine Koseworte austauschen. Denn das könnte sexuelles Begehren wecken und sie dazu verleiten, in einer Zeit miteinander zu schlafen, in der die Frau als unrein gilt. Manche Paare sind so vorsichtig, dass sie *nie* Koseworte zueinander sagen oder sich beim Vornamen nennen. Ein junger Mann erzählt mir, dass sein Vater seine Mutter nur mit »*herr nor*« ansprach, dem jiddischen Ausdruck für »hör zu«. Das erinnert mich an manche japanischen Männer, die ihre Frauen nur mit »he, du« ansprechen.

Es gibt allerdings Gerüchte, dass die chassidische Welt doch nicht so keusch ist, wie es den Anschein hat – oder wie man aus der Beschreibung von Shlomos Hochzeitsnacht schließen könnte. Ich erfahre, dass manche chassidischen Männer häufig Prostituierte aufsuchen und sich religiöse Hintertürchen offenhalten, um die Sache koscher zu machen. Sind das nur die Fantasien einer Außenstehenden? Wie kann ich mir Zutritt zu dieser geschlossenen Gesellschaft verschaffen, um es herauszufinden?

Über eine Reihe von Kontakten gelingt es mir schließlich, in eine Art chassidisches Clubhaus vorzudringen, wo die Männer verschiedener Sekten, hauptsächlich aber Satmar, verkehren. Es befindet sich im 2. Stock eines Geschäftshauses am Rande von Borough Park, einer der weltweit größten Ansiedlungen orthodoxer Juden. Das Clubhaus bietet den Außenseitern der chassidischen Welt Zuflucht – Männern, die in ihrer religiösen Kultur so verwurzelt sind, dass sie ihr nicht wirklich den Rücken kehren können, die aber einen Ort brauchen, wo sie sie kritisieren können, ohne Sanktionen befürchten zu müssen. Viele haben lange *peyos* und befolgen die Vorschriften so gewissenhaft, dass sie am Samstag, dem jüdischen Sabbat, noch nicht einmal einen Lichtschalter betätigen. Aber vielleicht zweifeln sie an der Existenz Gottes oder sind süchtig nach der Fernsehserie *24*. Andere, wie Shlomo, brauchen einfach eine Verschnaufpause von der gnadenlosen Frömmigkeit ihrer Ehefrauen. Das Clubhaus könnte eine gründliche Reinigung vertragen (mein Abschiedsgeschenk an den Organisator ist eine funktionierende Lampe), aber die Atmosphäre ist lebendig und herzlich. Koschere Brezeln und Pizzas werden herumgereicht und kluge Männer in schwarzen Mänteln sitzen herum und erzählen Witze, deren Pointen auf Jiddisch gebracht werden müssen.

Diese Männer repräsentieren keineswegs alle Juden und noch nicht einmal alle Chassidim. Aber da die meisten von ihnen mit den eigenartigen Gebräuchen der chassidischen Welt aufgewachsen sind, wissen sie sehr genau, was akzeptabel ist und was nicht. Ein junger Mann erzählt, er habe sich früher immer in die öffentliche Bücherei geschlichen, um Romane zu lesen. Er ließ sich scheiden, obwohl ihn sein Vater eindringlich bat, nicht die Familienehre zu beschmutzen und der Stress die Krebserkrankung seiner Mutter verschlimmerte. (Ein geschiedener Mann kann wieder heiraten, aber er muss sich wahrscheinlich mit einer Frau von »geringerer Qualität« zufriedengeben, beispielsweise einer Geschiedenen mit Kind.) Ein anderer Mann im Club, ein außergewöhnlich gut aussehender 22-Jähriger mit glänzenden schwarzen Ohrlocken, erzählt mir, dass seine Leidenschaft dem Tanzen gilt. Er hat die Choreographie einiger Britney-Spears-Videos auswendig gelernt.

Aber sein Vater drängt ihn zur Heirat und ihm gehen allmählich die Ausreden aus. Wenn er sich zu weit von seiner Gemeinde entfernen würde – sich beispielsweise anders kleidete – würden seine Eltern und die meisten seiner 13 Geschwister nicht mehr mit ihm sprechen, so seine Befürchtung.

Obwohl die Chassidim, die ich kennenlernte, von vielen Dingen der modernen Zivilisation abgeschnitten sind, wissen sie sehr gut über Sex Bescheid. Sie haben den größten Teil ihrer Jugend in Jeschiwas verbracht, den Religionsschulen, wo sie nach Geschlechtern getrennt manchmal bis zu zwölf Stunden am Tag den Talmud studierten.

Der Talmud, die über 12 000 Seiten umfassende Sammlung jüdischer Gesetzestexte und religiöser Überlieferungen, enthält weitschweifige Ausführungen über Sexualität. Ein ganzes Buch ist der *sotah* gewidmet, der Frau, die von ihrem Mann des Ehebruchs verdächtigt wird, weil beobachtet wurde, wie sie mit einem Mann, der nicht ihr Ehemann war, einen »geschlossenen Raum« betrat. (Überführte EhebrecherInnen werden in einem gesonderten Teil behandelt.) Die Rabbis diskutieren beispielsweise darüber, wie lange die Frau und der Mann allein im Raum gewesen sein müssen, um die Annahme zu rechtfertigen, dass sie miteinander Sex hatten. Ihre Erörterungen deuten darauf hin, dass im Altertum womöglich der »Quickie« die bevorzugte Variante war. Ein Rabbi sagt, die Zeitspanne entspreche der einmaligen Umrundung eines Dattelbaums, während ein anderer meint, es dauere so lange, wie eine Frau braucht, um einen Holzsplitter aus ihren Zähnen zu entfernen.

An anderer Stelle im Talmud heißt es, ein Mann können sich scheiden lassen, wenn seine Frau die Suppe anbrennen lässt. Die Argumentation geht dahin, dass das Paar größere Probleme haben muss, wenn er bereit ist, sich wegen einer angebrannten Suppe scheiden zu lassen.

Ein schwergewichtiger Mann mit einem breiten jiddischen Akzent, der im Clubhaus herumsitzt, klärt mich darüber auf, dass eine Frau, die Sex mit einem Nicht-Juden hatte, nie mehr nach Hause zurückkehren kann – auch dann nicht, wenn ihr Ehemann ihr verzeiht. In einer Auslegung wird das so begründet, dass die Frau den Sex mit dem unbeschnittenen Mann so genossen hat, dass ihr Mann im Vergleich dazu immer schlecht abschneiden würde. Der Dicke scheint ganz scharf darauf zu sein, sein Wissen mit mir zu teilen. Er fängt an, mir in allen schlüpfrigen Einzelheiten zu erklären, welche sexuellen Handlungen als Ehebruch gelten, einschließlich einer ganzen Palette lesbischer Praktiken. Als ich ihm zum zweiten Mal über den Weg laufe, bietet er mir an, mich zu einer »Feldstudie« in eine Striptease-Bar zu begleiten, die angeblich vor allem von verheirateten chassidischen Männern frequentiert wird. Ich hole mir lieber ein paar Brezeln.

Ein anderer Clubhaus-Besucher schickt mir per E-Mail eine Geschichte, die seit einiger Zeit im Internet kursiert. Sie handelt von einem verheirateten Jeschiwa-Schüler namens »Ari«, der seit Langem für »Chani« schwärmt, die Frau eines Studienkollegen. Ari kommt schließlich zum Zug, als der Studienkollege zu einer Hochzeit nach Toronto fliegt und Chani ihn anruft, um zu fragen, ob Ari nicht ihre kaputte Schlafzimmertür reparieren könnte. Nach einer langatmigen Einleitung fällt Chanis langer Rock zu Boden und Aris *payos* fliegen. Als ihre »85D-Brüste zum Vorschein kommen«, erlebt Ari eine Offenbarung. »Ari atmete langsam aus. Wow! Sich vorzustellen, dass jemand diese Dame zur Ehefrau hatte und diese Schönheiten jederzeit betrachten konnte! ...« Er fragte sich, wie sein [Studienkollege] es je auf die Jeschiwa geschafft hatte. Als sie telefoniert, um ihren Job als Aushilfslehrerin für diesen Tag abzusagen, während Ari »ehrfürchtig ihre Brustwarzen liebkost«, hat es mich allmählich gepackt.

Es überrascht kaum, dass die Begegnung ihren Höhepunkt in einer Fellatio findet – dem heiligen Gral chassidischer Sex-Fantasien. Als die Soziologin Hella Winston mir von chassidischen Männern erzählt, die sie im Rahmen einer ihrer Studien befragt hat, habe ich plötzlich eine Eingebung. »Wieso habe ich das Gefühl, dass sich hier alles ums ›Blasen‹ dreht?«, frage ich sie. »Ja, es geht ums ›Blasen‹!« sagt Winston, die ein Buch über chassidische Rebellen mit dem Titel *Unchosen* (dt.: Nicht auserwählt) geschrieben hat. Weil Fellatio pures Vergnügen ist, das nichts mit Fortpflanzung zu tun hat, wagen chassidische Männer nicht, ihre Frauen darum zu bitten. Obwohl es mit dem verbotenen Akt der »Vergeudung von Samen« verbunden ist, zählt es aber eigentlich nicht zum Ehebruch und erscheint ihnen daher weniger schlimm als Geschlechtsverkehr.

Doch für die meisten Männer bleibt das wahrscheinlich eine Fantasie, denn chassidische Männer und Frauen haben einfach kaum Gelegenheiten zum Fremdgehen. Innerhalb ihrer Gemeinden werden sie streng überwacht und außerhalb sind sie wie Außerirdische. In der chassidischen Welt ist die effektivste Methode zur Verhinderung von Ehebruch nicht die Warnung vor göttlicher Bestrafung, sondern das Vereiteln von Gelegenheiten zum Fremdgehen. In einigen chassidischen Sekten dürfen Frauen und unverheiratete Männer keinen Führerschein haben, damit sie sich nicht in die Versuchung chauffieren.

Aber vielleicht rückt gerade diese ultrakeusche Atmosphäre den fehlenden Sex übermäßig in den Mittelpunkt. Ein kleines Fenster für außereheliche Gelegenheiten öffnet sich im Sommer, wenn die Ehefrauen mit den Kindern in die Bungalows auf dem Land ziehen. Die Männer bleiben in der Stadt zurück, um ihrer Arbeit nachzugehen und kommen nur am Wochenende zu Besuch. Man erzählt mir, ein Rabbi habe darauf bestanden, dass seine Schäfchen in der Mitte der Woche einen Bustransfer zu den Landhäusern organisierten, der die Männer dienstagabends nach der Arbeit zu ihren Familien und am nächsten Morgen in aller Frühe wieder in die Stadt brachte. Das »war im Grunde ein Sex-Bus – alle lachten darüber«, erklärt mir ein Mitglied der Satmar-Gemeinde. »Aber der eigentliche Grund ist, dass die Männer in der Stadt ein bisschen zu frei sind. Frei in dem Sinne, dass sie sich in Bars amüsieren oder – Gott bewahre – fremdgehen können.« Sollte Ehebruch zwischen Männern und Frauen vorkommen, die beide Chassidim sind, so habe ich zumindest nichts davon gehört. Ein Mann erzählte mir, dass er in eine unverheiratete gläubige Frau verknallt war, die in seiner Firma arbeitete. Aber dann heiratete sie und verließ das Unternehmen. Als er ihr das nächste Mal zufällig auf der Straße begegnete, war sie ›schon halb schwanger und trug eine Perücke‹. Sie hatte ihre Anziehungskraft verloren. Jemanden außerhalb der religiösen Gemeinschaft kennenzulernen ist nicht einfach, wenn man 25 cm lange Ohrlocken hat und einen doppelreihigen schwarzen Anzug, weiße Kniestrümpfe sowie einen Vierzehnhundert-Dollar-Pelzhut, genannt *shtreimel*, trägt. Während ich in Brooklyn herumlungere, kursiert per E-Mail ein »Erwischt«-Foto, auf dem zwei chassidische Männer mittleren Alters in einer gewöhnlichen Disco zu sehen sind. Am meisten schockiert mich, wie deplatziert die Männer wirken. Beide sind mindestens zehn Jahre älter als die anderen Disco-Besucher. Und unter all den fitten Mittzwanzigern spiegeln ihre runden Bäuche ein Leben wider, in dem viele Teller mit Knödeln herumgereicht wurden.

Diese Männer sind nicht auf außerehelichen Sex aus. Sie sind wie kraftstrotzende Teenager, die sich plötzlich austoben dürfen, oder wie japanische *Salarymen*, die eine Nacht lang »spielen« wollen. Sie scheinen eine verspätete und komprimierte

Version jenes Jahrzehnts (ihre Zwanziger) auszuleben, das sie mit Eheschließung und Kinderkriegen verbracht haben. Vielleicht denken sie, das weltliche Leben sei immer so. Einer der Männer mit schwarzer Weste und buschigem schwarzen Bart scheint eine Tanzbewegung nachzuahmen, indem er die Fäuste in die Seiten stemmt. Der andere, fast identisch gekleidete Mann betatscht den nackten Rücken einer Blondine in einem pinkfarbenen Hängerkleidchen. Man weiß nicht, ob sie sich gleich herumdreht und ihm eine runterhaut. Mit diesen gesellschaftlichen Voraussetzungen hat ein chassidischer Mann wohl die größte Aussicht auf besagten »Blowjob«, wenn er dafür bezahlt. Manche Gemeinden schauen anscheinend weg, solange die Männer ihre Fotos nicht online zur Schau stellen. Im jüdischen Gesetz gibt es dafür eine hauchdünne Rückendeckung. Als Ehebruch gilt, wenn eine verheiratete Frau Sex mit einem anderen als ihrem angetrauten Mann hat. Ein fremdgehender Mann begeht dagegen eine geringere Sünde. Außerdem erlaubt das Gesetz dem Mann formell, sich eine Geliebte zu halten, vorausgesetzt, die Geliebte ist unverheiratet und hält sich an die Reinheitsgebote – beispielsweise zwei Wochen pro Monat keusch zu leben und ein rituelles Bad, genannt Mikva, zu nehmen.

Diese legalen Hintertürchen schaffen eine Möglichkeit, um Bars, Discos und Massagesalons zu besuchen. »Es wurde von jeher gleichzeitig verboten und toleriert«, erklärt Hella Winston. »Es heißt nicht: ›Oh, du solltest ausgehen und das tun.‹ Aber es wird in gewissem Maße entschuldigt.« Sie und andere erwähnen auch, dass manche chassidischen Männer ihr Gewissen erleichtern, indem sie zu schwarzen Prostituierten gehen, die, wenngleich unrein, zumindest in der Regel nicht jüdisch sind. »Alle Frauen behaupten, sie wollten einen Religionsgelehrten zum Mann – sie sagen, ›Er wird mich nicht betrügen‹«, erklärt Winston.

Der Soziologe William Helmreich, der die Gebräuche der Chassidim untersucht, sagt, religiöse Juden neigten dazu, besonders die Gebote wichtig zu nehmen, bei denen es um Dinge geht, die man allein tut – und die somit ihre Beziehung zu Gott widerspiegeln. Beim Ehebruch sind zwei Menschen beteiligt und er ist auch nichts spezifisch Jüdisches. »Ich glaube, das ist einer der Hauptgründe dafür, dass Ehebruch eher toleriert wird als der Verzehr von Schweineschnitzeln«, sagt Helmreich.

Aber selbst wenn eine Beziehung alle religionsrechtlichen Voraussetzungen erfüllt, wären wohl nur wenige Rabbis bereit, offen zu billigen, dass sich ein Mann eine Geliebte hält. Gläubige Juden, die sich an die Vorschriften halten, folgen aber nicht unbedingt dem Buchstaben des Gesetzes … und im Talmud gibt es schließlich für jedes Argument ein Gegenargument. Abraham, der Zeremonienmeister des Clubhauses, nimmt mich beiseite und erzählt mir eine weitere Geschichte: »Da waren diese beiden Jungs. Einer verspürte einen Drang, also suchte er sich eine unverheiratete Frau, achtete darauf, dass sie nicht [unrein] war – sie ging zum Mikva – und schlief dann mit ihr. Der andere verspürte ebenfalls einen Drang und ging einfach mit der Erstbesten ins Bett, die dazu bereit war.« Wie wurde über die beiden geurteilt? »Der Rabbi warf den Ersten aus der Schule, weil dieser die Sache geplant hatte. Diese Vorsätzlichkeit war einfach zu viel des Guten. Der Zweite – nun, er war eben nur ein Mensch. Was kann man da machen?« Und die Moral der Geschichte ist: »Nur weil man kein Kapitel und keinen Vers findet, in dem steht, dass es *nicht* in Ordnung ist, heißt das noch lange nicht, dass es in Ordnung ist.«

Niemand kann wirklich sagen, wie viele chassidische Männer zu Prostituierten gehen. Sie fallen derart auf, dass ein paar Männer mit flachen schwarzen Hüten in einem Massagesalon das Phänomen sicher größer erscheinen ließen, als es in Wirklichkeit ist. Doch es gibt offensichtlich eine Nachfrage nach außerehelichen Aktivitäten. Im Jahre 1996 verteilte ein Mann, der seinen Namen nur mit »Yossi« angab, in den religiösen Vierteln von Brooklyn Handzettel, auf denen er für einen diskreten Kuppel-Service warb. Der Service bot orthodoxen Männern an, sie mit »sauberen« Geliebten zu versorgen, die alle vorgeschriebenen Rituale einhielten. Es ist äußerst zweifelhaft, ob Yossi wirklich, wie er behauptete, eine Warteliste von sexuell ausgehungerten »Karrierefrauen« hatte, die nur darauf warteten, mit chassidischen Männern ins Bett zu gehen. Aber ein Reporter der *Washington Post* bestätigte, dass Yossi tatsächlich Hunderte von Anrufen interessierter Männer erhielt.

Kein Wunder, dass sie neugierig waren. Shlomo, dem man in der Hochzeitsnacht einen Zettel mit getippten Anweisungen in die Hand gedrückt hatte, erzählt, dass der Sex mit seiner Frau »nie richtig in Schwung kam«, obwohl sie sieben Kinder miteinander zeugten. Heute ist er über 40, dünn und kraftlos, mit einem schütteren graubraunen Bart und himmelblauen Augen. Wenn er eine Zigarette über den übereinandergeschlagenen Beinen baumeln lässt, sieht er aus wie ein Poet der Beat-Generation, der gleich ein Paar Verse von sich geben wird. Im Gegensatz dazu scheint seine Frau eine Spießerin zu sein. Nach der Hochzeitsnacht weigerte sie sich, sich je wieder komplett nackt zu zeigen. Als er ein paar religiöse Bücher mit Ratschlägen für junge Ehepaare mit nach Hause brachte, stürzte sie sich wie besessen darauf und versuchte, alle Anweisungen peinlichst genau zu befolgen.

Shlomo erinnert sich, dass er öfter zu ihr sagte: »Komm, lass es uns tun! Du bist doch eine Frau, auch wenn du chassidisch bist!« Manchmal täuschte er einen Orgasmus vor, bevor er wirklich einen hatte, damit sie sich entspannte. Aber dieser Trick funktionierte nur ein paar Mal.

Shlomos ganze religiöse Erziehung hatte nicht vermocht, seine sexuelle Energie in seine Ehe zu lenken. Er fing an, Massagesalons aufzusuchen und irgendwann ging er dann auch zu richtigen Prostituierten. Er kaufte sich Blue Jeans und versteckte seine Ohrlocken, in der Hoffnung, wie ein ganz normaler Typ auszusehen. Schließlich mietete er heimlich ein Appartement an. Nicht nur für Sex, wie er sagt. Es war für ihn auch ein Ort, an dem er der ständigen Beobachtung durch die religiöse Welt entfliehen konnte. »Es genügte mir oft schon, einfach mit einem Mädchen dazusitzen und einen Film anzuschauen«, sagt er.

Vielleicht wäre Shlomo auch zum fremdgehenden Ehemann geworden, wenn er nicht religiös gewesen wäre und aus Liebe geheiratet hätte. Aber es war sicher nicht besonders hilfreich, in einer lustfeindlichen, humorlosen Ehe gefangen zu sein. Shlomo ist kein Nullachtfünfzehn-Gläubiger, aber er ist auch kein Einzelgänger. Er fühlt sich wohl in der Gesellschaft anderer Menschen und in seiner Haut. Er sagt, dass seine Freunde wussten, was er tat, und dass manche es ihm sogar nachgemacht hätten. Aber die Sache wurde ein bisschen zu bekannt und es wurde geklatscht. Schüler einer in der Nähe seines Appartements gelegenen Jeschiwa sahen ihn mit einer Frau, die ein kurzärmeliges T-Shirt und einen kurzen Rock trug. »Sie gingen zu den Rabbis und sagten: ›Da läuft ein chassidischer Typ mit einer Schickse herum‹«, womit eine nichtjüdische Frau gemeint ist. »Sie riefen meine Familie an – so nach dem Motto: ›Kümmert ihr euch mal darum‹«. Als der Vater und der Bruder seiner Frau kamen, um mit ihm zu sprechen, warnten sie ihn nicht etwa vor den spirituellen Konsequenzen der Sünde. Sie drohten mit der Scheidung, wodurch er möglicherweise von seinen Kindern getrennt und vom Rest der Familie abgeschnitten worden wäre.

Muslime haben eine andere Methode, um Gläubige (Männer) bei der Stange zu halten: die Polygamie. Wenn ein Mann einer Frau nicht treu sein kann, dann kann er vielleicht vier Frauen treu sein?

Ich beschließe, mir in Indonesien anzuschauen, wie das funktioniert, denn dort leben mehr Muslime als in jedem anderen Land. Weniger als 24 Stunden nach meiner Ankunft sitze ich in der javanischen Stadt Solo Indonesiens selbst ernanntem Polygamie-Papst, Puspo Wardoyo, gegenüber. Ich bin darauf eingestellt, ihn widerlich zu finden. Puspo, wie er von allen hier genannt wird, veranstaltet einen Wettbewerb, bei dem der »Polygamist des Jahres« gekürt wird und schreibt Ratgeber für Männer, die wie er harmonisch mit vier Frauen zusammenleben wollen (seine sind zwischen 25 und 40 Jahre alt). In Talk-Shows erklärt er wütenden Feministinnen, dass er den Frauen eigentlich hilft, indem er ihre Ehemänner von Prostituierten fernhält und den Pool der Heiratskandidaten vergrößert. Polygamie ist in Indonesien legal, aber nicht mehr der bevorzugte Lebensstil. Leute unter 40 erzählen mir, dass ihre Großväter und sogar noch manche Väter mehrere Frauen hatten, aber sie kennen niemanden aus ihrer Altersklasse, auf den das zutrifft. Dieser Wandel ist das Werk General Suhartos, der Indonesien von 1967 bis 1998 regierte. Suhartos Regierung verbot Polygamie unter Staatsbeamten und Militärangehörigen. Die meisten Mittelschicht-Familien behandeln die Entscheidung eines Sohnes, sich eine zweite Frau zu nehmen, wie ein peinliches Familiengeheimnis, und gebildete Frauen finden es beschämend, sich mit der Rolle der Zweitfrau zu begnügen, obwohl es manche unter den richtigen Bedingungen immer noch tun.

Obwohl Polygamie in Indonesien also nur von einer Minderheit praktiziert wird, macht die Tatsache, dass sie legal ist, es einfacher, sexuellen Betrug zu rechtfertigen. In Befragungen geben etwa 95% der Indonesier an, dass Religion für sie »sehr wichtig« ist. Damit ist Indonesien das religiöseste Land in Asien und eines der religiösesten Länder der Welt. In modernen Bürohochhäusern gibt es für die Angestellten spezielle Gebetsecken, die manchmal praktischerweise direkt neben der Kantine eingerichtet werden. Ein Radiosender für junge Leute, den ich besuche, ist mit Postern westlicher Popstars dekoriert, belohnt aber seinen »Angestellten des Jahres« stets mit einem All-Inclusive-Trip nach Mekka.

Religiosität ist hier eine Möglichkeit, den eigenen Status zu heben. In Umfragen spricht sich über die Hälfte der Indonesier dafür aus, die weltliche Rechtsprechung durch die islamische Scharia zu ersetzen, obwohl die Begeisterung für dieses Rechtssystem nachlässt, wenn man die Leute konkret fragt, ob sie dafür sind, Dieben die Hand abzuhacken oder Ehebrecher zu steinigen. Ehebruch ist zwar illegal, aber die Strafe ist relativ mild: maximal sieben Jahre Gefängnis.

Puspos ungewöhnliches Forum zur Wiederbelebung der Polygamie ist eine Kette von Hähnchen-Schnellrestaurants. Er besitzt etwa 40 davon in ganz Indonesien. Es ist nicht unmittelbar ersichtlich, ob die Polygamie-Kampagne ein Versuch ist, mehr Hähnchen zu verkaufen oder umgekehrt. Aber sie ist vielleicht nicht die beste Marketing-Strategie. Meine Freundin, die als Dolmetscherin mitgekommen ist, erzählt mir, dass ihre Freundinnen in Jakarta Puspos Restaurants boykottieren.

Lektion 1: Polygamie schmeckt köstlich. In Puspos Restaurant in Solo, wo wir uns zum Interview treffen, bestellt er für uns knusprige Hähnchenteile und Tofu mit würziger Erdnusssoße und einen speziellen Saft, der »Poligami« heißt, weil er aus vier Zutaten besteht. (Moslemische Männer können bis zu vier Frauen haben.)

Lektion 2: Polygamisten sind charmant. Ich weiß nicht, warum mich das überrascht, denn sie wirken ja offensichtlich anziehend auf viele Frauen. Ich hatte erwartet, dass Puspo irgendwie bedrohlich auf mich wirken würde. Aber in Wirklichkeit hat er ein attraktives gebräuntes Gesicht, ein verschmitztes Lächeln und schaut mir direkt in die Augen. In einem Land, in dem man in der Regel schon reich sein muss, um noch reicher zu werden, erweckt seine »Vom-Tellerwäscher-zum-Millionär«-Geschichte Sympathie. Aus dem winzigen Hähnchen-Stand seiner Eltern machte er die Wong-Solo-Kette (Puspo ist auch unter dem Namen »Wong Solo« bekannt). Er erklärt, dass das Unternehmen nach islamischen Prinzipien arbeitet und einen Teil der Profite an gemeinnützige Einrichtungen spendet.

Puspos Argumente für die Polygamie haben mit Ehebruch zu tun. Wenn sich wohlhabende Männer wie er keine zusätzlichen Frauen nehmen, so seine Begründung, gehen sie zu Prostituierten oder haben Affären, was sowohl eine Sünde als auch »widerwärtig« sei. »Ich empfehle den Leuten, ihr Gewissen rein zu halten, indem sie diese Frau zur Ehefrau nehmen, anstatt fremdzugehen«, erklärt er mir. Puspo beteuert, dass seine vier Frauen nie streiten, was ziemlich unglaubwürdig klingt. Er räumt allerdings ein, dass die islamische Regel, der zufolge die zusätzlichen Ehefrauen der Zustimmung der bereits vorhandenen bedürfen, ein großes Hindernis ist. Puspo erwähnt auch nicht, dass die Polygamie im Islam ursprünglich dazu gedacht war, Frauen zu helfen, die ihren Mann durch den Krieg verloren hatten. Der Prophet Mohammed heiratete 13 Frauen, von denen die meisten Witwen waren. (Eine Ausnahme ist seine jüngste Frau Aisha, die bei der Eheschließung zehn Jahre alt war.)

Puspo scheint eher daran interessiert, Cellulitis zu meiden, als Witwen zu helfen. Er ließ eigens ein Theaterstück aufführen, um seine vierte Frau auszuwählen. Die Bewerberinnen mussten unter 25 Jahre alt sein und weniger als 55 Kilo wiegen (dünne Frauen haben eine engere Vagina und lassen sich leichter in bestimmte sexuelle Positionen manövrieren, erklärt er). Puspo hat zweifellos recht, wenn er behauptet, dass reiche und mächtige Männer in einem so armen Land wie Indonesien eine besondere Anziehungskraft auf Frauen ausüben: Zum ersten Casting erschienen 350 Frauen.

Der Überfluss an jungen armen schönen Frauen scheint in Indonesien schwerer zu wiegen als das islamische Verbot von außerehelichem Sex, der auf Arabisch *zina* heißt. »Die meisten reichen und erfolgreichen Leute gehen fremd«, sagt Puspo. »Die meisten meiner Freunde betrügen ihre Frauen. Sie gehen nur so zum Spaß zu Prostituierten.« Die Ehefrauen können sie nicht daran hindern, sagt er. »Wenn Frauen wütend sind, gehen die Männer noch mehr fremd.« Lässt sich eine Frau wegen der Untreue ihres Mannes scheiden, ist der nächste genauso untreu.

Aber sind denn vier Frauen genug? Vor allem, wenn sie keine jungen Nymphchen mehr sind? Vier Frauen zu haben hat Puspos Appetit angeregt. Er erklärt mir, dass vier Frauen eigentlich nicht die Obergrenze seien, weil auch der Prophet Mohammed mehr Frauen hatte. Ach, und wo wir gerade beim Thema seien – ob ich nicht eine amerikanische Frau kennen würde, die seinen Anforderungen entspreche? (Ich bin enttäuscht, als mir klar wird, dass ich aus Alters- und Gewichtsgründen durch sein Raster falle.) Als ich ihm sage, dass ich darüber nachdenken werde, versucht er sich plötzlich als psychologischer Verführer meiner schlanken Dolmetscherin. »Ich kenne Frauen wie dich«, sagt er und stiert sie an. »Du würdest jemanden lieben, auch wenn er noch zwei oder drei andere Frauen hätte. Es würde große Mühe kosten, dich davon zu überzeugen, dass dich jemand liebt.« Sie errötet so stark, dass sie eine Minute braucht, um ihre Fassung wiederzugewinnen und mir zu übersetzen, was er gesagt hat. Eifersüchtig dränge ich mich wieder in die Unterhaltung, indem ich ihn frage, was für ein Mann mir seiner Meinung nach gefallen würde. Puspo mustert mich von oben bis unten. »Dir gefällt ein starker, maskuliner Mann«, sagt er. »Du würdest einen Kerl wie mich mögen.«

Die Haupthalle des Obersten Religionsgerichts von Jakarta ist menschenleer und es gibt auch keine Möbel, außer einem Holztisch mit einer Schreibmaschine darauf. An der Wand hängt eine Liste, auf der die Fälle verzeichnet sind, die im laufenden Jahr verhandelt wurden. Aber nur ein paar Sekunden, nachdem ich mich auf die Tischkante setzte, weil nirgendwo ein Stuhl zu sehen ist, kommt ein Beamter angerannt, um mir zu sagen, dass ich aufstehen soll.

Die Vorstellung, dass Männer fremdgehen, wenn man ihnen nicht erlaubt, mehrere Frauen zu haben, ist nicht nur die Ansicht eines auf Publicity bedachten Unternehmers. Wie ich hier erfahre, ist das der quasi-offizielle Standpunkt oder zumindest die konventionelle Meinung.

Die indonesischen Religionsgerichte befassen sich mit Familienangelegenheiten wie Geburt, Tod und Ehe. Wenn jemand eine zweite, dritte oder vierte Frau heiraten will, muss er die Ehe hier eintragen lassen. Zusätzlich zur islamischen Standardanforderung, dass der Mann alle seine Frauen gleich behandeln und die Erlaubnis der gegenwärtigen Frau einholen muss, um weitere heiraten zu können, gibt es im indonesischen Recht eine weitere Einschränkung: Die gegenwärtige Ehefrau muss entweder unfruchtbar oder sehr krank oder unfähig sein, ihren Mann im Bett zufriedenzustellen.

Soweit der Buchstabe des Gesetzes. Aber bei der Führung durch den vergoldeten Gerichtssaal, wo die Fälle verhandelt werden, erzählt der Beamte, dass manchmal eine Ehefrau kommt, um sich darüber zu beschweren, dass ihr Mann sich ohne ihre Erlaubnis eine weitere Frau genommen hat. Er erzählt weiter, dass das Gericht zuerst prüft, wie wohlhabend der Mann ist, und dann die Frage untersucht, ob die erste Ehefrau ihn sexuell zufriedenstellen kann. Der Beamte weiß nicht genau, wie das festgestellt wird, aber schon die Tatsache, dass sie das mittlere Alter erreicht hat, spricht gegen sie. »Eine Frau in den Wechseljahren hat kein sexuelles Verlangen, aber gleichzeitig hat ihr Mann immer noch einen starken Sexualtrieb. Deshalb gibt es die Polygamie«, sagt er.

Ich bin durcheinander. Wie konnte der Mann ohne die Erlaubnis seiner Frau noch einmal heiraten? Ein anderer Beamter erzählt, dass nur ein bis zwei Paare pro Jahr hierherkommen, um polygame Ehen eintragen zu lassen. Aus der Liste an der Wand wird ersichtlich, dass dieses Jahr noch kein Paar aus diesem Grund hier war. Der zweite Beamte erklärt: »Es gibt zwei Arten von polygamen Fällen. Die ›sauberen‹, die hierherkommen, um das Gericht um Erlaubnis zu bitten. Und die ›unsauberen‹, die sich nicht eintragen lassen. Es gibt viele unsaubere Fälle.« Beim einzigen Fall im letzten Jahr verschwand der Ehemann, ein Malaie, mitten im Prozedere. Vielleicht hatte ihn jemand darauf hingewiesen, dass er eine unnötige Unannehmlichkeit auf sich nimmt.

Im Grunde macht sich kaum ein Mann, der sich eine zweite, dritte oder vierte Ehefrau nehmen will, die Mühe, diese Verbindungen hier eintragen zu lassen. Er richtet der Frau einfach ein Haus ein und fängt an, mit ihr Kinder zu zeugen. Seine andere Frau oder Frauen sind oft die letzten, die es erfahren. Zu diesem Gericht würden die Frauen kommen, um sich zu beschweren, was allerdings keine große Aussicht auf Erfolg hätte. Der zweite Beamte sagt, dass der Richter wahrscheinlich auch dann zugunsten des Mannes entscheiden wird, wenn die erste Frau beweist, dass sie fruchtbar, gesund und in der Lage ist, ihren Mann im Bett zufriedenzustellen. »Denn wenn ich dem Ehemann nicht die Erlaubnis gebe, wird er weiterhin fremdgehen, um seine Triebe zu befriedigen«, sagt er.

Leider gibt es keine zuverlässigen Sexualstatistiken für Indonesien oder die meisten islamischen Länder. Sogar Forscher, die weltweite Erhebungen durchführen, streichen in der Regel Fragen über Sex aus dem Fragenkatalog, den sie in der islamischen Welt verwenden. Deshalb ist es einfach nicht möglich, herauszufinden, wie häufig Ehebruch beispielsweise in Ländern wie Iran ist, wo Ehebrecher gesteinigt werden können. In Kasachstan, wo etwa die Hälfte der Einwohner Muslime sind, gaben laut einer 1999 durchgeführten Umfrage 1,6% der verheirateten oder in fester Partnerschaft lebenden Männer und 0,9% der Frauen an, in den zwölf Monaten vor der Befragung mehr als einen Sexualpartner gehabt zu haben. In Nigeria, wo die Bevölkerung ebenfalls zur Hälfte islamischen Glaubens ist, sagten dies im Jahre 2003 15,2% der Männer und 0,6% der Frauen.

Trotz des Fehlens zuverlässiger Daten wird mir allmählich klar, dass in bestimmten Kreisen Indonesiens sehr viel fremdgegangen wird und dass das ein offenes Geheimnis ist. Die Frauen und Männer der Mittelschicht, mit denen ich spreche, sagen ausnahmslos, dass Ehebruch absolut falsch ist, weil der Koran ihn verbietet. Aber im nächsten Atemzug erzählen viele, dass Untreue in Wirklichkeit ziemlich häufig ist und dass viele ihrer Freunde außereheliche Beziehungen haben. »Der Islam ist nicht permissiv«, sagt Paulus Wirutomo, der Leiter der soziologischen Forschungsabteilung der University of Indonesia. »Aber man legt viel Wert darauf, die Form zu wahren.« Während eine religiöse Einstellung Affären nicht zu verhindern scheint, prägt sie dennoch die sexuelle Kultur. Manche Leute erzählen mir, dass sie beim Fremdgehen sehr auf Diskretion achten, weil sie nichts tun wollen, was ein direkter Affront gegen den Islam wäre.

Polygamie legalisiert die Vorstellung, dass eine Frau nicht genug ist, und gibt verheirateten Männern praktisch einen Freibrief, mit anderen Frauen Beziehungen einzugehen, selbst wenn sie gar nicht die Absicht haben, ihre Geliebten zu Ehefrauen zu machen. »Polygamie fördert Ehebruch, denn bevor die Männer zum zweiten Mal heiraten, gibt es eine Phase der ehelichen Untreue«, erklärt Wirutomo. Sogar hochgebildete Frauen fangen nervös an zu kichern, wenn ich auf Polygamie zu sprechen komme. Sie müssen immer mit der Möglichkeit rechnen, dass ihre Ehemänner das Thema anschneiden.

Indonesier sind an die breite Kluft zwischen den offiziellen Regeln und dem tatsächlichen Verhalten der Menschen gewöhnt. Auf der Liste von Transparency International, einer Organisation, die weltweit Korruption untersucht, nimmt Indonesien einen der vorderen Plätze unter den korruptesten Ländern der Welt ein. Nur in 21 von 158 untersuchten Ländern herrscht mehr Korruption als in Indonesien.

Es gibt sogar eine wohlwollende Umgangssprache für unverbindliche Affären. *Bokbok bokbok siang* oder BBS drückt in einer Art Babysprache aus, dass man ein »Mittagsschläfchen« hält. Eine kurze Liebesaffäre ist ein *selingkuh,* was übersetzt so viel wie »wundervolle Pause« bedeutet. Bei diesen Beziehungen wissen beide Parteien, dass ihre Ehen nicht gefährdet sind.

Auch die Frauen fangen allmählich an, solche Affären zu genießen. Eine von ihnen ist Ria, eine 24-Jährige, die in Jakarta lebt. Sie trägt einen Schleier aus weißer Seide über olivfarbener Haut. Ria hat einen dreijährigen Sohn, einen Ehemann mit einem netten Einkommen und einen Liebhaber, mit dem sie einmal pro Woche schläft und mindestens zehn Mal täglich SMS austauscht.

»Schau mich an! Ich bin Muslimin, ich trage diesen Schleier«, sagt sie und fasst sich an den Kopf. Dann streckt sie mir die

Hände entgegen und zeigt mir ihre Ringe: Der Diamantring ist von ihrem Ehemann und der Goldreif (obwohl ihr Mann das nicht weiß) von ihrem Liebhaber, der ganz in der Nähe wohnt. Rias Eltern sind fromme Leute und rufen täglich an. Sie wären außer sich, wenn sie wüssten, dass sie ihren Mann betrügt. Aber sie braucht die emotionale Nähe, die sie von ihrem unverheirateten Liebhaber bekommt und die ihr Mann ihr niemals geben würde. Ihre Ehe ist eine formellere Angelegenheit. Ihr Mann ist bereit, ihr Studium zu finanzieren, das sie wieder aufnehmen will, aber es ist ihr Geliebter, der ihr sagt, dass sie klug ist und beruflich erfolgreich sein wird. »Ich liebe meinen Mann noch immer, aber ich brauche auch jemanden, der mir das Gefühl gibt, lebendig zu sein«, sagt sie.

Ria erzählt, dass auch viele ihrer Freundinnen einen respektablen Ehemann und nebenbei noch einen jüngeren, oft unverheirateten Geliebten haben. Sie arrangiert ein Treffen mit einer von ihnen, Dian, für den nächsten Morgen in einem fast menschenleeren Einkaufszentrum. Dian, 29, erzählt, sie habe sich einen Liebhaber genommen, nachdem sie erfahren hatte, dass ihr Mann sich wieder regelmäßig mit einer ehemaligen Freundin traf. Er behauptete, das Ganze sei harmlos und »nur so zum Spaß«.

Dian hat ihr Juraexamen gemacht, aber ihr Mann verbietet ihr zu arbeiten, damit sie zu Hause ist, wenn er von der Arbeit heimkommt. Jeden Morgen packt sie seine Aktentasche und wenn sie etwas vergessen hat, ruft er sie aus dem Büro an, um sie zu tadeln. »Ich habe Schuldgefühle und ich glaube, dass es nicht richtig ist, eine solche Beziehung zu haben, aber ich kann es nicht ändern, dass ich noch jemand anderen brauche. Ich fühle mich sehr, sehr einsam«, sagt sie. »Mein Geliebter schenkt mir sehr viel Aufmerksamkeit, während mein Mann immer beschäftigt ist. Er fragt mich zum Beispiel, ob ich schon zu Mittag gegessen habe. Das würde mein Mann niemals tun.«

Diese unausgefüllten Hausfrauen sind eine leichte Beute für ausländische Männer, die außerhalb des sozialen Netzes der Frauen leben und eine gewisse exotische Anziehungskraft besitzen. Mike, ein Amerikaner Ende 20, der in Jakarta an einem wissenschaftlichen Forschungsprojekt mitarbeitet, hat sich einen Sport daraus gemacht, verheiratete Frauen ins Bett zu kriegen. Er hörte auf, alleinstehenden Frauen nachzustellen, nachdem eine nach einer Nacht, die für ihn ein »One-Night-Stand« war, per SMS den Wunsch geäußert hatte, ein Kind von ihm zu bekommen.

»In den Staaten war ich ein ganz gewöhnlicher Typ, der mit Mädchen ins Bett ging – aber nicht allzu oft«, sagt Mike. »Hier ist es so einfach, ohne Anstrengung. Man sagt ›*Mau kenal*‹. Das bedeutet: ›Ich möchte dich kennenlernen. Das ist, äh, schmeichelhaft genug.« Am meisten stört ihn, dass sogar verheiratete Frauen ungefähr bis zum fünften Date warten, bis sie mit ihm ins Bett gehen – ihre einzige Konzession an die »Form«. Nach dem Schäferstündchen sagen sie: »›Danke für den Orgasmus‹ und verschwinden«, sagt Mike. Einer von Mikes Freunden, ein Neuseeländer, der seit Jahren in Indonesien lebt, erzählt mir, dass aus Affären mit verheirateten Frauen nur äußerst selten ernsthafte Beziehungen werden. »In Indonesien ist es nicht gut, die bestehende Ordnung zu stören«, erklärt er.

Weil ich bezweifle, dass es wirklich so einfach ist, nimmt mich Mike mit zu seinem bevorzugten »Jagdrevier«. Dieses befindet sich in der Nähe der Kosmetikstände vor einem Einkaufszentrum genannt Blok M Plaza, wo wohlhabende Frauen durch die Glasscheiben linsen, um zu schauen, ob ihr Fahrer schon da ist, um sie abzuholen. Als wir dort eintreffen, schlage ich Mike ein paar Frauen vor, aber er winkt sofort ab. Sie seien zu jung und deshalb potenzielle »Kletten«. Bereits nach wenigen Minuten hat er ein passendes »Objekt« entdeckt:

Eine junge Frau mit taillenlangen schwarzen Haaren in engen Jeans und einem brasilianischen Fußball-T-Shirt. Sie ist höchstens 25 und trägt einen riesigen Verlobungsring am Finger. Mike nähert sich ihr, während ich im Hintergrund bleibe und Fotos mache. Schon wenige Minuten nach dem ersten Kontakt holen beide ihr Handy heraus und geben die Nummer des anderen ein.

Vielleicht hatte sie ja ein harmloseres Vergnügen im Sinn? Mike lächelt mich nachsichtig an. »Wenn ein Typ wie ich so ein Mädchen anspricht und nach ihrer Handynummer fragt, dann nur aus einem einzigen Grund.« Manche ausländischen Männer geraten tiefer als geplant in die Sache hinein. In Solo treffe ich einen 33-jährigen Italiener namens Roman, der inzwischen vier Frauen und zwölf Kinder hat. Zwei wurden innerhalb der vergangenen 14 Tage geboren. Wie Puspo ist er ein Charmeur; er hat treuherzig dreinblickende braune Augen und einen dichten braunen Lockenkopf. Aber anders als Puspo ist er nicht an Publicity interessiert und er beteuert nicht, dass zwischen seinen Ehefrauen alles bestens läuft. »Sie hassen einander. Mein Leben ist die Hölle«, erzählt er mir bei einem Whiskey in einer Bar in der Nähe eines seiner vier Häuser. »Ich verstehe nicht, warum sie nicht einfach friedlich zusammenleben können.«

Romans Frauen sind zwischen 20 und 22 Jahre alt. Zwei besitzen Universitätsabschlüsse und die anderen beiden haben die Highschool abgeschlossen. »Nach der dritten wollte ich nicht noch einmal heiraten«, erzählt er mir. »Hier heiratet man die beste Freundin und die ganze Familie mit. [Allen] muss man Geld geben.« Letztes Jahr ist er zum Islam konvertiert, damit alles seine Ordnung hat. Jedes Mal, wenn er sich eine neue Frau nimmt, drohen die anderen, sich umzubringen. Mit der Herstellung und dem Export von Holzmöbeln verdient er genug, um die rund 600 $ monatlich für jeden der vier Haushalte aufzubringen. Er lebt allein, bekommt aber um vier Uhr morgens Anrufe von der einen oder anderen Ehefrau, die ihn fragt, wo er ist und mit wem. Wenigstens seine Eltern seien stolz auf ihn, sagt er.

Um seinem chaotischen Leben zeitweise zu entfliehen, sucht Roman Trost bei mehreren Freundinnen, von denen eine während unserer Unterhaltung eine SMS schickt: »Ich kann dir sagen, dass dich jemand sehr vermisst.« Die Nachricht ist in Englisch, weil Roman kein Indonesisch spricht.

»Ich bin nicht besonders stark. Eigentlich bin ich sehr schwach. Ich kann keiner Versuchung widerstehen«, sagt er und schaut dabei so treuherzig drein, dass ich fast Mitleid mit ihm bekomme.

Es gibt einen Witz über den Empfang der Zehn Gebote auf dem Berg Sinai. Moses kommt vom Berg herunter und sagt zu den Israeliten: »Es gibt eine gute und eine schlechte Nachricht. Die gute Nachricht ist, dass ich ihn auf zehn herunterhandeln konnte. Die schlechte ist, dass Ehebruch immer noch dabei ist.«

Alle monotheistischen Religionen verbieten, sobald sie Fuß gefasst haben, als Erstes den Ehebruch. Aber ich habe nirgendwo Beweise dafür gefunden, dass Religiosität die Leute vom Fremdgehen abhält. Eine 2001 durchgeführte Studie ergab, dass selbst zwei oder mehr Kirchenbesuche pro Woche bei Menschen, die ihre Ehen als »recht glücklich« oder »nicht besonders glücklich« bezeichneten, kaum einen Einfluss darauf hatten, ob sie außereheliche Sex hatten oder nicht. Damit die vielen Stunden in der Kirche überhaupt eine größere Rolle spielten, mussten sie schon »sehr glücklich« verheiratet sein.

Eine weitere im Jahr 2000 veröffentlichte Studie stellte fest, dass Männer, die regelmäßig zur Kirche gingen, weniger Affären hatten als solche, die das nicht taten. Aber bei Frauen machte die Häufigkeit des Kirchenbesuchs keinen Unterschied. Pastoren haben besonders gute Möglichkeiten für Affären, da sie oft unter vier Augen Beratungsgespräche mit Mitgliedern ihrer Gemeinde führen. Dave Carder, ein evangelischer Pastor in Fullerton, Kalifornien, entschloss sich, einen Ehebruch-Ratgeber zu schreiben, nachdem zwei der Pastoren, mit denen er zusammengearbeitet hatte, mit Gemeindemitgliedern durchgebrannt waren. Vier der Mitglieder einer Selbsthilfegruppe für Menschen mit untreuen Ehepartnern, die ich in Memphis besuche, sind mit Pastoren verheiratet.

Religiosität kann auf jeden Fall zu größeren Schuldgefühlen wegen Ehebruch führen, denn er stellt ja die Kraft des eigenen Glaubens in Frage. In Amerika haben manche Christen einen bequemen Weg gefunden, ihre außerehelichen Ausrutscher zu erklären: Sie können nichts dafür, weil sie sexsüchtig sind. LIFE Ministries, eine christliche Organisation mit Hauptsitz in Lake Mary, Florida, weist darauf hin, dass sie im ganzen Land mehr als 100 Selbsthilfegruppen für Sexsüchtige und ihre Ehepartner unterhält. Laut dieser Gruppe, deren Name für »Living in Freedom Everyday« steht (dt.: »Jeden Tag in Freiheit leben«), beginnt die Sucht mit dem »scheinbar harmlosen« Akt der Masturbation, setzt sich dann mit Internetsex und sexuellen Fantasien fort und endet schließlich in Striptease-Lokalen und bei Prostituierten. Bei den Gruppentreffen beten die Mitglieder gemeinsam und machen Übungen aus dem LIFE-Ministries-Handbuch. Der Leiter einer LIFE-Gruppe in Florida erzählt mir, dass einer der oft wiederholten Leitsätze lautet: »Mein Körper gehört meiner Frau und sonst niemandem.« Bei Themen, über die in der Bibel keine klare Aussage zu finden ist, wenden die Mitglieder ihren eigenen »Lackmus-Test« an. »Wir fragen uns dann: Würde Jesus das tun? Würde er sich selbst stimulieren? Ich glaube nicht.«

Weltweit betrachtet ist es schwierig, eine Korrelation zwischen Religiosität und sexueller Untreue herzustellen. Franzosen und Briten sind viel weniger religiös als Amerikaner, aber alle drei weisen ähnliche »Untreue-Raten« auf. Afrikaner zählen zu den religiösesten Menschen der Welt, dennoch ist Afrika wahrscheinlich der Kontinent mit dem höchsten Prozentsatz untreuer Männer. Lateinamerikaner sind in der Regel ebenfalls religiös, aber auch sie gehen häufig fremd.

Sowohl der Islam als auch das Judentum haben ein Religionsrecht, gegen das das amerikanische Steuerrecht fast unkompliziert wirkt, das aber auch einige Gesetzeslücken bereithält, die außerehelichen Sex zu rechtfertigen scheinen. In Indonesien gibt allein die Tatsache, dass Polygamie offiziell erlaubt ist, manchen Männern einen Freibrief zum Fremdgehen. Manche religiösen Juden entdecken geheime Gesetze, die es ihnen erlauben, sich Geliebte zu halten. Ironischerweise macht es die Vielfalt der religiösen Vorschriften – anstatt eines allgemeinverbindlichen moralischen Standards – möglicherweise leichter, untreu zu sein und dennoch das Gefühl zu haben, dass man keine Sünde begeht.

Letztendlich gewinnen die lokalen Traditionen Oberhand über die Religion. Religiöse Christen in Amerika verhalten sich eher wie andere Amerikaner als wie Christen in anderen Ländern. Und so wird auch die sexuelle Kultur Indonesiens in gleichem Maße von der großen Armut wie von der Tatsache geprägt, dass seine Einwohner tief religiös sind. Ob Brasilianer fremdgehen oder nicht, hängt in gleichem Maße von ihrer Frömmigkeit ab wie davon, ob sie im wohlhabenden Süden (wo Ehebruch seltener vorkommt) oder im armen Norden leben (wo er sehr häufig ist).

Die Chassidim in Brooklyn wissen intuitiv, wie gefährlich es wäre, sich an die Sitten und Gebräuche des Landes anzupassen, in dem sie leben. Deshalb verbannen einige sogar

Fernsehgeräte aus ihren Häusern. Aber der Versuch, die eigene winzige Gemeinschaft als Insel der Seligen in einem Meer der Verderbtheit aufrechtzuerhalten, ist genauso gefährlich. Die Leute werden neugierig. Und weil sie sich heimlich in die säkulare Welt schleichen müssen, geraten sie zum Schluss an die übelsten Orte.

In keinem Land sagte auch nur ein einziger gläubiger Mensch, er fürchte sich vor der göttlichen Strafe für Ehebruch. Manche schienen noch nicht einmal Schuldgefühle zu haben. Aber diejenigen, die welche hatten, sagten, sie fürchteten sich vor dem Urteil ihrer Ehepartner, Eltern, Pastoren oder Freunde. Gott ist für viele ein weit entferntes theoretisches Phänomen, so wie Aids für die Südafrikaner. Wenn man wissen möchte, ob jemand ein potenzieller Ehebrecher ist, ist es nicht nötig, ihn nach seiner religiösen Ausrichtung zu fragen. Fragen Sie ihn einfach nach seinem Pass und seinen Freunden.

Die nächste und letzte Station meiner Weltreise ist China. Es heißt oft, Chinas Wirtschaftsboom habe eine sexuelle Revolution mit sich gebracht. Ich will sehen, ob das auch zu einer Explosion ehelicher Untreue geführt hat.

China: Eine sexuelle Revolution

Südafrikaner würden lieber sterben als monogam zu leben. Und viele fromme Muslime, Christen und Juden nehmen lieber den Zorn Gottes in Kauf, als einem Partner treu zu bleiben. Kurzum, weder die Angst vor dem Tod noch Gottesfurcht genügen, um eine sexuelle Kultur zu ändern.

Und wie steht es mit dem Geld? Was geschieht, wenn sich ein armes, isoliertes Land innerhalb der Spanne eines (Sexual-) Lebens in eine boomende Marktwirtschaft verwandelt? Ändern die Menschen dann ihr Sexualverhalten? Und wenn ja – wie rechtfertigen sie das vor sich selbst? Und was ist mit denen, die auf der Strecke bleiben?

Solche Fragen gehen mir an einem Mittwochabend um acht am Lo Wu Grenzübergang zwischen Hongkong und der Volksrepublik China durch den Kopf. Um mich herum stehen Gruppen von Männern, die ebenfalls darauf warten, nach Shenzhen zu kommen, die chinesische Boomtown auf der anderen Seite der Grenze. Viele Hongkonger arbeiten in Shenzhen, aber heute Abend sind die meisten zu ihrem Vergnügen unterwegs. Sie haben ihre Arbeitskleidung gegen Shorts und Sandalen getauscht und viele sind mit Freunden gekommen. Alle fünf Minuten kommt ein mit Männern voll besetzter Pendlerzug an der Grenze an.

Diese Angestellten, Klempner und Busfahrer sind bereit, die Hitze und das Schlangestehen zu ertragen – ganz zu schweigen vom Zorn ihrer Ehefrauen und möglicherweise des Gesetzes –, denn direkt auf der anderen Seite in Shenzhen wartet eine Sireneninsel voller junger Frauen. Auf jeden Mann, der hier Schlange steht, warten drüben weibliche Wesen, die alles tun, was er sich wünscht und vielleicht noch ein paar Dinge mehr, die er sich noch gar nicht vorstellen konnte.

Shenzen ist ein Paradies für Ehebrecher. Jeder, der nur eine Nacht lang Spaß haben will, kann unter vielen verschiedenen Prostituierten wählen. Aber diese Großstadt ist auch übersät mit Wohnvierteln, die von den Medien »Zweitfrauen-Dörfer« genannt werden. Es sind Wohnviertel, in denen die von ihren Hongkonger »Ehemännern« ausgehaltenen Frauen ihre Tage wahrscheinlich damit zubringen, Mahjongg zu spielen, kleine Hunde herumzutragen und »echte Louis-Vuitton-Handtaschen« spazieren zu führen. (Shenzhen ist unter anderem auch berühmt für seine Imitationen von Designerartikeln.) Eine Frau aus Hongkong, selbst ehemalige Geliebte, erzählte mir neidisch, dass alle Zweitfrauen in Shenzhen – auch *yi lai* genannt – Modelfiguren haben. Aus den illegitimen Verbindungen zwischen Hongkonger Männern und Frauen aus Shenzhen sollen inzwischen mindestens eine halbe Million Kinder hervorgegangen sein.

In der Hoffnung, an das Gewissen der Männer zu appellieren, schlug ein chinesischer Gesetzgeber vor, die Hongkonger Seite der Grenze mit Plakatwänden zu bepflastern, auf denen steht: ZU HAUSE WARTEN DEINE KINDER AUF DICH. Sollten sich Hongkonger Männer tatsächlich solche Gedanken machen, so ist das zumindest nicht unmittelbar ersichtlich. »Die Frauen in Shenzhen sind im Vergleich zu Hongkonger Mädchen preiswerter, schöner und jünger«, sagt Martin, 41, ein Hongkonger Handwerker, der eine Ehefrau hat, aber vier bis fünf Nächte pro Woche bei seiner Yi lai verbringt. »Aber das Wichtigste ist, dass sie billig sind.« (Wie viele Hongkong-Chinesen hat Martin einen englischen und einen chinesischen Namen.)

Es ist kein Zufall, dass Shenzhen auch »Ground Zero« für Zweitfrauen genannt wird. Anfang der 1980er-Jahre hieß diese Stadt als eine der ersten in China ausländische Investoren willkommen. Damals war Shenzhen noch ein Fischerdorf mit 30 000 Einwohnern. Als ausländische Firmen begannen, Fabriken aus dem Boden zu stampfen und Heerscharen von Arbeitern aus dem armen Zentralchina zu rekrutieren, wuchs die Bevölkerung rasant. Im Jahre 2005 war Shenzhen das Zuhause für 4,5 Millionen Menschen geworden, von denen die meisten irgendwo anders zur Welt gekommen waren. Neuankömmlinge – besonders die hübschen – fanden bald heraus, dass sie in Massagesalons und Karaoke-Bars viel mehr verdienen konnten als mit dem Zusammenstecken von Computern. Und bevor sie sich's versahen, hatten ihre Gönner aus Hongkong und Zentralchina sie in Appartements untergebracht und bezahlten ihre Lebensmittel.

Um ermessen zu können, wie radikal sich die sexuelle »Landschaft« verändert hat, muss man sich einmal ins Gedächtnis rufen, wie es früher war. Gegen Ende des Kaiserreiches, das bis Anfang des 20. Jahrhunderts bestand, durfte ein Mann nur eine Frau haben, musste ihr aber keineswegs treu sein. Er konnte sich Geliebte nehmen und Prostituierte besuchen, so oft er wollte. Eine Frau hatte dagegen ihr Leben lang nur einen einzigen Sex-Partner: ihren Ehemann. Wie die Historikerin Lisa Tran schreibt, konnte er sie verstoßen oder töten, wenn sie Sex mit einem anderen Mann hatte. Die Dinge änderten sich im frühen 20. Jahrhundert, als China zu einer Republik wurde, die vorgab, die Gleichberechtigung von Männern und Frauen einzuführen. Etwa um diese Zeit änderte sich auch die öffentliche Meinung dahingehend, dass verheiratete Männer treu sein sollten. Gesetzgeber und Öffentlichkeit debattierten jahrzehntelang über diese Frage. Trotz der juristischen Argumente (waren Konkubinen nicht eigentlich Ehefrauen?), zögerten die Männer, dieses Privileg aufzugeben.

Als der Kommunist Mao Zedong 1949 die Macht übernahm, bestimmte er, dass das Konkubinat Bigamie und somit illegal sei. (In Hongkong, das bis 1997 von der britischen Krone regiert wurde, waren Konkubinen weiterhin erlaubt.) Prostitution wurde ebenfalls verboten. Mao verurteilte Promiskuität als »bürgerliches« Verhalten reicher Männer, die ihrem egoistischen Vergnügen frönten. Er wollte durch die Gleichstellung aller eine ganz neue Ordnung schaffen.

Maos Gründe, von seinen Bürgern Treue zu fordern, waren sowohl emotionaler als auch praktischer Art. Autoritäre Regimes wie seines gehen davon aus, dass sie absolute Macht über die Menschen erlangen, wenn sie den privaten Bereich bis hin zum Sex kontrollieren können. Untreue – die versteckteste Form von Sex – ist ihr Heiliger Gral. In der Sowjetunion war außerehelicher Sex eines der wenigen Schlupflöcher. (In George Orwells Roman *1984* versuchen die Hauptfiguren der Partei zu »entfliehen«, indem sie eine außereheliche Affäre haben – nur um später zu entdecken, dass die Regierung sie dabei die ganze Zeit beobachtet hatte.)

Im maoistischen China war Ehebruch zwar nicht offiziell verboten, aber es war trotzdem nicht ratsam, sich dabei erwischen zu lassen. Nachbarschaftskomitees – vortrefflich geleitet von luchsäugigen alten Frauen – überwachten Appartementhäuser und meldeten den Parteifunktionären jeden, der verdächtigt wurde, »Probleme mit dem Lebensstil« zu haben. Die Leiter von Arbeitsbrigaden konnten Personen, denen Untreue unterstellt wurde, degradieren oder die Beschuldigten zwingen, sich einer demütigenden »Selbstkritik« zu unterziehen. Untreue Frauen, die »kaputte Schuhe« genannt wurden, waren Freiwild. Affären waren mit einem so hohen Risiko verbunden, dass die Menschen, die in entfernte Teile des Landes zur Arbeit geschickt wurden und nur einen Monat im Jahr Heimaturlaub bekamen, es oft vorzogen, einen Zustand zu ertragen, der als »sexuelle Arbeitslosigkeit« bezeichnet wurde.

Wie in Sowjetrussland stellte schon die Suche nach einem Ort zum Fremdgehen ein größeres Hindernis dar. Noch 1988 stellten die Soziologen Zha Bo und Geng Wenxiu fest, dass »Big Brother« zwar nicht mehr durchs Schlüsselloch schaut, »die beengten Wohnverhältnisse [aber] ungünstig für Affären bleiben. Sie machen es schwierig, außerhalb der Ehe sexuelle Kontakte zu knüpfen, ohne dass Ehepartner, Freunde, Kollegen oder Nachbarn davon erfahren.« Laut ihrer Studie über Stadtbewohner wurden 80% der Affären fremdgehender Männer von den Ehefrauen entdeckt (und 87% der Affairen fremdgehender Frauen von ihren Ehemännern). Natürlich fiel auch die Romantik dem chinesischen Kommunismus zum Opfer. Während der Kulturrevolution, die von 1966 bis zu Maos Tod im Jahre 1976 andauerte, wurden junge StädterInnen aus ihren Wohnungen geholt und für Jahre zur Arbeit aufs Land geschickt. In den strengsten Arbeitslagern waren »Rauchen und Liebe« ausdrücklich verboten. Manche Leute heirateten nur, um eine Erlaubnis für die Rückkehr in die Stadt zu bekommen. Es war üblich, aus »politischen, wirtschaftlichen und familiären Gründen« zu heiraten, nicht aus Liebe, erklären Zha und Geng. Oft mussten die Verbindungen von Parteibossen »abgesegnet« werden.

»Gespräche über persönliche Dinge, romantische Beziehungen oder Sex wurden als ›bourgeois‹ betrachtet und waren somit tabu«, schreibt Emily Honig in *Socialist Sex*. Sie zitiert »verschickte« Jugendliche, die sich daran erinnern, dass »alle Bücher über Liebe als Pornografie galten und alle Liebeslieder als minderwertig eingestuft wurden. Verliebte Männer und Frauen wurden als Flegel bezeichnet.« Eine Vorschrift verbot den Chinesen, schmutzige Witze zu erzählen. Die Leute verbreiteten heimlich Kopien von Liebesgeschichten. 1975 wurde der Autor einer solchen Geschichte aufgespürt und inhaftiert, weil er »bürgerliche Liebe« propagiert hatte, schreibt Honig.

In dieser Zeit säuberten die Parteifunktionäre sogar staatlich genehmigte Opern von jedem Hinweis auf sexuelle Anziehung. Wenn Männer und Frauen zusammen auf der Bühne erschienen, sprachen sie ausschließlich über Arbeit, die Revolution oder den Klassenkampf und bezeichneten sich gegenseitig als »Genossen« oder »Kameraden«, so Honig. Viele Menschen wussten damals nicht einmal, dass Jian Qing, Maos Komplizin bei der Kulturrevolution, gleichzeitig seine Ehefrau war.

Mao selbst unterwarf sich diesen Einschränkungen allerdings nicht. In einer 1994 veröffentlichen Enthüllungsstory schreibt sein langjähriger Leibarzt, Zhisui Li, dass Maos Handlanger ständig auf der Suche nach »jungen, attraktiven und politisch zuverlässigen« Frauen waren, um die sexuellen Gelüste des »Großen Vorsitzenden« zu befriedigen. Li schreibt, Mao habe eine Vorliebe für Jungfrauen gehabt und sich mit den chinesischen Kaisern verglichen, die sich Tausende Konkubinen hielten. Nach einem Abendessen in einer Villa auf dem Land zog er sich mit seiner neuesten Geliebten und deren Schwester für drei Tage zurück und verließ sie nur einmal, um sich mit dem Bürgermeister von Shanghai zu treffen.

»Askese war die öffentliche Parole der Kulturrevolution, aber je asketischer und moralistischer die Reden der Parteifunktionäre wurden, desto hedonistischer wurde der Vorsitzende«, schreibt der Leibarzt. »Er wurde ständig von einem Harem junger Mädchen bedient. In dieser Zeit, auf dem Höhepunkt der Kulturrevolution, war Mao manchmal mit drei, vier oder sogar fünf Frauen gleichzeitig im Bett.« Es galt unter diesen

Frauen als Statussymbol, sich mit Maos Geschlechtskrankheit anzustecken.

Als Mao 1976 starb, hinterließ er dem Land eine zentral gesteuerte Planwirtschaft. Die Reformer seiner Partei übernahmen die Macht, aber um Chinas Wirtschaft für den Weltmarkt öffnen zu können, mussten sie einige Kontrollmechanismen zur Überwachung des Privatlebens der Bürger aufgeben. Das geschah teilweise durch Zermürbung: Die luchsäugigen alten Frauen wurden abgehängt, als ihre Jungunternehmer-Nachbarn in luxuriöse Hochhausappartements zogen. Yuppies hatten mit den Arbeitsbrigaden der Regierung nichts am Hut.

Mehr Privatsphäre und mehr Geld schufen auch viele kleine Nischen, in denen Affären gedeihen konnten. Die Yi lai ist nur eine Variante. Chinas neue Klasse mittlerer Manager und Angestellter, die keine Lust hatten, mit ungebildeten Kleinbauern zusammenzuleben, entdeckten einander in Bürohäusern und Tanzsälen, die in Großstädten wie Shanghai wie Pilze aus dem Boden schossen. Restaurants und Hotels – die Grundpfeiler aller Affären – waren plötzlich in Reichweite von Menschen, die auch genügend Privatsphäre und Freizeit hatten, um »nach Erfüllung zu streben«. Für diejenigen, die zu schüchtern waren, um direkt auf jemanden zuzugehen oder in Büropolitik verstrickt zu werden, war das Internet ein Geschenk des Himmels.

Obwohl Ehebrecher in China manchmal auf vergangene Zeiten verweisen, um ihre Affären zu rechtfertigen, ist vieles am chinesischen Ehebruch unbestreitbar modern. Da wäre zunächst einmal die Terminologie. »Eine-Nacht-Liebe« heißt in China eine kurze sexuelle Begegnung zwischen Angestellten, die sich in nach westlichem Vorbild gestalteten Bars oder Discos treffen. »Netz-Liebe« und »Internet-Geliebte(r)« weisen auf Beziehungen hin, die wahrscheinlich virtuell bleiben.

»Das vierte Gefühl« ist eine Mischung aus den ersten drei –
Freundschaft, Liebe und Sex – und entsteht zwischen Männern und Frauen, die für dasselbe Unternehmen arbeiten. Es
gibt sogar einen speziellen Ausdruck für jemanden, der versucht, die Ehe seines oder seiner Geliebten zu zerstören.

All das neue Geld, das in China im Umlauf ist, hat nicht nur
Affären möglich gemacht. Es hat eine ganze Untreue-Indus-
trie hervorgebracht, obwohl die chinesische anders als die
amerikanische Version Affären oft begünstigt. Partnerver-
mittlungen verkuppeln auswärtige Geschäftsleute mit orts-
ansässigen Frauen. Sexualwissenschaftler und andere neue
»Experten« geben ihre Ansichten über die Moral von außerehelichem Sex in überregionalen Talk-Shows zum besten.
Populäre Seifenopern thematisieren Affären und die neuen
moralischen Scripts. Privatdetektive von Agenturen wie
»Grand Shanghai Investigation« sind größtenteils damit beschäftigt, hinter Ehebrechern herzujagen. (Ein bekannter Detektiv wird scherzhaft »der Geliebten-Killer« genannt.) Einige
Detektivbüros sind so erfolgreich, dass sie ins Franchise-Ge-
schäft eingestiegen sind.

China exportiert sogar Affären. Einige der Superreichen schicken zum Ende einer Affäre ihre Geliebten inzwischen lieber
auf eine Graduate School nach Australien anstatt sie abzu-
servieren. Taiwanesische Zeitungen erklären außerehelichen
Sex zur Epidemie – unter anderem, weil sich so viele ortsansässige Geschäftsleute in den Städten des chinesischen
Festlands, die sie auf ihren Geschäftsreisen besuchen, Geliebe-
te halten. Ein Ratgeber mit dem Titel *My Husband is a Taiwa-
nese Businessman in Mainland China,* der Ehefrauen erklärt,
wie sie dafür sorgen können, dass der Reißverschluss an der
Hose ihres Mannes zu bleibt, war ein Bestseller (obwohl der
Ehemann der Autorin schließlich doch mit seiner Freundin
durchbrannte). Taiwanesische Ärzte berichten von einem An-

stieg der Sterilisationen bei Männern, die vermutlich auf Wunsch ihrer Ehefrauen durchgeführt wurden, um zumindest den Schaden der Affären zu begrenzen.

Geld hat in China neue Gelegenheiten zum Ehebruch geschaffen. Aber Geld allein ist keine ausreichende Erklärung dafür, dass die Leute diese Gelegenheiten so ausgiebig nutzen. Um ihnen dies zu ermöglichen, musste sich die chinesische Gesellschaft in Bezug auf die Frage, wann und mit wem Ehebruch in Ordnung ist, auf ein neues »Drehbuch« einigen. Die Menschen rechtfertigen ihre Affären mithilfe dieser Geschichten vor ihren Kollegen, Freunden und vor sich selbst.

Eine der neuen Rechtfertigungen ist die Liebe – genauer gesagt, die Vorstellung, dass Ehebruch im Namen der Liebe nicht so schlimm ist –, eine Ausrede, die Menschen aus dem Westen ziemlich vertraut sein dürfte. Natürlich verliebt man sich auch in China seit Jahrtausenden. Aber erst gegen Ende des 20. Jahrhunderts, so der Soziologe James Farrer, wurden »romantische Gefühle« weithin als Legitimation akzeptiert. Anfang der 1980er-Jahre wurde in populären Zeitschriften darüber diskutiert, ob es besser ist, sich für einen Geliebten vom Ehemann scheiden zu lassen oder in einer lieblosen Ehe zu verharren – eine Diskussion, die noch ein paar Jahre zuvor undenkbar gewesen wäre.

Gebildete Städter waren besonders anfällig für die neue Logik der Romantik. In der 1990 veröffentlichten Studie von Zha und Geng waren 84% der Männer und 92% der Frauen der Meinung, dass verheiratete Paare treu sein sollten. Aber als die Forscher fragten, ob sie eine Affäre »aus Liebe« tolerieren würden, bejahten dies 40% der Männer und 28% der Frauen, die ein College besucht hatten. (Bei ungebildeteren Menschen gab es weniger Akzeptanz.)

Es gibt keine handfesten Beweise dafür, dass Untreue in China auf dem Vormarsch ist. Unter Mao gab es keine nennenswerten Sex-Studien, die man zum Vergleich heranziehen könnte. Aber eine im Jahr 2000 durchgeführte landesweite repräsentative Studie mit dem Titel »China Health and Family Life Survey« ergab, dass männliche Stadtbewohner, die in China das meiste Geld zur Verfügung haben, promisker waren als die chinesische Gesamtbevölkerung. Etwa 18,3% der männlichen und 3,2% der weiblichen Stadtbewohner waren in den vergangenen zwölf Monaten fremdgegangen, im Vergleich zu 10,5% der männlichen Gesamtbevölkerung (für Frauen liegen noch keine landesweiten Zahlen vor). Ungefähr 40% der Menschen, die sich im Jahr 2000 in Shanghai scheiden lassen wollten, gaben Ehebruch als Trennungsgrund an. Die Scheidungsformalitäten, die früher unglaublich mühselig und langwierig waren, dauern heute etwa zehn Minuten und kosten weniger als ein Frappuccino.

Chinas Wirtschaftsboom hat den sexuellen Appetit der Hongkonger Nachbarn angeregt. Sie mussten nicht die bittersten Jahre des Kommunismus durchleiden, denn Hongkong stand unter britischer Herrschaft, bis es im Jahre 1997 an China zurückgegeben wurde. Aber die Flut des neuen Geldes aus China, die Yi lai, die Zweitfrauen, bis an die Hongkonger Grenze spülte, hat auch die Hongkonger Männer auf »Romantik« eingestimmt. Martin, der 41-jährige Hongkonger Handwerker, der eben noch angibt, wie billig eine Yi lai sei, versichert mir, dass er und seine Freundin (die 18 war, als er sie kennenlernte), sehr viel füreinander empfinden. Er beschreibt die ersten Begegnungen im Massagesalon von Shenzhen als eine Art Werbungsphase. »Ich spürte, dass sie es auch wollte«, sagt er über die Entscheidung, ein gemeinsames Appartement zu beziehen.

Eine »reine« Romanze zu haben, ist vielleicht noch wichtiger an einem Ort, wo anscheinend alles vom Geld infiziert ist. Martin gibt wiederholt damit an, dass seine Yi lai im Gegensatz zu seiner echten Ehefrau noch nie Geld von ihm verlangt hat. Er betont, dass er selbst aus einfachen Verhältnissen stammt und somit eine gemeinsame »Kultur« mit seiner Yi lai hat. »Sie bereitet das Abendessen zu und behandelt mich wie einen König. Sie kocht Tee, wenn ich am Morgen aufwache. Sie legt mir meine Kleider zurecht. Das kann man nicht mit einer Hongkonger Ehefrau vergleichen. Eine Hongkonger Ehefrau würde das nicht tun.«

Martin betrachtet seine Yi lai als eine Art Konkubine. England kolonisierte Hongkong im Jahre 1842, ließ sich aber mit einem Verbot des Konkubinats bis 1971 Zeit (es war seit der Qing-Dynastie legal). Früher waren Konkubinen allerdings ein Privileg der Reichen. Heute aber kann sich sogar ein Mann aus der Arbeiterklasse wie Martin zwei Haushalte leisten.

Martins Yi lai möchte sich dagegen lieber als richtige Ehefrau sehen. Martin sagt, nur die Medien und die Hongkonger Frauen würden den Ausdruck Yi lai benutzen. Sie erzählt ihren Freundinnen, dass Martin alleinstehend ist und besteht darauf, dass sie einander als »Ehemann« und »Ehefrau« titulieren, obwohl sie still dasitzt, wenn Martins echte Ehefrau auf seinem Handy anruft. (Er sagt seiner richtigen Ehefrau, dass er Nachtschicht arbeitet.) »Wenn ich sie meine Yi lai nenne, fasst sie das als Beleidigung auf. Sie akzeptiert, dass ich eine andere Frau in Hongkong habe. Aber in China behandle ich sie wie eine Ehefrau.«

Wenn Martin in Shenzhen ankommt, »beschattet« sie ihn, um andere Mädchen von ihm fernzuhalten. (Wie ein richtiger Ehemann kommt er oft mit ein paar Freunden einige Stunden früher als angekündigt an, damit er noch ein bisschen Zeit zum »Spielen« hat.) Martin brüstet sich damit, dass er ihr sogar seinen richtigen Namen gesagt hat – anders als viele Hongkonger, die die Freiheit haben wollten zu verschwinden, wenn sie ihre Jobs verlieren oder Lust auf eine jüngere Freundin haben. Nach den gemeinsamen viereinhalb Jahren haben Martin und seine Yi lai sich sogar ein romantisches Ende für ihre Geschichte ausgedacht: Irgendwann wird sie heiraten, aber sie wird ihn immer wieder »besuchen«.

Zu behaupten, die Yi lai sei aus reiner Liebe mit einem Mann zusammen, ist ein bisschen so, als würde man sagen, das Dienstmädchen gehöre zur Familie. Gib ihr kein Geld mehr und schau, wie lange sie noch bleibt. Als Farrer und sein Kollege Sun Zhongxin Shanghaier Bürger über ihre Affären befragten, stellten sie fest, dass den Leuten die moralische Rechtfertigung so wichtig war, dass sie stets »Liebe« als Ausrede benutzten, ganz gleich, was ihre wahren Motive waren. Wenn die romantische Fassade zerbrach, kam der finanzielle Aspekt allerdings ziemlich schnell zum Vorschein. Nachdem einer 35-jährigen Single-Frau namens Mimi klar geworden war, dass ihr Liebhaber aus Taiwan seine Frau nicht verlassen würde, begann sie, Geld von ihm zu verlangen. Sie wurde geradezu hinterhältig. Wenn seine Frau in der Firma anrief, in der Mimi und ihr Liebhaber arbeiteten, und sich mit: »Hier ist Mrs. Li in Taiwan« meldete, antwortete Mimi: »Hier ist Mrs. Li in Shanghai«.

Die Storys ändern sich je nach den Umständen. Derselbe Mann, der von Liebe spricht, schwenkt schnell um, wenn man auf seine Ehefrau zu sprechen kommt, und beruft sich auf eine ältere »Tradition« – nämlich, dass ein Mann, »der das Essen heimbringt«, nicht treu sein muss. »Alle Männer, die sich eine Geliebte halten, werden sagen, dass sie verantwortungsvolle Ehemänner und Väter sind. Sie sagen: ›Wir bringen das Geld nach Hause‹«, erklärt die Anthropologin Siumi Maria Tam von der Chinese University of Hongkong.

»Geld ist ein wichtiger Indikator dafür, ob man ein guter Ehemann ist. Der emotionale Aspekt ist ziemlich neu ... Geld nach Hause zu bringen und den Eltern Geld zu geben, ist die einfachste Möglichkeit zu beweisen, dass man verantwortungsvoll ist.«

Chinas sexuelle Revolution ist sehr ansteckend. Man erzählt mir immer wieder von verheirateten Westlern, die nach einigen Monaten Arbeit in China zu dem Schluss kommen, dass Monogamie eigentlich nicht das Richtige für sie ist. Auch der Druck der Peer-Gruppe prägt eine sexuelle Kultur. Wenn alle Bekannten sagen, dass Untreue normal ist, dass man das Recht hat, sich zu vergnügen und dass man niemandem damit schadet, wird man das irgendwann für eine gute Idee halten. Die Entscheidung für eine Yi lai traf Martin nicht nur, weil er es sich leisten kann. Seine Freunde machten es auch so. In Shenzhen geht er oft zu Gruppentreffen mit anderen Hongkonger Männern, zu denen jeder seine Yi lai mitbringt.

Affären, bei denen Liebe mit finanziellem Vorteil verbunden werden kann, sind die Heldengeschichten des modernen China. Das Aushängeschild dieser Strategie ist Wendi Deng, die sich mit ihren Ellenbogen den Weg zu einer Reihe von guten Gelegenheiten bahnte und schließlich den ganz großen Fang machte: den australischen Milliardär Rupert Murdoch. Ihr Weg zur Ehe liest sich wie eine Gebrauchsanweisung für ehrgeizige chinesische Mädchen. Laut *Wall Street Journal* lernte Deng, Tochter eines Fabrikdirektors, als 16-jährige Studentin am Guangzhou Medical College eine Kalifornierin namens Joyce Cherry kennen, die ihr anbot, sie beim Englischlernen zu unterstützen. Der Ehemann dieser Frau, Jake, half den Chinesen, Kühlgeräte für Fabriken herzustellen. Das Paar war von Deng so angetan, dass es, als Deng in Amerika studieren wollte, deren Studentenvisum sponserte und ihr half, einen Studienplatz in einem College in der Nähe seines Hauses zu bekommen. Sie nahmen sie sogar bei sich auf, bis sie eine eigene Wohnung gefunden hatte. (Beide Cherrys waren inzwischen wieder nach Kalifornien zurückgekehrt.)

Es dauerte nicht lange, bis Frau Cherry einige offenherzige Fotos entdeckte, die Herr Cherry von Deng in einem Hotelzimmer aufgenommen hatte. Zwei Jahre später waren die Cherrys geschieden und Jake und Deng verheiratet. Wie im *Journal* weiter zu lesen ist, hielt die Ehe gerade ein bisschen länger, als Deng benötigte, um ihre Daueraufenthaltserlaubnis für die USA zu bekommen. Deng machte ihren College-Abschluss, nahm ein Studium an der Yale Business School auf und ergatterte eine Praktikumstelle und später einen Job bei Murdochs asiatischem Satelliten-Service »Star TV« in Hongkong. Das *Journal* berichtet weiter, dass Murdoch nur neun Monate, nachdem Deng erstmals als seine chinesische Dolmetscherin öffentlich in Erscheinung getreten war, ihre Beziehung vor leitenden Angestellten des Unternehmens als »ernsthaft« bezeichnete. Ein Jahr später war Murdoch geschieden und er und Deng waren verheiratet.

Solche Geschichten sind wie Leuchtfeuer für chinesische Frauen einer gewissen Gesellschaftsschicht. Tam von der Chinese University of Hongkong sagt dazu: »Fragen sie irgendeine Studentin: ›Was ist dein Lebensziel?‹ ›Oh, einen reichen Kerl zu heiraten.‹«

Nicht alle sind von Chinas neuer sexueller Kultur begeistert. Viele Regierungsvertreter würden die sexuelle Uhr am liebsten auf 1970 zurückdrehen. Die Vorstellung, dass sich Millionen ihrer Bürger in den falschen Betten herumwälzen, macht die Behörden in Beijing nervös. Während Affären für Chinesen der Mittelschicht ihren Zugewinn an Freiheit symbolisieren, zeigen sie der Regierung, in welchem Maße sie die Kontrolle verloren hat.

Beijing macht seinem Unbehagen in regelmäßigen Abständen Luft, wie kürzlich, als ein Funktionär erklärte, Untreue zerstöre Familienwerte und treibe die Zahl der Mordfälle in die Höhe. Affären sind ein bequemer Sündenbock für fast alles und das Thema eignet sich gut, um von dringenderen Fragen abzulenken wie beispielsweise dem riesigen Einkommensgefälle zwischen chinesischen Land- und Stadtbewohnern.

Eine weitere angebliche Folge der Untreue ist die Korruption in den eigenen Reihen der Regierung. Ein Expertengremium stellte fest, dass 95% der Funktionäre, die der Korruption überführt wurden, auch Geliebte hatten. In der südlichen Region (zu der auch Shenzhen gehört) waren es praktisch alle. Die Experten kamen also zu dem Schluss, das Problem der Korruption könne gelöst werden, indem man Affären unterbindet. Dahinter steckt die vielleicht etwas krause Logik, die Politiker würden sich bereichern, um die Ansprüche ihrer Geliebten, wie teure Urlaubsreisen und Designerschuhe, erfüllen zu können, und wenn sie nicht fremdgingen, müssten sie folglich auch nicht stehlen.

Gelegentlich unternahmen offizielle Stellen Schritte gegen die Untreue. Die Stadt Nanjing ordnete an, dass alle Staatsdiener ihre Geliebten den örtlichen Behörden melden müssen. Die Provinz Guangdong, in der Shenzhen liegt, erließ eine Verordnung, der zufolge unverheiratet zusammenlebende Paare mit bis zu zwei Jahren Arbeitslager bestraft werden können. Das Gesetz richtete sich gegen verheiratete Männer und ihre »Festlandfreundinnen«. Aber es wurden nur wenige Fälle verfolgt, denn die Klage muss von den Ehefrauen der Männer eingereicht werden, und die leben ja in Hongkong, wo eine andere Rechtsprechung herrscht.

Einmal gab es eine ernsthafte öffentliche Debatte – vielleicht die offenste und demokratischste, die China je erlebt hat –

darüber, ob Beijing Ehebruch zum Straftatbestand machen sollte, welche Kontakte als Affären gelten und ob die jeweils dritte Partei strafrechtlich verfolgt werden sollte. Es gab sogar Überlegungen, das Getrenntleben von Verheirateten für illegal zu erklären. Aber die Vorstellung, dass dann ein Großteil der chinesischen Polizeikräfte zur Durchsuchung von Motelzimmern abgestellt werden müsste, wirkte ernüchternd auf die kommunistischen Machthaber. Die endgültige Version des Ehegesetzes ermöglicht es nun lediglich, im Falle der Scheidung auf Schadensersatz zu klagen, wenn er oder sie beweisen kann, dass der Ehepartner mit jemand anderem zusammenlebt.

Chinas neue sexuelle Kultur verunsichert das Regime und hat auch den Partnern der fremdgehenden Ehemänner und -frauen nichts zu bieten. Sie waren mit dem alten System zufrieden, das ihre Ehen schützte.

Meine Begegnung mit Winnie, einer Hongkonger Schneiderin um die 50, die auf dem chinesischen Festland geboren wurde und erst mit 20 Jahren nach Hongkong kam, erinnert mich daran, dass China vielleicht der schlechteste Ort der Welt für eine Frau mittleren Alters ist. Winnie bemerkte, dass sich in ihrer Ehe etwas verändert hatte, als ihr Mann anfing, sie mit Anspielungen auf andere Frauen zu verhöhnen. »Er sagte: ›Was hältst du davon, wenn ich mir eine Frau suche, die noch hässlicher ist als du?‹ oder ›Was hältst du davon, wenn ich mir eine Frau suche, die so hübsch ist wie Lee Ka Yan [eine ehemalige Miss Hongkong]?‹« Winnie war traurig. Sie hat dicke Arme und ein flaches Gesicht. Man könnte sie nie mit Lee Ka Yan verwechseln.

Ihr Mann verbrachte viel Zeit in der zwei Autostunden von Hongkong entfernten Stadt auf dem chinesischen Festland, aus der sie beide stammen – angeblich, um einem Freund zu helfen, eine Ehefrau zu finden. Und irgendetwas hatte ihn dort gepackt. Er wollte die Samstage nicht mehr mit Winnie und der gemeinsamen Tochter verbringen. Er war mit seinen Gedanken ganz woanders.

Als Winnie und ihr Mann einmal zu Besuch in ihrer Heimatstadt waren, kamen zwei junge Frauen in das Restaurant, in dem sie gerade aßen. Die beiden setzten sich an einen Tisch in der Nähe und schwiegen die ganze Zeit. Eine von ihnen sah Lee Ka Yan sehr ähnlich. Winnie fühlte sich wie auf dem Präsentierteller. Als sie ihren Mann am nächsten Tag darauf ansprach, behauptete er, er könne sich nicht daran erinnern, die Frauen überhaupt gesehen zu haben.

Er sagte ihr nicht, was los war. Vielleicht, weil keine seiner Geschichten Winnies prüfendem Blick standgehalten hätte. Aber als sie in seiner Firma anrief, dachten seine Kollegen, sie sei die andere Frau. »Sie sagten: ›Oh, Sie sind aus China nach Hongkong gekommen.‹ Alle außer mir wussten von der Frau.« Ihr Mann gab es immer noch nicht offen zu, aber manchmal sagte er: »Das ist kein Problem, weil es alle machen.«

Winnie war verzweifelt. Sie versuchte, sich an einem »Script« festzuhalten, das ihr vertraut war. »Ich sagte zu meinem Mann: ›Wenn du zwei Frauen brauchst, dann bin ich die höhere Ehefrau … die niedrigere Ehefrau sollte *mir* eine Tasse Tee bringen.‹« Aber es gab keinen Tee. Ihr Ehemann lebte in einem anderen Script, einem, das von seinen Freunden und Arbeitskollegen unterstützt wurde. Und darin war es nicht vorgesehen, seiner Frau einen besonderen Status einzuräumen. »Ich glaube, er war sehr stolz darauf, zwei Frauen zu haben«, sagt sie.

Winnie hatte nichts mit Chinas neuer sexueller Kultur zu tun und sie war auch nicht für Scheidung. Aber weil sie so verstört und außer sich war, drohte sie ihrem Mann, sich scheiden zu lassen, wenn er nicht mit der anderen Frau Schluss machen würde. Er wusste, dass diese Drohung nicht wirklich ernst gemeint war, aber sie bot ihm genau das Schlupfloch, das er brauchte, um nicht als ein Mann dazustehen, der seine Frau abserviert hat. Winnie scheint noch immer darüber schockiert zu sein, dass sie nun eine Geschiedene ist. Und sie würde ihrem Mann verzeihen, wenn er nur nach Hause zurückkäme.

Chinas sexuelle Kultur hat sich radikaler und schneller geändert als die aller anderen Länder, die ich besuchte. Die Leute haben heute nicht nur mehr Geld; sie streben auch auf eine Weise nach persönlicher Erfüllung, wie es vor einigen Jahrzehnten noch undenkbar gewesen wäre. Daher überrascht es nicht, dass die in einer anderen Ära geschlossenen Ehen in dieser nicht überleben können. Und auch wenn es noch keine Langzeitstudien gibt, weist doch einiges darauf hin, dass die Menschen heute viel häufiger fremdgehen als früher. Es gibt nicht nur viel mehr Gelegenheiten zum Ehebruch – die chinesische Gesellschaft hat sich sozusagen auch die Erlaubnis gegeben, sie zu nutzen.

Als ich die Grenze nach Shenzhen überquere, bin ich noch etwas deprimiert von meiner Begegnung mit Winnie. Ich will mit eigenen Augen sehen, worüber hier überhaupt so viel Aufhebens gemacht wird.

Eine 20-minütige Taxifahrt später befinde ich mich mit meinem Begleiter (einem Mann aus Hongkong, der sich mir als inoffizieller Führer und Dolmetscher angeboten hatte) in einem Zweitfrauen-Dorf. Und obwohl es sich mitten in einer Großstadt befindet, wird mir klar, warum man es »Dorf« nennt. Alle Gebäude sind niedrig und die Leute laufen mitten auf der Straße. Und überall – wirklich überall – sieht man junge Frauen, von denen manche wahrscheinlich noch Teenager sind. Wenn ich es nicht besser wüsste, würde ich meinen, ich befände mich in einem Studentenviertel während der Semesterferien. Frauen sitzen hinter großen Fenstern oder auf Klappstühlen vor behelfsmäßigen Restaurants. Sie tragen Freizeitlook. Es dauert einen Moment, bis ich den Ausdruck auf vielen dieser Gesichter deuten kann: Langeweile. Es gibt viele kleine Straßen, manche sind sogar nur winzige Gässchen, und überall wiederholt sich diese Szenerie mit gelangweilten Frauen auf Klappstühlen. Mein Begleiter muss mich daran erinnern, dass all diese Frauen zu kaufen sind oder bereits gekauft wurden.

Wir schlendern eine Weile herum, bis ich bemerke, dass mein Begleiter ein bestimmtes Ziel hat: einen Massagesalon. Wir kommen zu einem, den er gut zu kennen scheint. Vor der Tür stehen Frauen in langen Satinkleidern mit Klemmbrettern in den Händen. Widerstrebend trete ich ein. Beim Gedanken an all die Flüssigkeiten, die hier ausgetauscht werden, bedauere ich, dass ich Sandalen angezogen habe und keine geschlossenen Schuhe.

Drinnen stelle ich überrascht fest, dass alles blitzsauber ist. Mädchen (ich muss sie so nennen, weil sie so jung sind) mit Pferdeschwänzen in pinkfarbenen Pluderhosen huschen herum. Mein Begleiter verhandelt mit einer Hostess, die uns in einen großen Raum mit einem riesigen Flachbildfernseher und einer Reihe gepolsterter Sessel führt, vor denen Wannen mit warmem Wasser für unsere Füße stehen. Es wirkt wie eine Mischung aus Disco und Fußpflegesalon. Ich rufe mir ins Gedächtnis, dass ich zu Studienzwecken hier bin und dass solche Orte die Ursache für Winnies Leiden sind.

Dann höre ich, wie viel die Fußmassage kostet, die wir gleich bekommen werden: 3,50 Dollar für 80 Minuten. Im Preis eingeschlossen sind Tee und erfrischende Wassermelonenscheiben. Ich lasse mich in einen der weichen Sessel gleiten. Ein Mädchen in pinkfarbenen Pluderhosen kommt zu mir und fängt an, meine Schläfen zu massieren (hier beginnt eine

»Fuß«-Massage am Kopf). Meine Gedanken an Winnie und die Gefahr einer Hepatitisansteckung verblassen allmählich. Ich frage mich, ob ich nach dieser Massage vielleicht gleich noch eine buchen kann. Und ich denke, dass ich vielleicht noch einmal nach Shenzhen kommen werde.

Nachwort

Nachdem ich um die Welt gereist bin, um herauszufinden, wie Menschen beim Fremdgehen vorgehen und wie sie damit umgehen, sitze ich endlich wieder an meinem Schreibtisch in Paris. Meine Weltrangliste der Untreue habe ich an die Wand gepinnt wie einen Talisman. Sie gibt mir die Illusion, dass ich dieses umfassende, heikle und wahrscheinlich unergründliche Thema im Griff habe. Ob ein Mensch treu ist, scheint in hohem Maße davon abzuhängen, wo er lebt. Jede Gesellschaft hat ihre eigenen Regeln im Hinblick auf die Frage, wer es sich erlauben kann fremdzugehen und aus welchen Gründen. Es gibt sogar Regeln für etwas so Persönliches wie Vergebung. Und jede/r scheint diese Regeln zu kennen, selbst wenn er (oder sie) sie nicht befolgt.

Einige Klischees über die Unterschiede zwischen Männern und Frauen scheinen in gewissem Maße zuzutreffen. Ich habe keine einzige Frau getroffen, die sagte, sie hätte eine Affäre, weil sie mehr Sex wolle. Die Frauen gaben fast immer emotionale Gründe an: Sie waren einsam oder wünschten sich jemanden, der ihnen zuhört oder ihnen das Gefühl gibt, schön zu sein. Verheiratete Männer gaben natürlich auch oft emotionale Gründe für ihre Affären an, aber manche sagten, ihnen sei die Bestätigung ihres männlichen Egos oder die sexuelle Befriedigung wichtig.

Dennoch habe ich entdeckt, dass einige kulturelle Klischeevorstellungen schon lange nichts mehr mit der Realität zu tun haben. Man hatte mir immer gesagt, italienische Männer seien erstklassige Verführer. Aber in Wirklichkeit sind sie treuer als amerikanische Männer – was bedeutet, dass sie relativ selten fremdgehen. Vielleicht haben die Italiener diesem Klischee zwischen 1880 und 1920 entsprochen, als Millionen von italienischen Familien nach Amerika auswanderten und ihre italienischen Geschichten mitbrachten. Aber es trifft definitiv nicht auf das moderne Italien zu.

Viele solcher Klischees entstammen einer anderen Zeit. Als Kind hörte ich öfter vom Londoner Nebel, der in Wirklichkeit Smog war. Amerikanische Soldaten kehrten aus dem Zweiten Weltkrieg mit Geschichten über französische Frauen zurück, die sich nicht die Achselhöhlen rasierten und ihren Körpergeruch mit reichlich Parfüm überdeckten. In Wirklichkeit sind die Pariserinnen heute mit die gepflegtesten und sorgfältigst epilierten Frauen der Welt. Geschichten über die französische Promiskuität machten jahrhundertelang die Runde, aber Franzosen gehen heutzutage nicht mehr und nicht weniger fremd als Amerikaner.

Wir Amerikaner halten sogar an falschen Vorstellungen über uns selbst fest. So hielt sich hartnäckig der Glaube an fragwürdige Statistiken aus den 1940er- und 50er-Jahren, die angeblich zeigten, dass Ehebruch allgegenwärtig ist. Manche Amerikanerinnen empfinden sogar heimliche Genugtuung bei der Vorstellung, dass es Frauen heute gelingt, ihre außerehelichen Rendezvous zwischen ihren Verkaufspräsentationen und Elternabenden unterzubringen, ist es für sie doch ein Beweis für die zunehmende Gleichberechtigung der Geschlechter.

Ich habe herausgefunden, dass Ehebruch in Amerika in Wirklichkeit nicht sehr häufig ist. 2004 gaben nur 16% der AmerikanerInnen an, jemals einen Partner betrogen zu haben, und nur 3,5% sagten, sie seien in den vergangenen zwölf Monaten fremdgegangen. Es gibt keine handfesten Beweise dafür, dass Frauen heutzutage häufiger fremdgehen, obwohl viel mehr berufstätig sind. Sex-Statistiken sind natürlich kein vollkommener Spiegel für das Verhalten von Menschen, aber sie ließen den Schluss zu, dass das Untreue-Niveau während der letzten elf landesweiten Studien, die innerhalb eines Zeitraums von 16 Jahren durchgeführt wurden, nahezu gleich geblieben ist. Obwohl AmerikanerInnen davon überzeugt sind, dass Untreue weitverbreitet ist, sind unsere Erwartungen an eine Ehe inzwischen so hoch, dass wir uns kaum vorstellen können, unser eigener Partner könnte uns jemals betrügen. Müssen wir dann doch feststellen, dass er (oder sie) fremdgegangen ist, sind wir derart am Boden zerstört, dass wir in eine Art posttraumatische Starre verfallen. Doch das ist durchaus ambivalent. Ich kann mich des Gefühls nicht erwehren, dass AmerikanerInnen manchmal eine gewisse Befriedigung aus dem mit der Affäre einhergehenden Drama ziehen. Ein »betrogener Ehegatte« zu sein, verhilft zu einer Identität und für manche ist es sogar Berufung.

Nicht immer waren AmerikanerInnen im Hinblick auf Affären so weltfremd. Die Frauen aus der Generation meiner Großmutter machten sich in der Regel nicht viele Gedanken darüber, ob ihre Ehe sie glücklich machte. Aber seit es in den 1960er-Jahren einfacher wurde sich scheiden zu lassen, legen wir extrem hohe Maßstäbe an unsere Ehe – und unser Leben – an. Wir streben nach vollkommener Gesundheit und Fitness und wir erwarten eine emotional erfüllende Ehe und absolute Treue.

In Amerika soll eine Ehe sogar vor der eigenen Lebensangst schützen. Ein verheirateter Mensch muss sich keine Sorgen darüber machen, ob er im Grunde allein ist und nicht weiß, wer er ist. Er ist *verheiratet*. Es gibt in seinem Leben zumindest eine Person, von der ihn keine Geheimnisse und keine Grenzen trennen. Gläubige AmerikanerInnen verweisen auf die biblische Aussage, dass sie und ihre Ehepartner »ein Fleisch« sind. Obwohl frühere Generationen die Herausforderung der Monogamie ein bisschen optimistischer annahmen, ist heute jeder Ausrutscher – zumindest theoretisch – ein Scheidungsgrund. Ehebruch beraubt uns des »Happyends«, das – wie wir trotz aller gegenteiligen Erfahrungen glauben – unser Geburtsrecht ist.

Diese übertriebene Fixierung auf die Monogamie scheint den AmerikanerInnen nicht unbedingt gutzutun. Wir gehen ungefähr genauso häufig fremd wie die Menschen in vielen anderen Ländern, deren Umgang mit der Untreue wesentlich gelassener ist. Unsere hohen Erwartungen an persönliche Erfüllung machen uns vielleicht sogar anfälliger dafür, selbst fremdzugehen. Haben wir denn nicht das Recht auf eine Affäre, wenn das der einzige Weg ist, glücklich zu sein? Gehen AmerikanerInnen dann tatsächlich fremd, wird die Sache sehr chaotisch. Trotz unserer gigantischen Ehe-Industrie dauern Ehebruch-Krisen in Amerika länger, kosten mehr und sind anscheinend mit größerem emotionalen Leiden verbunden als in allen anderen Ländern, die ich besuchte. Die Aufdeckung einer Affäre ist eine derartige Katastrophe, dass die Leute auf Ehebruch-Websites im Kriegsjargon darüber schreiben: »D-day«. Umfragen zeigen, dass AmerikanerInnen, die ihren Partner betrogen haben, sich selbst seltener als »sehr glücklich« bezeichnen als diejenigen, die es nicht getan haben (obwohl nicht ganz klar ist, ob die Untreue die Ursache oder die Wirkung ist).

Amerikaner sind so »schlechte Fremdgeher«, dass sie meistens sogar während des außerehelichen Sexualaktes leiden. Mir ist kein anderes Land bekannt, dessen Bürger sich mit ihrem oder ihrer Geliebten nackt ausziehen, dann aber bewusst keinen Geschlechtsverkehr haben, um sich und ihre

Ehepartner hinterher mit der Halbwahrheit beruhigen zu können, sie hätten ja keinen Sex gehabt. Und ich kann mir auch kein anderes Land vorstellen, in dem Ehebrecher routinemäßig beteuern, sie seien nicht die Sorte Mensch, die fremdgeht. Was bringt es, eine Liebesaffäre zu haben, wenn man sich dabei die meiste Zeit schuldig fühlt? Und wenn die Sache dann »auffliegt« und man verheiratet bleibt, muss man über Jahre hinweg die Beschuldigungen und Vorwürfe des Ehepartners ertragen, Jahre, in denen man vielleicht gezwungen wird, ein lückenloses Protokoll jeder angstbesetzten Zärtlichkeit zu erstellen, die man mit seinem oder seiner Geliebten austauschte. Die Scheidung kann dann manchmal geradezu eine Erlösung sein.

In Amerika können Affären sogar dann eskalieren, wenn es keiner der Beteiligten eigentlich will. Außereheliche Beziehungen sind so stigmatisiert, dass Ehebrecher es oft vorziehen, die Affäre als eine Beziehung zu betrachten, die gesellschaftlich akzeptabel ist: eine Zeit der Werbung, die zur Ehe führt. Eine »andere Frau«, die alleinstehend ist, ist fast gezwungen, die respektablere Rolle der »Ehefrau« anzustreben. Ich habe von Leuten gehört, die nur deshalb ihre Ehe aufgaben und ihren Affärenpartner heirateten, um sich nicht länger wie ein mieser Taugenichts zu fühlen.

Einem Ehemann Anfang 40 war es so wichtig, sich von seinem eigenen Verhalten zu distanzieren, dass er die Affäre mit einer Arbeitskollegin fast wie etwas Unfreiwilliges darstellte. »Ich habe mich eigentlich nur sehr gerne mit ihr unterhalten; ich wollte wirklich nicht, dass mehr daraus wird.«

Manchen AmerikanerInnen fällt es schwer zuzugeben, dass Fremdgehen durchaus einen gewissen Reiz hat. Ihr Rat lautet: »Wenn du fremdgehen willst, lass dich einfach scheiden.« Dabei vergessen sie, dass Affären eben deshalb aufregend sein können, weil man verheiratet ist. Manchmal wollen wir ge-

bunden *und* frei sein. Eine Affäre verspricht das ganze Vergnügen der Verliebtheit ohne die Sorge, wie die Sache wohl
endet. Denn das Ende hat ja schon stattgefunden, aber mit
jemand anderem (dem Ehepartner).

Das Leben ist nicht so ordentlich, wie manche AmerikanerInnen es gerne hätten. In Isaac Bashevis Singers Roman *Feinde,
die Geschichte einer Liebe* schlägt sich die Hauptfigur, ein in die
USA eingewanderter polnischer Jude, mit drei Frauen herum.
In dem Land, das er sich zur Heimat auserkoren hat, stößt er
allerdings auf wenig Sympathie oder Verständnis. »Amerikanische Anwälte hatten für alles eine einfache Lösung: ›Welche
liebst du? Lass dich von der anderen scheiden. Beende die
Affäre. Gehe zu einem Psychoanalytiker.‹«

Obwohl ihn dieses Hin und Her zermürbt, ist ihm der Gedanke, eine der Frauen aufzugeben, unerträglich. »›Ich will alle
drei, das ist die schändliche Wahrheit‹, gestand er sich selbst
ein. ›Tamara ist hübscher, ruhiger, interessanter geworden. Sie
hat sogar noch mehr gelitten als Masha. Wenn ich mich von
ihr scheiden ließe, würde ich sie anderen Männern in die
Arme treiben. Diese Experten benutzten das Wort »Liebe«, als
könne man es klar definieren – wo doch noch niemand seine
wahre Bedeutung je erfasst hat.‹«

Monogamie ist heutzutage fast überall das Ideal und in den
wohlhabenden westlichen Ländern ist Untreue nicht sehr verbreitet. Aber außerhalb von Amerika scheinen die Leute es
durchaus als normal hinzunehmen, dass Verheiratete sich
manchmal verlieben und auch andere Menschen anziehend
finden und dass sie diesen Gefühlen manchmal sogar nach-
geben. Wenn sie es tun, heißt das nicht automatisch – wie man
in Amerika meint –, dass das verheiratete Paar jahrelang mit
einer Lüge gelebt hat. Ehebruch verursacht überall Herz-
schmerzen, aber wie groß der Schmerz ist, hängt vom Umfeld
und von den Erwartungen ab.

Vielleicht können wir von den Franzosen etwas lernen. Wenn sie schon eine Affäre haben, geben sie sich im Allgemeinen die Erlaubnis, sie zu genießen. Sie planen schöne Einladungen zum Essen, sorgen für ein romantisches Ambiente und verurteilen sich nicht ständig für das, was sie tun. Und wenn sie nicht wollen, dass die Affäre eskaliert, dann passiert das auch nicht. Ein Pariser erzählte mir, seine Geliebte habe ihm vorgeworfen, sich nicht an die Regeln für Geliebte gehalten zu haben: Er sollte ihr Geschenke kaufen und mindestens einmal mit ihr übers Wochenende wegfahren. Wenn er diese Regeln einhält, kann sie ihrer Mutter und ihren Freundinnen davon erzählen. Bestimmt gibt es auch hier Frustrationen, aber solche Probleme sind nicht mit einer besonderen gesellschaftlichen Stigmatisierung und falschen Erwartungen über das Ziel der Beziehung verbunden.

Ich nahm mit Erstaunen zur Kenntnis, dass manche der von mir befragten Menschen in Frankreich und ein paar Japanerinnen ihre Partner nie mit dem Betrug konfrontierten. Im Fall des Pariser Ehepaares ging die Affäre schließlich zu Ende und die beiden schienen wieder recht harmonisch zusammenzuleben. Es war eine schwierige Zeit, aber die Affäre verursachte keine lange, kräftezehrende Krise. Ich glaube nicht, dass ich so gelassen mit der Untreue meines Partners umgehen könnte. Aber vielleicht wäre ich besser dran, wenn ich es könnte.

Von fast allen Ländern können wir auch noch etwas anderes lernen. Die amerikanische Vorstellung, ein Ehemann und eine Ehefrau müssten einander den gesamten Inhalt ihres Gehirns offenbaren, ist mir sonst nirgendwo begegnet. Eine solche Praxis trägt wahrscheinlich einiges zur Entzauberung der Beziehung zwischen Eheleuten bei. Es ist vielleicht besser, ein paar Geheimnisse zu haben oder zumindest so zu tun, als hätte man welche.

Vielleicht wird man letztendlich auch in Amerika realistischer in Bezug auf Untreue. Der neueste Expertenrat lautet, verheiratete Paare sollten über die reale Möglichkeit sprechen, dass – Schock! – sich jeder von ihnen eines Tages zu einem anderen Menschen hingezogen fühlen könnte. Die Paare sollen eine Strategie entwickeln für den Fall, dass dies geschieht. Die Experten argumentieren, dass eine Affäre abgewendet werden kann, wenn beide Partner die Erlaubnis haben, von der Arbeit nach Hause zu kommen und zu beichten, dass sie von einer reizenden Kollegin oder einem Kollegen zum Mittagessen eingeladen wurden und dass dieses Angebot sehr verführerisch war. Wenn man der Sache die Heimlichkeit nimmt, so die Schlussfolgerung, ist eine Affäre weniger verlockend.

Ich bezweifle, dass irgendeine der »Affären-Abwehr-Techniken«, die die amerikanische Ehe-Industrie erfunden hat, das allgemeine Untreue-Niveau in diesem Land senken wird. Es scheint nicht menschenmöglich zu sein, dass in einer Gesellschaft weniger fremdgegangen wird als bei uns. Wir befinden uns schon ganz unten auf der Ehebruch-Skala. So wie in Volkswirtschaften immer ein bestimmtes Niveau der strukturellen Arbeitslosigkeit bestehen bleibt, scheint es in allen Ländern ein bestimmtes Minimalniveau der Untreue zu geben (etwa 3% der Männer sind in einem beliebigen Jahr untreu). Die einzigen Länder, die bekanntermaßen noch weit unter diesem Niveau liegen, sind Bangladesch und Kasachstan, die andere Probleme haben.

Amerikaner erlauben sich den Luxus, Standards für Ehe und Treue zu setzen, von denen andere Länder nur träumen können. In Diane Johnsons Roman *Scheidung auf Französisch* sagt ein verheirateter Franzose zu seiner jungen amerikanischen Geliebten: »Die Gründerväter deines Landes haben ihrer Hoffnung für die Zukunft Ausdruck verliehen und versprochen, den Boden zu bereiten, damit sich die Dinge zum Besten entwickeln können. Aber irgendwann wurde die Hoffnung zur unerschütterlichen Überzeugung. Ich glaube, ihr nennt das ›Die Kraft des positiven Denkens‹. Wir Franzosen leben natürlich nicht in der Illusion, dass sich die Dinge zwangsläufig zum Besten entwickeln.«

Wir Amerikaner werden aber mit größter Wahrscheinlichkeit weiterhin an diesem Glauben festhalten.

Danksagung

Um dieses Buch schreiben zu können, war ich auf die freundliche Mithilfe von Fremden angewiesen, von denen viele zu Freunden geworden sind. Ohne die Unterstützung von Yoko Itamoto, Atsuko Imai, Maikiko Wakai, Etsuko Yaguchi, Tomoko Greer, Henry Atmore, Meryl Davies und meiner Dolmetscherin Maiko Sawada, die trotz Blasen an den Füßen und zeitweiliger Erschöpfung nicht aufgab, wäre mir Japan verschlossen geblieben.

Wladimir Soldatkin, John Varoli, Carla Davidovich, Simcha Fishbane, Lynn Visson, Tim Gadaski und Michele Berdy, die mir halfen, mich in Russland zurechtzufinden, bin ich zu großem Dank verpflichtet. Andrew Miller und Emma Bell möchte ich besonders für ihre Gastfreundschaft in Moskau danken.

In Südafrika erhielt ich großzügige Unterstützung von Clifford Barnett, Yael und Darrel Kadish, Hillel Braude, Michael Brown, Isak Niehaus sowie Robin Smalley von mothers2mothers, die mich sogar am Flughafen abholte. Ntombi und Fuzi Dhlamini unterstützten mich tatkräftig bei meinen Untersuchungen und bescherten mir eine unvergessliche Führung durch Soweto.

Für ihre Hilfe in Frankreich danke ich Jonathan Shenfield, Martina Neumann, Simone Bateman, Alice Ferro, Adeline Escobar und der hervorragenden Fotografin Dietlind Lerner. Den lieben Freundinnen Nicole-Anne Boyer und Toby Paterson danke ich für viele stärkende Mahlzeiten zwischen den einzelnen Manuskriptkorrekturen.

D.Y. Suharya ermöglichte meine Indonesienreise und machte hilfreiche Vorschläge zum Text.

Besonderer Dank gebührt auch Adam Ellick, Noor Huda Ismail und Douglas Griffin. Für ihre tatkräftige Hilfe beim Kapitel über China möchte ich mich bei Lobo Lo, Ada Chau, Karrie Ping Li, Anna Yuen von der Caritas und bei Lisa Tran bedanken.

Mein weisester Freund ist zufällig auch mein Bruder Ken. Ihm danke ich für seine scharfsinnigen Kommentare und Ideen während der gesamten Arbeit an diesem Buch. Hannah Kuper las das Statistik-Kapitel und leistete mir für ein paar kalte Tage in Moskau Gesellschaft. Marsha Wolfman öffnete mir ihr Heim und ihren Terminkalender. Adam Kuper öffnete mir ein paar Türen in Südafrika, war ein rekordverdächtiger Korrekturleser und gab mir den besten Rat für Autoren: Nimm ein Bad.

In Amerika erhielt ich Unterstützung von Peggy Vaughan, Betina Schonberger, Emily Wolfman, Jinx Silver, Yitzchak Schonfeld, Hella Winston, Jeffrey Sumber, Mali Sananikone Gaw und Shana Hildebrand. David Smith von der öffentlichen Bibliothek in New York unterstützte mich nicht bloß bei meinen Untersuchungen, sondern tat dies darüber hinaus sehr bereitwillig und mit viel Humor. Tom W. Smith vom Nationalen Meinungsforschungszentrum, Emma Slaymaker, Osmo Kontula, Nathalie Bajos und Nathalie Belzer retteten mich bei meiner Suche nach brauchbarem Statistikmaterial.

Dieses Buch profitierte von den Kommentaren von Elisabeth Eaves, Chen-li Sung, Rana Mitter, Natascha Henry, Patrick Weil, Yael Ginzburg und Nancy Gelles. Außerdem danke ich von ganzem Herzen Jane Fleming, meiner Herausgeberin bei The Penguin Press. Ein besonderer Dank gebührt auch den

Menschen, die dieses Buchprojekt durch ihre frühe Begeisterung in Schwung brachten: Roger Lowenstein, Suzanne Gluck, Michael Wolff und Carlos Lizarralde.

Dieses Buch hätte auch nicht ohne die vielen aufgeschlossenen Menschen entstehen können, die mir ihre Geschichten der Untreue erzählten. Vielen Dank Ihnen allen – und ganz besonders einem bestimmten Ehepaar in Memphis, Tennessee.

Meinen Eltern, Bonnie Green und Henry Druckerman, möchte ich für ihre Herzenswärme danken und für ihre Begeisterung, mit der sie dieses seltsame Projekt von Anfang an aufgenommen haben. Ich danke Albert Green dafür, dass er immer da war, und meiner allerliebsten Großmutter Esther, die mir schon vor Jahrzehnten prophezeite, dass ich irgendwann ein Buch schreiben würde.

Manche Leute vergleichen das Schreiben eines Buches mit der Geburt eines Kindes. Jetzt, da ich beides fast gleichzeitig hinter mich gebracht habe, kann ich definitiv sagen, dass ein Buch viel mehr Schmerzen bereitet. Danke, Leila, dass du während der vielen Stunden, als ich nicht dich, sondern meinen Laptop anschaute, so fröhlich geblieben bist.

Einer Frau, die ein Buch über Ehebruch schreibt, würden wahrscheinlich nicht viele Männer einen Heiratsantrag machen. Simon Kuper hat mich nicht nur geheiratet, er hat auch alle Korrekturabzüge gelesen. Für deinen geistigen Mut, deine Liebe und deine Geduld werde ich dir ewig dankbar sein.

Bibliografie

Bücher

Anderson, Nancy C.: *Avoiding the Greener Grass Syndrome: How to Grow Affair-Proof Hedges Around Your Marriage*, Grand Rapids, Kregel Publications, 2004.

Buruma, Ian: *The Missionary and the Libertine: Love and War in East and West*, London, Faber and Faber Ltd., 1996.

Chirac, Bernadette und Patrick de Carolis: *Conversation*, Paris, Plon, 2001.

Cott, Nancy F.: *Public Vows: A History of Marriage and the Nation*, Cambridge, MA, Harvard University Press, 2000.

Draitser, Emil A.: *Making War Not Love: Gender and Sexuality in Russian Humor*, New York, St. Martin's Press, 1999.

Duncombe, Jean, Kaeren Harrison, Graham Allan und Dennis Marsden, Hrsg.: *The State of Affairs: Explorations in Infidelity and Commitment*, Mahwah, NJ, Lawrence Erlbaum Associates, 2004.

Ericksen, Julia A. und Sally A. Steffen: *Kiss and Tell: Surveying Sex in the Twentieth Century*, Cambridge, MA: Harvard University Press, 1999.

Goodwin, Jan: *Der Himmel der Frau ist unter den Füßen ihres Mannes*, Frankfurt, Fischer Taschenbuch, 1999.

Haavio-Mannila, Elina, Osmo Kontula und Anna Rotkirch: *Sexual Lifestyles in the Twentieth Century: A Research Study*, Houndmills, Palgrave, 2002.

Jack, Andrew: *The French Exception*, London, Profile Books Ltd., 1999.

Johnson, Diane: *Scheidung auf Französisch*, München, Blessing, 1997.

Kon, Igor S.: *The Sexual Revolution in Russia* (übersetzt von James Riordan), New York, Free Press, 1995.

Laumann, Edward O., Stephen Ellingson, Jenna Mahay, Anthony Paik und Yoosik Youm: *The Sexual Organization of the City,* Chicago, University of Chicago Press, 2004.

Leleu, Gerard: *La Fidélité et Le Couple,* Paris, Flammarion, 1999.

Li, Zhisui: *The Private Life of Chairman Mao: The Memoirs of Mao's Personal Physician* (übersetzt von Tai Hung-chao), London, Arrow Books, 1996.

Michael, Robert T., John H. Gagnon, Edward O. Laumann und Gina Kolata: *Sex in America: A Definitive Survey,* New York, Little, Brown and Company, 1994.

Moskowitz, Eva S.: *In Therapy We Trust: America's Obsession with Self-Fulfillment,* Baltimore, Johns Hopkins University Press, 2001.

Pingeot, Mazarine: *Bouche Cousue,* Paris, Editions Julliard, 2005.

Sauer, Derk: *Typisch Russisch,* Amsterdam, Veen, 2001.

Sinclair, Joan: *Pink Box: Inside Japan's Sex Clubs,* New York, Harry N. Abrams Inc., 2006.

Singer, Isaac Bashevis: *Feinde, die Geschichte einer Liebe,* München, dtv Taschenbuch, 1976.

Spira, Alfred, Nathalie Bajos und die ACSG-Gruppe: *Les Comportements Sexuels en France,* Paris, La Documentation Française, 1993.

Spring, Janis Abrahms und Michael Spring: *Treuebrüche: Die kreative Aufarbeitung des Seitensprungs,* Frankfurt, Fischer Ratgeber, 2000.

Tiersky, Ronald: *François Mitterrand: The Last French President,* New York, St. Martin's Press, 2000.

Walton, George Lincoln: *Why Worry?* Philadelphia, J. B. Lippincott, 1908.

Artikel

Ali, Lorraine und Lisa Miller: »The Secret Lives of Wives«, *Newsweek,* 12. Juli 2004.

Allen, Elizabeth S., David C. Atkins, Donald H. Baucom, Douglas K. Snyder, Kristina Coop Gordon und Shirley P. Glass: »Intrapersonal, Interpersonal and Contextual Factors in Engaging in and Responding to Extramarital Involvement«, *Clinical Psychology: Science and Practice* 12, Juni 2005, 101.

Alia, Josette: »L'infidélité au feminin.« *Le Nouvel Observateur,* 19. August 1999.

Altman, Lawrence: »Rare Cancer Seen in 41 Homosexuals«, *New York Times,* 3. Juli 1981.

Atkins, David C., Neil S. Jacobson und Donald H. Baucom: »Understanding Infidelity: Correlates in a National Random Sample«,
Journal of Family Psychology 15, Nr. 4, 1. Dezember 2001.

Beattie, Alan: »What's the Damage?«, *FT Magazine,* 2. Oktober 2004.

Betzig, Laura: »Causes of Conjugal Dissolution: A Cross-Cultural
Study«, *Current Anthropology* 30, Nr. 5, Dezember 1989, 654–76.

Birenbaum, Guy und Philippe Berti: »Nicolas Sarkozy Sous le Choc«,
VSD, 31. August – 6. September 2005.

Blumenfeld, Laura: »The Oy of Sex: Adultery Can't Be Kosher. Can It?
A Story About God, Conscience … and Concubines«, *Washington
Post,* 2. Juni 1996.

Bremner, Charles: »How Mitterrand's Secret Network Spied to Pro-
tect the President«, *Times,* London, 20. November 2004.

Buss, David M. und Todd K. Shackelford: »Susceptibility to Infidelity
in the First Year of Marriage«, *Journal of Research in Personality* 31,
1997, 193–221.

Campbell, Matthew: »›Napoleon‹ Sarkozy Bars Wife's Biography«,
Sunday Times (London), 20. November 2005.

Carael, Michel John Cleland, Jean-Claude Deheneffe, Benoit Ferry
und Roger Ingham: »Sexual Behavior in Developing Countries:
Implications for HIV Control«, *AIDS* 9, Nr. 10, October 1995,
1171–175.

Carr, Adam: »Behavior Change in Response to the HIV Epidemic:
Some Analogies and Lessons from the Experience of the Gay Com-
munities«, im Dezember 1991 durchgeführte Studie für das HIV-
Programm der Vereinten Nationen.

Chang, Jui-Shan: »Scripting Extramarital Affairs: Marital Mores,
Gender Politics, and Infidelity in Taiwan«, *Modern China* 25, Nr. 1,
Januar 1999, 69–99.

Choi, Kyung-Hee, Joseph A. Catania und M. Margaret Dolcini:
»Extramarital Sex and HIV Risk Behavior among U.S. Adults«,
American Journal of Public Health 84, 1994, 2003-2007.

Delius, Peter und Clive Glaser: »The Myths of Polygamy: A History of
Extramarital and Multi-Partnership Sex in South Africa«, *South
African Historical Journal* 50, 2004, 84.

Didion, Joan: »Clinton Agonistes«, *New York Review of Books* 45,
Nr. 16, 22. Oktober, 1998.

Douzet, Frederick: »Du Watergate au Monicagate«, *Le Monde,* 29. August, 1998.

Eberstadt, Nicholas: »Russia's Demographic Straightjacket«, *SAIS Review* 24, Nr. 2, Sommer 2004, 9.

Epstein, Helen: »The Fidelity Fix«, *New York Times Magazine,* 13. Juni, 2004. »The Mystery of AIDS in South Africa«, *New York Review of Books* 47, Nr. 12, 20. Juli 2000.

Farrer, James und Sun Zhongxin: »Extramarital Love in Shanghai«, *China Journal,* Nr. 50, Juli 2003, 1–36.

Gagnon, John, Alain Giami, Stuart Michaels und Patrick de Colomby: »A Comparative Study of the Couple in the Social Organization of Sexuality in France and the United States«, *Journal of Sex Research* 38, Nr. 1, Februar 2001, 24–34.

Glass, Shirley und Thomas L. Wright: »Justifications for Extramarital Relationship: The Association between Attitudes, Behaviors and Gender«, *Journal of Sex Research* 29, Nr. 3, August 1992, 361–87.

Gopnik, Adam: »C'est la Lie«, *New Yorker,* 9. Februar, 1998.

Greeley, Andrew: »Marital Infidelity«, *Society* 31, Nr. 4, 1994, 9–13.

Grossman, Joanna: »Punishing Adultery in Virginia: A Cheating Husband's Guilty Plea Is a Reminder of the Continued Relevance of Adultery Statutes«, Findlaw.com, 16. Dezember, 2003.

Haavio-Mannila, Elina und Osmo Kontula: »Single and Double Sexual Standards in Finland, Estonia and St. Petersburg«, *Journal of Sex Research* 40, Nr. 1, Februar 2003.

Henley, John: »Chirac Shown as Serial Seducer«, *Guardian,* 19. September 2001.
– »Sarkozy Plans to Sue Media for Revealing Lover's Identity«, *Guardian,* 13. Oktober, 2005.

Hill, Zelee E., John Cleland und Mohamed M. Ali: »Religious Affiliation and Extramarital Sex among Men in Brazil«, *International Family Planning Perspectives* 30, Nr. 1, März 2004, 20–26.

Hoffman, Michael: »Marriage – the Beginning of the End«, *Japan Times,* 12. September 2004.

Honig, Emily: »Socialist Sex: The Cultural Revolution Revisited«, *Modern China* 29, Nr. 2, April 2003, 153–75.

Hooper, Joseph: »Infidelity Comes Out of the Closet«, *New York Times,* 29. April 1999.

Huret, Marie und Delphine Saubaber: »Enquête sur l'Infidélité«, *L'Express*, 19. Juli 2004.

Israel, Betsy: »The Crush«, *More*, Juli–August 2004.

Iwakami, Yasumi: »Men's Dream«, *Monthly Gendai*, Juli 2000.

Kon, Igor S.: »Sexuality and Politics in Russia, 1700–2000«, *Sexual Cultures in Europe: National Histories*. Franz X. Eder, Lesley Hall und Gert Hekma, Hrsg. Manchester, England, Manchester University Press, 1999.

Kreider, Rose M.: »Number, Timing and Duration of Marriages and Divorces: 2001«, U.S. Census Bureau.

Landler, Mark: »For Hong Kong Men, Mistresses on the Mainland«, *New York Times*, 14. August 2000.

Laumann, Edward O., Robert T. Michael und John H. Gagnon: »A Political History of the National Sex Survey of Adults«, *Family Planning Perspectives* 26, Nr. 1, Januar – Februar 1994, 34–38.

Lauria, Lisa M: »Sexual Misconduct in Plymouth Colony«, The Plymouth Colony Archive Project, University of Virginia, 1998. http:// etext.virginia.edu/users/deetz/Plymouth/Laurial.html.

Lawrence, Jill und Jessica Lee: »Leaders Call for Decorum in Congress«, *USA Today*, 10. September 1998.

Lévy, Bernard-Henri: »In the Footsteps of Tocqueville (Part V)«, *Atlantic Monthly*, November 2005.

Lhomeau, Jean Yves: »La Vie Privée du Chef de l'Etat et Alors?«, *Le Monde*, 4. November 1994.

Lippman, John, Leslie Chang und Robert Frank: »Rupert Murdoch's Wife Wendi Wields Influence at News Corp«, *Wall Street Journal*, 1. November 2000.

Liu, Chien: »A Theory of Marital Sexual Life«, *Journal of Marriage and Family* 62, Nr. 2, Mai 2000, 363–74.

Mapes, Timothy: »Table for Five? Chicken Magnate Puts Polygamy on the Menu«, *Wall Street Journal*, 24. November 2003.

McCallum, Jack und George Dohrmann: »The Dark Side of a Star«, *Sports Illustrated* 99, Nr. 3, 28. Juli, 2003.

McNeil, David: »Sexy and Smart: One Sector That Won't Be Left Behind: Japan's Massive Sex Industry Has Shifted from Bricks-and-Mortar Defiation to Internet Elation«, *Japan, Inc.*, September 2003.

Morris, M.: »Telling Tails Explain the Discrepancy in Sexual Partner Reports«, *Nature* 365, 30. September 1993, 437–40.

Niehaus, Isak: »Biographical Lessons: Life Stories, Sex and Culture in Bushbuckridge, South Africa«, *Cahiers d'études africaines* 181, 2006.

Ollivier, Debra: »France vs. America: The Sex Front«, Salon.com, 20. Juni 2003.

Ortiz, Steven M.: »Traveling with the Ball Club: A Code of Conduct for Wives Only«, *Symbolic Interaction* 2, Nr. 3, 1997, 225–49.

Oster, Emily: »HIV and Sexual Behavior Change: Why Not Africa?«, Studie, National Bureau of Economic Research.

Oster, Emily und William L. Parish: »Sexual Partners in China: Risk Patterns for Infection by HIV and Possible Interventions« in *Social Policy and HIV/AIDS in China*. Joan Kaufman et al., Hrsg. Cambridge, MA, Harvard University Press, 2006.

Pao, Maureen: »Hello Shanghai: One China, Two Wives«, *Far Eastern Economic Review*, 5. Juli 2001.

Pettifor, A. E., H. V. Rees, I. Kleinschmidt et al.: »Young People's Sexual Health in South Africa: HIV Prevalence and Sexual Behaviors from a Nationally Representative Household Survey«, *AIDS* 19, Nr. 14, 23. September 2005, 1525–34.

Robert-Diard, Pascale: »François Mitterrand A Été Inhumé dans Sa Ville Natale«, *Le Monde*, 13. Januar 1996.

Schmitt, David und 121 Mitglieder der ISDP: »Patterns and Universals of Mate Poaching Across 53 Nations«, *Journal of Personality and Social Psychology* 86, Nr. 4, 2004, 560–84.

Sciolino, Elaine: »Paris Journal; A Tell-All's Tale: French Politicians Stray Early and Often«, *New York Times*, 17. Oktober 2006.

Shelton, J. D., Daniel Halperin, Vinand Nantulya, Malcolm Potts, Helene D. Gayle und King K. Holmes: »Partner Reduction Is Crucial for Balanced ›ABC‹ Approach to HIV Prevention.« *BMJ* 328, 10. April 2004.

Slaymaker, Emma und Martine Collumbien, persönliche Kommunikation.

Spanier, Graham B. und Randie L. Margolis: »Marital Separation and Extramarital Sexual Behavior«, *Journal of Sex Research* 19, 1983, 23–48.

Spector, Michael: »The Devastation.« *New Yorker*, 11. Oktober 2004.

Stadler, Jonathan: »The Young, the Rich, and the Beautiful: Secrecy, Suspicion and Discourses of AIDS in the South African Lowveld«,

African Journal of AIDS Research 2, Nr. 2, 1. November 2003, 127–39(13). »Rumor, Gossip and Blame: Implications for HIV/ AIDS Prevention in the South African Lowveld«, *AIDS Education and Prevention* 15, Nr. 4, 2003, 357–68.

Stoneburner, Rand L. und Daniel Low-Beer: »Population-Level HIV Declines and Behavioral Risk Avoidance in Uganda«, *Science* 304, 30. April 2004.

Talbot, David: »This Hypocrite Broke Up My Family.« Salon.com, 16. September 1998.

Tam, Siumi Maria: »Normalization of ›Second Wives‹: Gender Contestation in Hong Kong«, *Asian Journal of Women's Studies* 2, 1996, 113–32.

Thomson, Alice: »Labour Is in No Position to Preach to Us About Respect«, opinion.telegraph, 1. November 2005.

Tran, Lisa: »Concubines Under Modern Chinese Law«, Ph.D. dissertatno, UCLA, 2005.

Treas, Judith und Deirdre Giesen: »Sexual Infidelity Among Married and Cohabiting Americans«, *Journal of Marriage and the Family* 62, 2000, 48–60.

Trueheart, Charles: »Waiting for Sarko«, *Atlantic Monthly*, September 2005.

Watts, Jonathan: »China Tries to Stem Soaring Divorce Rate.« *Guardian*, 2. März 2005.

Widmer, Eric D., Judith Treas und Robert Newcomb: »Attitudes Toward Nonmarital Sex in Twenty-four Countries«, *Journal of Sex Research* 35, Nr. 4, November 1998.

Wiederman, Michael: »Extramarital Sex: Prevalence and Correlates in a National Survey«, *Journal of Sex Research* 34, 1997, 167–74.

Williams, B. et al.: »Changing Patterns of Knowledge, Reported Behaviour and Sexually Transmitted Infections in a South African Gold Mining Community«, *AIDS* 17, 2003, 2009–17.

Willsher, Kim: »Ordeal of Elysée's Hidden Daughter.« *Guardian*, 25. Februar 2005.

Wiseman, Paul: »Cheating Is Big Business for Chinese Private Eyes«, *USA Today*, 15. April 2005.

Yardley, Jim. »Women in China Embrace Divorce as Stigma Eases.« *New York Times*, October 4, 2005.

Zha Bo und Geng Wenxiu: »Sexuality in Urban China«, *Australian Journal of Chinese Affairs* 28, Juli 1992.

»Hyde Summation« 16. Januar 1999, transkribiert von Federal Document Clearing House, Washingtonpost.com.

»Judiciary Committee Unveils Four Articles of Impeachment«, CNN.com, 9. Dezember 1998.

»Clinton Apologizes Again for His Conduct«, CNN.com, 9. September 1998.

»Among Wealthy Nations U.S. Stands Alone in Its Embrace of Religion«, Pew Global Attitudes Project, 19. Dezember 2002.

Websites

General Social Survey des Nationalen Meinungsforschungszentrums, University of Chicago.

CIA – The World Factbook,
https://wwwcia.gov/cia/publications/ factbook/index.html

The Gay Men's Health Crisis HIV/AIDS Timeline,
http://www.gmhc.org/about/timeline.html

The Gallup Organization, Moral Issues, Umfrage vom 8. – 11. Mai 2006. www.galluppoll.com

Gerhard Klösch,
John Dittami,
Josef Zeitlhofer

Ein Bett für zwei

Unsere Schlafgewohnheiten neu erforscht

Das unterschiedliche Schlafverhalten von Frauen und Männern führt bei vielen Paaren schnell zu einem ernsthaften Problem: lautes Schnarchen und Unruhe des Partners, Schlafen bei geöffnetem oder geschlossenem Fenster, das Baby im Elternbett oder ein Haustier im Schlafzimmer ... Das Schlafbedürfnis kommt dabei oft zu kurz, und wenn dieser Zustand über längere Zeit anhält, drohen außer Übermüdung und Gereiztheit auch ernsthafte Folgen für die Gesundheit. Die Autoren geben anhand wissenschaftlicher Erkenntnisse aus der Schlafforschung Auskunft über die Faktoren, die die Schlafqualität beeinflussen.

208 Seiten, ISBN 978-7766-2556-1
Herbig

Lesetipp

**BUCHVERLAGE
LANGENMÜLLER HERBIG NYMPHENBURGER**
WWW.HERBIG.NET

Klaus Oberbeil
Das Geheimnis der erotischen Intelligenz

Wie Hormone und Biostoffe Gefühle wecken und Beziehungen festigen

Wussten Sie, dass nach neuesten neurophysiologischen Erkenntnissen in jedem von uns das genetische Versprechen für eine glückliche Partnerschaft steckt? Dass Sinnlichkeit und Liebe viel mit »Chemie« zu tun haben? Dass Sie Ihre erotische Anziehungskraft entscheidend selbst beeinflussen können?

Bestsellerautor Klaus Oberbeil stellt hier sein Praxisprogramm für Liebesglück und Leidenschaft vor. Das Wissen um Libido-Gene und Liebeshormone, Übungen, die ein beglückendes Körpergefühl fördern, fit machende Bewegung sowie vitalisierende Ernährung helfen dabei, eine erfüllende Liebesbeziehung zu führen.

176 Seiten, ISBN 978-3-7766-2513-4
Herbig

Lesetipp

**BUCHVERLAGE
LANGENMÜLLER HERBIG NYMPHENBURGER**
WWW.HERBIG.NET